徵言

WILLSENSE

TRANSLOGOPOEIA

A Fudan Journal of Translation Studies V

复旦谈译录

05

陶　磊 | 主编　　戴从容 | 副主编

复旦大学文学翻译研究中心 | 主办

上海三联书店

目　录

专栏：中国翻译史研究

文学翻译与跨文化研究

翻译与跨学科研究

翻译实践探索

研究生论坛

专栏：中国翻译史研究

主持人的话

王宏志

本辑“中国翻译史研究”专栏刊出的三篇论文，分别涉及概念史、思想史和文学史，充分显示出翻译史研究的跨学科特质。

邓科的《清前期多语文政治下的语言管治与“翻译”识解》注意到佛经翻译之外的中国古代翻译史，而且将目光聚焦于以往关注较少、实则尤为值得深究的多语言混杂的清代，对康乾时期“翻译”概念的内涵及其背后的翻译政策等社会文化背景做了梳理，可以说弥补了中国翻译史研究的一大空白。作者充分利用中外文献——特别是发掘了不少翻译研究相关的满文档案，并借鉴计量史学和词源考据的研究方法，是一篇相当扎实的文章。

从翻译角度考察近代中国的知识观念转型无疑是一项重要的翻译史课题。庄驰原的《以译代著　融通中西：严复〈法意〉对孟德斯鸠政体学说的翻译》，以严复对孟德斯鸠政体学说的翻译为个案，考察西方经典政治学思想译入汉语过程中的改写现象；并结合20世纪初中国的社会历史语境，探讨这些翻译改写的思想史意义，不仅拓展了现有严复翻译研究的关注视野，也揭示出中国近代学术翻译作为知识创造的特性。

李佳伟的《国剧运动的一次剧本实践——〈长生诀〉的翻译》关注的是中国戏剧理论家余上沅翻译的剧本《长生诀》。《长生诀》是捷克作家卡雷尔·恰佩克（Karel Čapek，1890—1938）首个被译成汉语的剧本，是捷克文学在中国接受的重要个案，但此前未有专文论及。作者通过细致的文本分析和史料解读，注意到余上沅将“诗剧”当作对抗易卜生戏剧的一种手段——这是对现有余上沅戏剧思想的重要补充。作者还发现《长生诀》实践了国剧运动实为国剧思想在剧本层面的具体化，有助于审视该运动在20世纪戏剧现代化进程中的历史地位。

王宏志

香港中文大学翻译系荣休教授兼研究教授

翻译研究中心主任

清前期多语文政治下的语言管治与“翻译”识解 *

邓科 **

摘要： 翻译是清朝统治域内多语文族群的重要手段。但长期以来，翻译界并未对此给予足够的重视，清廷官方对“翻译”概念的识解亦不为学界所知。实际上，清廷的“翻译”概念化进程一直与翻译政策的沿革保持同步，并于乾隆朝形成相对完备的概念体系和多元化的术语表述模式，二者反映了满洲统治阶层应对翻译概念化的态度和方式：一方面借鉴汉文翻译传统的术语经验，另一方面又按照满洲的政治文化观去认识翻译现象，以配合域内的多语文管治。本文利用大量满汉文史料，通过计量统计和词源考据的方法，集中梳理清廷官方的翻译话语，尝试重构清前期的翻译概念并分析其背后的翻译体制，这不但能够说明清前期的多语文政治对“翻译”概念化的影响，而且可以展示一个有别于传统以汉语文为中心的“翻译”概念化模式。

---

* 基金项目：2020年国家社科基金重点项目“基于新史学方法的古代翻译史重写研究”（20AYY002）。

** 邓科，香港岭南大学翻译学博士，现为西南科技大学外国语学院翻译系讲师、北京外国语大学在站博士后，主要从事清代少数民族翻译研究。

关键词：翻译；概念化；清前期；多语文政治；语言管治

清朝是一个由满洲族群统治的多民族、大一统王朝。出于多元族群的统治需求，自清太祖努尔哈赤至清高宗乾隆时期，清廷逐步建立了多语文的政治文化体制——以满洲语言文字为“国语”和“国书”（也称“清语”和“清文”）；同时又以汉、蒙、藏、维四个域内关键民族的语文为官方语文。有清一代，清廷的日常公文行政、情报传递、官书史册、人才培养等重要事务均呈现多元文字并行的特色。所以文书翻译工作的顺利进行，是清廷维持帝国统治的关键所在。这种多语文的翻译体制是否会影响到清廷官方对翻译的识解[1]或概念化，正是本文关注的重点。

就时间划界而言，本文所谓的“清前期”是指清顺、康、雍、乾四朝（1644—1795），其中又以乾隆朝（1736—1795）为讨论焦点[2]；因考虑到叙事的完整性，相关概念及政策的讨论亦追溯至清太祖努尔哈赤与清太宗皇太极时期。清前期不仅是清廷开展大规模文献记录与翻译活动的时期，也是清代翻译政策由初创到成熟的时期。其中乾隆朝是一个重要的时

[1] 本文所谓的“识解”（construal）是指（跨语言的）概念选词所反映的认知视角及其凸显的要点。见 Arie Verhagen, “Construal and Perspectivization.” Dirk Geeraerts and Hubert Cuyckens, eds., *The Oxford Handbook of Cognitive Linguistics*, New York: Oxford University Press, 2007, pp.48—81。

[2] 本文关于“清前期”的时间划界属于工作定义（working definition），并非严格的历史分期。从清代的发展历程来看，乾隆朝应属于“清中期”，本文将其归入“清前期”主要是就清代“翻译”概念化的历程而言。清代的满文翻译活动肇始于努尔哈赤时期，但满洲人对“翻译”的概念的建构却成形于康熙朝，至乾隆朝日臻完善。乾隆朝以降，清朝君臣对“翻译”概念的认知以守成为主，官方文献很少再针对“翻译”本体问题进行密集讨论；与此同时，西方现代性对清人语言及翻译的认知的影响却日益显现。

间节点，在此期间，清朝域内的语言生态发生了巨大的变化，满语文的使用开始由盛而衰，清廷的翻译政策及语言意识形态也相应发生了转变，这些都可能影响到清廷的翻译概念化进程。

早在20世纪80年代末，王佐良就指出，中国境内各民族语言的互译是中国翻译研究的重要课题。[1] 马祖毅[2]、孔慧怡[3]、邹振环[4]和谢天振[5]等学者也明确指出，中国翻译史的撰写，不能单纯着眼于以汉族为中心的翻译活动。夏登山对二十四史的文献计量研究亦证实翻译对非汉族王朝统治的重要性，指出在辽金元清四个朝代，民族语文的翻译是政治统治、民族融合及文化交流的必要条件。[6]

然而，到目前为止，极少有先行研究重点讨论辽金元清等非汉族统治时期域内各族群间的翻译活动，特别是兼顾到清朝这种由少数民族主政的多民族大一统王朝对翻译的识解方式或概念化特征。目前，有关中国古代翻译概念的先行研究，主要

---

[1] 王佐良:《翻译:思考与试笔》, 北京:外语教学与研究出版社, 1989年, 第5页。

[2] 马祖毅:《〈中国翻译简史〉余论》,《中国翻译》1986年第2期, 第56页。

[3] Eva Hung, “Cultural Borderlands in China’s Translation History,” Eva Hung, ed., *Translation and Cultural Change: Studies in History, Norms and Image-projection*, Amsterdam: John Benjamins, 2005, pp.43—50.

[4] 邹振环:《20世纪中国翻译史学史》, 上海:中西书局, 2017年, 第288页。

[5] 谢天振:《百年五四与今天的重写翻译史——对重写翻译史的几点思考》,《外国语》2019年第4期, 第5页。

[6] 夏登山:《对中国古代翻译大潮的重新认识》,《中国外语》2017年第5期, 第87—92页;《中国翻译史上的三种翻译观》,《中南大学学报(社会科学版)》2017年第6期, 第182—191页;《对古代翻译史上“翻”“译”之别的再思考》,《中国翻译》2017年第6期, 第81—85页。

仍聚焦于周秦及唐宋的外交翻译和东汉至宋代的佛经翻译。[1]其特点在于：（1）聚焦以汉文为译入语的翻译模式，从汉语文的角度对“翻译”概念进行训诂和阐释，并或多或少将这些翻译概念转喻为整体史意义上的中国古代翻译概念。然而，中国历来就有多元化的民族及语言，国家内部政令的传达和族际的沟通，多仰赖翻译，但这种多语文历史语境对翻译概念化的影响并未得到先行研究的足够关注；（2）溯源多止于宋代。然而，问题在于，概念的建构应该是形成性的，在元明清三代，“翻译”概念的语义内涵始终是稳定不变的吗？在汉族王朝和非汉族王朝的不同语境下，“翻译”概念的建构和识解是否完全一致？这些问题目前仍有继续拷掘的空间。

斯维策（Eve Sweetser）强调，概念的语义变迁反映了人的心理世界与物质世界的动态关联，因此有必要将概念语

---

[1] 见孔慧怡：《重写翻译史》，香港：香港中文大学翻译研究中心，2005年；王向远：《“翻”“译”的思想——中国古代“翻译”概念的建构》，《中国社会科学》2016年第2期，第138—156页；夏登山：《对古代翻译史上“翻”“译”之别的再思考》，第81—85页；Wolfgang Behr, "'To Translate' is 'To Exchange'（译者言易也）: Linguistic Diversity and the Terms for Translation in Ancient China," Michael Lackner and Natascha Vittinghof, eds., *Mapping Meanings: The Field of New Learning in Late Qing China*, Leiden: Brill, 2004, pp.173—210; Martha Cheung, "'To Translate' Means 'To Exchange'? A New Interpretation of the Earliest Chinese Attempts to Define Translation ('fanyi')," *Target*, no.1 (2005), pp.27—48; "Reconceptualizing Translation—Some Chinese Endeavours," *Meta*, no.1 (2011), pp.1—19; Maria Tymoczko, "Reconceptualizing Western Translation Theory: Integrating Non-Western Thought about Translation," Theo Hermans, ed., *Translating Others* (*vol.1*), Manchester: St. Jerome, 2006, pp.13—32; Rachel Lung, *Interpreters in Early Imperial China*, Amsterdam: John Benjamins, 2011; Chang Nam Fung, "Does 'Translation' Reflect a Narrower Concept than 'Fanyi'? On the Impact of Western Theories on China and the Concern about Eurocentrism," *Translation and Interpreting Studies*, no. 2 (2015), pp.223—242。

义的考察放置在更为具体的历史及认知背景之中。[1] 域内复杂的多语文环境决定了清前期“翻译”概念的研究必须以语言多样性作为基础。语言多样性不仅指不同的族群使用不同的语言，也指语言的使用者，尤其是官方，对待各种语言的态度、价值评判或意识形态上的定位。[2] 在多语文环境中，人们会因政治、经济、文化等因素的差异，对不同的语文形成不同的价值判断。当一门语言被官方认定为有重要价值时，与之相关的翻译活动也会相应得到促进，故语言价值观可能影响并塑造翻译价值观。[3] 因此，在多元文化背景下，“翻译”概念应该是一个包含多元范畴的开放式概念集合体。[4] 同时，翻译的概念化也是一个知识转移的过程，一方面术语的语义范畴会因时空环境的变化而变迁，并在不同程度上受制于相邻（学科）概念或与之整合；[5] 另一方面其迁移的模式可能因翻译机构、翻译体制、语言意识形态等因

---

[1] Eve Sweetser, *From Etymology to Pragmatics: Metaphorical and Cultural Aspects of Semantic Structure*, Beijing: Peking University Press, 2002, pp.1—2.

[2] Henning Klöter and Mårten Söderblom Saarela, "Introduction: Language Diversity in the Sinophone World," Henning Klöter and Mårten Söderblom Saarela, eds., *Language Diversity in the Sinophone World: Historical Trajectories, Language Planning, and Multilingual Practices*, London: Routledge, 2020, p.3.

[3] Li Shuang, et al., "China's Minority Language Translation Policies (1949-Present)," *Perspectives*, no. 4 (2017), p.549.

[4] Maria Tymoczko, "Reconceptualizing Western Translation Theory: Integrating Non-Western Thought about Translation," Theo Hermans, ed., *Translating Others* (*vol.1*), p.26; Martha Cheung: "Reconceptualizing Translation—Some Chinese Endeavours," p.14.

[5] Lieven D'hulst, "(Re) locating Translation History: From Assumed Translation to Assumed Transfer," *Translation Studies*, no. 2 (2012), p.141.

素的不同而有所差异。[1]

基于以上反思，本文将结合计量史学和词源考据的方法，对清前期的官书史册和满汉文档案进行重新考察，以剖析多语文政治文化背景下，清廷官方如何识解“翻译”概念？以及这种识解方式与官方的语言—翻译体制有何关联？据此对清前期的“翻译”概念做进一步界说。

一、清代官方史书中的“翻译”概念

官书史册对翻译的记载往往具有选择性，但却能反映官方对翻译概念及价值的认知。因此，本文首先从《清实录》和《清史稿》出发，通过语料检索加文本细读的方式，对清前期的“翻译”概念进行总体考察。作为清史研究的基本史料，这两部史书均以清代官方立场作为编纂依据[2]，且涵盖了清朝政治、经济、军事、文化、教育等各个方面的活动和政策，因而为我们相对全面地检视“翻译”概念在清廷官方话语中的使用情况提供了有利的工具。

“翻译”“翻”“译”等用于表达“翻译”概念的关键词在

[1] Lieven D'hulst, "Transfer Modes," Lieven D'hulst and Yves Gambier, eds., *A History of Modern Translation Knowledge: Sources, Concepts, Effects*, Amsterdam: John Benjamins, 2018, pp.136—140.

[2] 《清史稿》虽然成书于1927年，但由于编纂者多为清朝遗臣和旧文人，因此不仅其体例一仿正史，意识形态上亦与清朝统治者基本保持一致。见中华书局编辑部:《〈清史稿〉出版说明》，赵尔巽等编:《清史稿》第1册，北京：中华书局，1977年，第1页。

两部史料中的使用情况如表1：

表1：《清实录》《清史稿》中“翻译”“翻”“译”的出现频次（含异体字“繙”与“飜”）[1]

史书	翻译		翻		译		合计
	前六朝	后六朝[2]	前六朝	后六朝	前六朝	后六朝	
《清实录》	497	749	587	1182	936	1604	5555
《清史稿》	73	37	80	41	214	145	590

通过表1的数据对比和史料的文本细读，可以发现如下倾向：（1）“翻译”“翻”“译”在清代史料中有很高的使用率，明显高于宋代以前的频次。据夏登山统计，在晋代至宋代的正史中，“翻译”“翻”“译”三者的总频次分别仅为11、7和229。[3]（2）“翻”字与“译”字虽可单独指代翻译，但二者合并为“翻译”一词的频次相对较高，这说明“翻译”一词在清代的使用处于相对稳定的状态，这与孔慧怡的推论[4]相一致。（3）“翻译”与“翻”多指涉笔译行为，而“译”则口笔译兼之，这与夏登山对南北朝至唐宋时期“翻译”概念

[1] 本文对《清史稿》的检索使用了《中国哲学书电子化计划》数据库，https://ctext.org/wiki.pl?if=gb&res=98755&remap=gb，访问于2020年5月17日；《清实录》的检索则使用台湾中央研究院历史语言研究所和韩国国史编纂委员会：《〈明实录〉、〈朝鲜王朝实录〉、〈清实录〉资料库》，http://hanchi.ihp.sinica.edu.tw/mql/login.html，访问于2020年5月19日。表中数据是在关键词检索和人工筛选的基础上得来，下同。

[2] 表中所谓的前六朝指（后金）天命、（后金）天聪/（清）崇德、顺治、康熙、雍正及乾隆六朝，后六朝则指嘉庆、道光、咸丰、同治、光绪及宣统六朝。

[3] 夏登山：《对古代翻译史上“翻”“译”之别的再思考》，第83页。

[4] 见孔慧怡：《重写翻译史》，第23页。

的考察结果相似。[1]

其二，清前期的“翻译”概念在文本类型及功能方面呈多元化特征。以“翻译”一词的使用为例，该词在上述两部史书中的使用频次见表2：

表2：清代“翻译”一词的功能次范畴频次分布（含异体字“繙”与“飜”）

功能次范畴	《清实录》			《清史稿》			合计
	前六朝	后六朝	小计	前六朝	后六朝	小计	
汉籍满译	34	19	53	12	1	13	66
佛经及其他翻译	7	1	8	0	0	0	8
行政文书翻译	50	17	67	10	0	10	77
碑祭文本翻译	17	1	18	0	0	0	18
官方史书编译	83	46	129	0	0	0	129
翻译科举（满洲）	107	347	454	14	2	16	470
翻译科举（蒙古）	16	8	24	1	0	1	25
翻译铨选考试	122	115	237	3	0	3	240
翻译官衔	19	0	19	18	10	28	47
八旗官学翻译教育	18	15	33	13	0	13	46
朝贡与贸易	7	2	9	0	0	0	9
边政	15	9	24	2	2	4	28
西学翻译	2	21	23	0	4	4	27
近代外交翻译	0	140	140	0	18	18	158
现代语言译才培养	0	8	8	0	0	0	8
合计	497	749	1246	73	37	110	1356

[1] 夏登山认为：“‘翻’和‘译’的区别主要在于是书面的还是口头的跨语言交际形式。‘译’是源自先秦以来外交翻译中的‘交释’两种口语，而‘翻’则指向佛经翻译中大规模的书面翻译时代。”夏登山：《对古代翻译史上“翻”“译”之别的再思考》，第84页。

就数据分布而言，（1）“翻译”一词出现频次最高的领域是翻译科举和部院衙门翻译铨选考试，二者均以旗人为对象，为清廷各行政机构选拔翻译人才，旗学的翻译教育即是其衍生品，而行政文书翻译则是这些翻译考试最终服务的目标。[1]（2）汉籍满译、佛经、碑祭文、官方史书等文本的翻译亦全部由官方主导，从不同方面服务于清朝国内的文化政策。（3）以上翻译活动均以笔译形式呈现，但乾隆朝以前的书籍翻译主要以汉文经史和前朝典制为翻译对象，而乾隆朝则主要以汉文典籍的重译和本朝历史的编纂及翻译为主，这是清前期书籍翻译活动的一个重要转变。（4）清初的西学翻译在上述两部史书中出现的频次很低，相关的记载极少使用“翻译”一词，反而使用“译”字做记录的频次颇高，且主要与天文历法类文本的翻译相关。同时，朝贡及边政事务中的口笔译活动也主要使用“译”字做记载。

其三，在“翻译”概念的语言次范畴中，清代翻译活动所涉语言众多，并呈现出一定的地缘政治特征。同样以“翻译”一词的使用为例（如表3）：

[1] 关于翻译科举的特性及其与旗学翻译教育和行政文书翻译的关系，见光绪朝《大清会典事例》（清刻本）第363卷，“礼部·贡举·翻译乡会试一”；第364卷，“礼部·贡举·翻译乡会试二、驻防翻译乡会试”；第365卷，“礼部·贡举·翻译童试、驻防翻译童试”；第1135卷，“八旗都统·教养·官学、义学”；第1136卷，“八旗都统·教养·考试一”。

表3：清代“翻译”一词的语言次范畴频次分布（含异体字“繙”与“飜”）

语言次范畴	《清实录》			《清史稿》			合计
	前六朝	后六朝	小计	前六朝	后六朝	小计	
满汉互译	403	550	953	65	13	78	1031
蒙古文（含托忒字）	75	28	103	6	2	8	36
藏文（含西番字）	8	2	10	1	0	1	11
南亚及东南亚诸文字	2	0	2	1	0	1	3
俄文	3	9	12	0	0	0	12
英文	0	32	32	0	5	5	37
法文	0	17	17	0	2	2	19
德文	0	14	14	0	3	3	17
意大利文	0	3	3	0	1	1	4
日文	0	21	21	0	2	2	23
文种未详	5	73	78	0	9	9	87
合计	497	749	1246	73	37	110	1356

从数据对比来看，（1）在乾隆朝以前，“翻译”一词的使用主要针对清朝的三大官方文字——满文、汉文和蒙古文，其中满汉语文的互译居首，有关蒙古语文者次之，而涉及其他语种的口笔译活动则极少以“翻译”一词记载。（2）虽然乾隆朝以后，“翻译”一词被愈发频繁地用于记录清廷与海外国家的外事翻译活动，但满汉互译在频次上依然占据着绝对的主导。（3）自乾隆中后期开始，清廷的边疆语言生态变得极为复杂。由于清廷征讨准噶尔、大小金川、廓尔喀和缅甸的原因，有关托忒文（卫拉特蒙古诸部所用的蒙古文）、藏文（含唐古忒字和西番字）、回文和缅文的翻译记载都有增加，对应的口笔译记录亦不在少数，这四种语言的翻译活

动直接关系到清廷对新疆、西藏及滇缅地区的军事征服和政治统治，但这些边疆语言的翻译活动更多是以“译”字载于史册。

基于以上分析，本文推断：①在清前期，“翻译”与“翻”字主要指以内政为中心的域内语际翻译活动，且以满汉互译为语义范畴的核心，以笔译为主要形式；②朝贡及边政事务的翻译则主要使用“译”字作为能指，口笔译兼之。为了印证以上推断的准确性，并进一步获知清人对“翻译”概念的具体界定，下文将参考清代的满汉文档案与辞书，通过词源考据，进一步确证清前期的“翻译”概念化特征。

二、*ubaliyambumbi*[1]（繙譯）：满蒙汉三种文字之转换与书写

清代官方和民间编纂了为数众多的满文及满汉文词典，这些词典不仅反映了清代知识精英对满汉语文的认知，也体现了满洲统治者对翻译知识的管理和限定。因此通过词典中的释义，可以直接洞悉清廷及清代知识精英对翻译知识的概念化方式。

满文中并没有单独对应“翻”和“译”的表达，汉文“翻译”一词在清代多写作“繙譯”，并对译为 *ubaliyambumbi*。然而，在清前期的语境下，无论是“繙譯”，还是 *ubaliyambumbi* 均不等于今天广义上的“翻译”概念。清代内翻书房及各修书馆均

[1] 本文引用的满文材料全部按穆麟德转写方案，转写为罗马字符，并以斜体标记，以示区别。参见P. G. von Möllendorff, *A Manchu Grammar with Analysed Texts*, Shanghai: The American Presbyterian Mission Press, 1892, p.vi。

设有“繙譯官”（*ubaliyambure hafan*），但其主要职能是负责档案文书及官书史册的满汉互译或满蒙互译，[1] 而使用“繙譯官”通称外事翻译人员的情况，则晚至清同治年间才出现。[2]

从定义来看，康熙朝《御制清文鉴》（1708）把 *ubaliyambumbi* 解释为：“将满、蒙、汉各部之文字 / 文书，互相转换并书写为他类文字 / 文书，谓之翻译（见图 1）。”[3] 就语义范畴而言，*ubaliyambumbi* 专指满、蒙、汉三种文字相互转换的行为，而域内其他文字的翻译活动则不在其范畴之中。[4] 换言之，其他族群及藩属国语言的口笔译活动均不在 *ubaliyambumbi* 的概念范畴之下。在某种程度上，这或许是清朝多民族政治的反映——清朝施行“满蒙联盟”和“满汉一家”的民族文化政策，满洲、（内）蒙古、汉人俱被视为“中国”/“内地”之民

[1] “繙译官”满文词条解释为：“*acabume arara hafan i sirame bithe ubaliyambure hafan be, ubaliyambure hafan sembi*（位于纂修官之后，翻译文书之官，谓之翻译官）”（括号内的汉文翻译为笔者所译，下同），见清高宗敕撰：《御制增订清文鉴》第4卷，《景印摛藻堂四库全书荟要》第83册，台北：世界书局，1985年，第145页。清入关以后负责文书翻译职位名目繁多：中央一级除“繙译官”外，还包括“笔帖式”（*bithesi*）、“中书”（*dorgi bithesi*）、“译汉官”（*nikarame ubaliyambure hafan*）等；外省负责翻译的文职人员，省级督抚及驻防将军衙门设“笔帖式”，州府层面则有“通判”（*acan beidesi*）兼掌地方民事、刑事及军政文书的满汉互译工作。见满汉合璧《官衔名目》，柏林国立图书馆藏清光绪聚珍堂刻本，1889年，第10页a、12页a、14页a、17页a、21页a。

[2] 清末官方有关现代中西语言之“翻译官”的较早记录，见同治二年（1863）十一月十三日上谕，《清穆宗实录》第85卷，北京：中华书局，1986年，第769页；以及同治六年（1867）一月十三日“照录给法国翻译官信函”，台北故宫博物院“清代宫中档及军机处档折件”数据库，文献编号105816。

[3] 满文原文转写为：“*ubaliyambumbi, manju, monggo, nikan hacingga gurun i bithe be, ishunde ini hacin i bithe obume kūbulibume arara be, ubaliyambumbi sembi.*”见（清）傅达礼等：《御制清文鉴》第3卷，柏林国立图书馆藏清康熙内府刻本，1708年，第26页b。

[4] 吴雪娟据此判定“当时满族人对翻译的认识还仅限于满、蒙、汉三种文字”，但这种表述似与史实不符。见吴雪娟：《论满文翻译观》，《满语研究》2005年第2期，第30页。

族，[1]因此记录清朝边政及藩贡关系的《皇清职贡图》并不包含这三个族群，[2]这与表3的数据分析大体一致。

图1：康熙《御制清文鉴》中 *ubaliyambumbi* 之释义

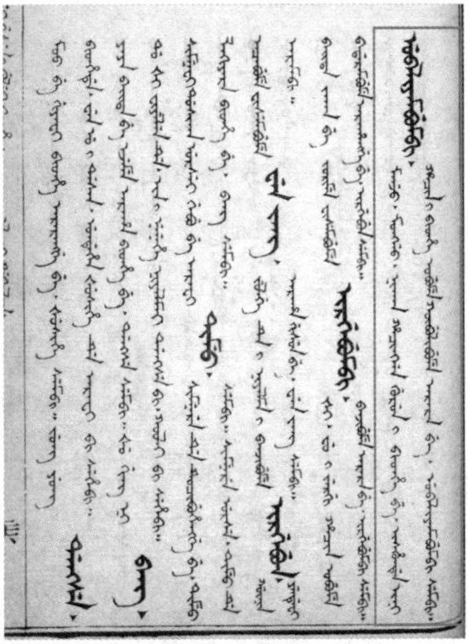

其次，*ubaliyambumbi* 专指笔译，而非口译，故而语言转换的对象是文字或文书（*bithe*），而非口头言语（*gisun*）。《御制清文鉴》及乾隆朝《御制增订清文鉴》都将 *ubaliyambumbi* 或“繙譯”归入“文学部·书类”之下[3]，这进一步说明

[1] 关于满洲统治者的“中国”观和“内地”观，参见林士铉:《清代蒙古与满洲政治文化》，台北：政治大学历史系，2009年，第5—6页；郭成康:《清朝皇帝的中国观》,《清史研究》2005年第4期，第1—18页；祁美琴:《从清代满蒙文档案看“非汉”群体的中国观》,《清史研究》2017年第4期，第19—31页；Matthew W. Mosca, “Neither Chinese Nor Outsiders: Yi and Non-Yi in the Qing Imperial Worldview,” *Asia Major*, no.1 (2020), pp.103—146。

[2] 参见（清）傅恒等:《皇清职贡图》，哈佛大学燕京图书馆藏清嘉庆内府刻本，1805年。

[3] 《御制清文鉴》第3卷，第26页b;《御制增订清文鉴》第7卷,《景印摛藻堂四库全书荟要》第83册，第252页。

了二者的笔译特性。从《御制清文鉴》序、跋的描述看，*ubaliyambumbi* 涉及的文本主要包含：

① 与政务并世代教化相关之经、传、史、鉴等书籍；

② 典、谟、训、诰之语；

③ 诏令、章奏。[1]

总而言之，“繙譯”或 *ubaliyambumbi* 主要用于指涉清廷内部以满、蒙、汉三种文字为对象的书面翻译活动。

对比《御制清文鉴》,《御制增订清文鉴》对 *ubaliyambumbi* 的定义有细微的变动——“(我)欲相互理解满、蒙、汉各部之文字/文书，将各方之语言转换而书之，此谓翻译”[2]（见图2）。新的定义突出了“相互理解”的主观愿望[3]，并将其作为“翻译”概念成立的前提，而“愿望”的发出方可能主要来自清廷或清帝，是清帝国语言意识形态的反照。一方面，就《清实录》和《清史稿》而言，所有关于翻译活动的记载都关系到清朝国家机器的运作和清代统治族群在政治、文化、社会等各方面的利益。另一方面，从词典编纂目的来看，系列《清文鉴》的编纂不仅是为了给满洲后代保存满文及翻译的语料，[4] 同时

[1] 《御制清文鉴》的满文序、跋全文，江桥:《康熙〈御制清文鉴〉研究》，北京：北京燕山出版社，2001年，第180—208页。

[2] 满文词条见《御制增订清文鉴》第7卷,《景印摛藻堂四库全书荟要》第83册，第252页：“*manju, monggo, nikan hacingga gurun i bithe ishunde ulhiki seme, meimeni ba i gisun i kūbulibume arara be, ubaliyambumbi sembi*。”

[3] 该满文定义中使用了第一人称的“希求式”语气——*ulhiki seme*（[我]欲理解）= *ulhi*（动词原形）+*-ki sembi*（希求式语气后缀，表示“我”想做~）。

[4] 关于《御制清文鉴》的编纂目的，康熙帝指出：“此时满洲，朕不虑其不知满语，但恐后生子弟渐习汉语，竟忘满语，亦未可知。且满汉文义，照字翻译，可通用者甚多。今之翻译者尚知辞意，酌而用之。后生子弟，未必知此。不特差失大意，抑且言语欠当，关系不小。”见《清代起居注册·康熙朝》，北京：中华书局，2009年，第657—659页。

意在宣示满洲人对天下的统治，以及满洲政权在多元语言文化交汇中的核心作用。[1] 是以本文推断，在清前期，“繙譯”及 *ubaliyambumbi* 很可能是特指以清帝意志作为核心，以满清君臣为主要受众对象，围绕清朝内部满蒙汉三种官方文字而开展的书面语际翻译实践。

图2：乾隆朝《御制增订清文鉴》中 *ubaliyambumbi* 之释义

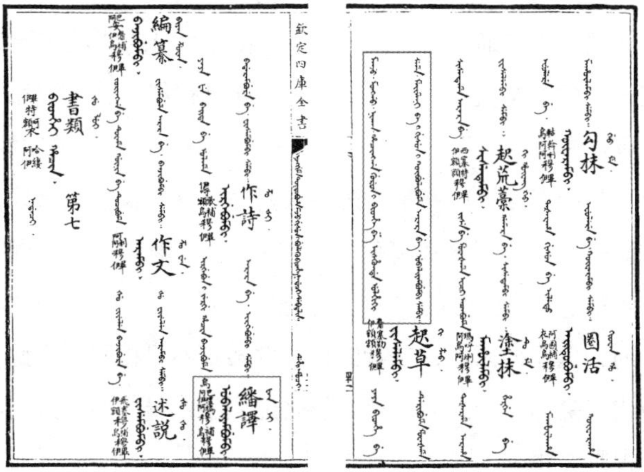

三、繙，冕也

在前六朝《清实录》中，以“繙”字单独指涉“翻译”概念共出现81次，其中“繙作/为”（20次）、“繙书房”（18次）、

[1] 系列《清文鉴》是由清廷官方主持的大型辞书修纂项目。在意识形态上，清廷继承了先秦以来的“书同文”思想，认为稽考语言文字、确立语言规范既是王朝一统与同文之盛的表征，也是满洲统治者的特权。见《御制清文鉴》第1卷，第1页a—7页a；《清圣祖实录》第233卷，北京：中华书局，1986年，第329页；《御制增订清文鉴》第1卷，《景印摛藻堂四库全书荟要》第83册，第2—10页。

"繙清"（15次）等搭配的频次最高。从词义看，"繙"字与 *ubaliyambumbi* 的词根 *ubaliyambi* 非常接近。清代最早的大型满汉双语词典《大清全书》将 *ubaliyambi* 译释为"变化；自己变了；翻下来；折足转，船覆了"[1]；此后，《清文汇书》又在其基础上增添了"心肠改变之变；翻变；凡物翻转覆之；翻穿衣服等物之翻"[2] 等义项。因此，*ubaliyambumbi* 的词源范畴大致涵盖了"转变"和"翻转"两项。

就语义范畴而言，上述义项与宋代赞宁的"丝织"隐喻存在一定的互文关系——"翻也者，如翻锦绮，背面俱花，但其花有左右不同耳"。[3] 赞宁"丝织"隐喻所反映出的"翻转"概念，某种程度上体现了中国古人对"翻译"概念的特殊识解方式。[4] 无独有偶，在清代汉文史料中，"翻译"的"翻"多数时候都从"糸"旁的"繙"。虽然"繙"与"翻"（或"飜"）可互通，但在词源上，二者的语义框架却不尽相同。因此，考察清代"翻译"概念时，有必要将通假字或异体字纳入词源考据的视野之中。

"翻"（或"飜"）字的本义指鸟类飞舞[5]，而"繙"的本义

[1] （清）沈启亮:《大清全书》第3卷，柏林国立图书馆藏清宛羽斋刻本，1683年，第3页a。

[2] （清）李延基:《清文汇书》第2卷，早稻田大学图书馆藏清英华堂刻本，1751年，第2页a。

[3] （宋）赞宁:《译经篇·论》,《宋高僧传》,《景印文渊阁四库全书》第1052册，台北：台湾商务印书馆，1986年，第34页。

[4] 参见Martha Cheung, *An Anthology of Chinese Discourse on Translation*（*vol.1*），Manchester: St. Jerome, 2006, pp.177, 187; Chang Nam Fung: "Does 'Translation' Reflect a Narrower Concept than 'Fanyi'? On the Impact of Western Theories on China and the Concern about Eurocentrism." pp.223—242.

[5] 见《说文解字》（清陈昌治刻本），北京：中华书局，1963年，第75页;《康熙字典》第23卷,《景印文渊阁四库全书》第230册，台北：台湾商务印书馆，1986年，第537页。

却为“冕”[1]，是一种丝织品，原为古代君主、诸侯和卿大夫所戴的礼冠，后专指帝王所戴的礼冠[2]，即皇冠。因此，在词源上，清代的“繙”字显然与赞宁的“丝织”隐喻存在更多的同构关系。当然，词源上的相关性并不等于二者存在必然的继承关系，反而是“繙”与“冕”，以及“冕”字所象征的封建权力体系，更应该受到重视。

实际上，自隋唐以来，“翻譯”这一书写形式多被用作历代官方的正字，而“繙譯”却几乎只见于清代史料（见表4）。清廷为何不顾数百年的正字实践而改“翻”为“繙”，其动因何在？

表4：“翻譯”与“繙譯”在历代官书史册中的使用频次[3]

翻譯		繙譯	
书名	频次	书名	频次
《隋书》	2	《元史》	2
《旧唐书》	8	《清实录》	1203
《宋史》	1	《清史稿》	114
《宋会要辑稿》	10		
《元史》	2		
《明史》	1		
《明实录》	14		
《清实录》	43		
《清史稿》	1		

[1] 《说文解字》，第272页。

[2] 见《说文解字》，第156页；《康熙字典》第3卷，《景印文渊阁四库全书》第229册，第130页。

[3] 表中数据来源于台湾“中研院”史语所：《汉籍电子文献资料库》，http://hanchi.ihp.sinica.edu.tw/ihpc/hanjiquery?@@1808231481#top和《明实录、朝鲜王朝实录、清实录资料库》，http://hanchi.ihp.sinica.edu.tw/mql/login.html，访问于2020年5月16日。

"繙"字在清代的广泛使用很可能与清廷官方的语言规范化活动密切相关。清入关之初,"繙""翻""飜"均被用于表述"翻译"概念,如《清代起居注册(康熙朝)》和《大清全书》就写作"翻"[1],而《满汉同文分类全书》则作"飜"[2]。值得注意的是,在《清实录》中,"翻譯"共出现43次,但其中41次出现于雍正六年及以前的记载中;相反,"繙譯"这一书写形式自雍正六年九月才开始大规模出现。[3] 因此,本文推断,大约自雍正朝起,"繙譯"这一书写形式逐步在官方文本中占据了绝对的主导。

如上所述,清代的"繙譯"一词几乎专指满蒙汉三种官方文字的互译,是针对清朝三大主体民族的翻译活动。然而,在《明实录》中,"翻譯"一词却大多针对非汉族语言文字的翻译,这些翻译活动由四夷馆负责,属于朝贡和边政翻译的范畴。[4] 语言意识形态上的冲突,可能正好促使清廷以正字法为手段对

[1] 见《清代起居注册·康熙朝》第2册,北京:中华书局,2009年,第577页;(清)沈启亮:《大清全书》,第2页b。

[2] 见(清)桑格:《满汉同文分类全书》,巴黎国立图书馆藏清康熙天绘阁刻本,1706年,第1页a。

[3] 需要注意的是,在清代官方档案中,"翻譯"一词虽历朝均有使用,但在频次上远不及"繙譯",时间分野亦不如后者清晰。如台北故宫博物院藏"清代宫中档奏折及军机处档折件"、"史馆档"和"内阁部院档"的题名及事由中,"翻譯"共出现71次,而"繙譯"有231次(首次出现于雍正十三年十二月九日);与之相似,台湾"中研院"史语所藏"内阁大库档案"内容提要中,"翻譯"共出现105次,而"繙譯"则有1161次(首次出现于雍正四年十月二日)。见台北故宫博物院:《图书文献数位典藏资料库》,https://rbk-doc.npm.edu.tw/npmtpc/npmtpall?@@0.07323198954779797和台湾"中研院"史语所:《内阁大库档案》,https://newarchive.ihp.sinica.edu.tw/mcttp/index.html,访问于2020年5月18日。

[4] 有关"翻譯"一词的检索结果,见《明实录、朝鲜王朝实录、清实录资料库》,http://hanchi.ihp.sinica.edu.tw/mql/login.html,访问于2020年5月18日。

“翻译”进行再概念化。因为对于明廷而言，汉满语文之间的翻译实践显然属于中原王朝对“夷狄”语文的转换活动。然而，满清入关后，历代清帝均以“中国”共主自居，竭力将清廷塑造为“华夏正朔”的形象。[1]对清朝统治者而言，满语文显然不是外夷文字，而是统治民族的语言和清朝的“国语”，在帝国的多语文体制中理应被放置于主导地位。因此，本文推断，清廷改“翻”为“繙”的做法或暗含满汉语文的权力翻转，其目的是为满语文加冕，巩固其“国语”的象征地位。

四、译，易也

在清代官方的书写规范中，译字并未如翻字一般从“糸”旁的“繹”。“繹”字本义为“抽丝”[2]，可引申表示“陈述”[3]，在这一点上与“譯”字有互通之处[4]。清代的个别题本、奏折等上行文书

[1] 林士铉：《清代蒙古与满洲政治文化》，第5—6页；郭成康：《清朝皇帝的中国观》，第1—18页；祁美琴：《从清代满蒙文档案看“非汉”群体的中国观》，第19—31页。

[2] 《说文解字》，第272页。

[3] 见《康熙字典》第23卷，第516页；亦参见《汉语大词典》第九卷，上海：汉语大词典出版社，1992年，第1033页。

[4] 在《礼记·王制》中，孔颖达将“譯”字疏解为：“通传北方语官谓之曰译者，译，陈也，谓陈说外内之言。”详见《康熙字典》第28卷，《景印文渊阁四库全书》第231册，第187—188页；亦见《汉语大词典》第九卷，第1018页。关于“译”字的其他语义维度，参见陶磊：《试论动词“译”的首见书证及其词义演变》，《中国文化》2015年第1期，第258—270页。

亦曾使用“繙繹”或“翻繹”这两种书写形式[1]，但数量极少，且几乎不见于《清实录》《清会典》这类官书史册。由此推之，“繙繹”或“翻繹”的书写应该不是官方正字。究其原因，除了语用习惯外，或许也与“译”字所蕴含的政治文化意涵有关。

另一方面，满文 *ubaliyambumbi* 蕴含“使转变”或“使变换”的含义，在语义上与唐代贾公彦的“转换”隐喻类似——“译即易，谓换易言语，使相解也”[2]。二者均凸显了语言符号的转换对于翻译的必要性。但贾氏所谓的“译”又与满文 *ubaliyambumbi*（繙譯）有着明显的区别。因为“译”虽然也是一种语言转换行为，但其重点却在于“言语”层面的语际转换，而非书面语。另一方面，“译”字的语义范畴与今天所谓的“口译”也存在一定差别。“译”的本义是传译外族（四夷）言语的人[3]，《康熙字典》对“译”字的疏解也主要将其语义范畴限定为在朝贡外交活动中，口头传译外族语言的人或行为[4]，重点针对沿边族群、藩属国和朝贡国的语言。因此，清前期官方对“译”概念的语义建构，在很大程度上延续了古代中原王朝的“夷夏”观念。

---

[1] 在现存的清代档案中，使用“繙繹”或“翻繹”作档案题名的档案共31份，其中台北故宫博物院“清代宫中档奏折及军机处档折件”20份，台湾“中研院”史语所“内阁大库档案”9份，北京中国第一历史档案馆“内阁题本”2份。上述档案记录的时间从乾隆四年至光绪二十年不等，内容上仅3份涉及清末的外事翻译，其余主要为有关翻译科举情况的奏报和针对乾隆帝赏赐御制翻译《书经》和《春秋直解》的谢恩折。中国第一历史档案馆：《目录查询》，http://www.lsdag.com/nets/lsdag/page/topic/Topic_1697_1.shtml?hv=，访问于2021年11月8日。

[2] 《康熙字典》28卷，《景印文渊阁四库全书》第231册，第188页。

[3] 见《说文解字》，第57页；《康熙字典》卷28，《景印文渊阁四库全书》第231册，第187页。

[4] 见《康熙字典》卷28，《景印文渊阁四库全书》第231册，第187—188页。

虽然“译”字在中国古代长期被用作“翻译”概念的通用词[1]，但该术语在清代的使用，面临最大的挑战是统治族群的身份定位问题。在明朝治下，女真人始终被置于边夷的位置，是“被传译”的对象。相反，作为大一统王朝的清朝，要证明其统治中原的正统性，显然不愿再接受“被传译”的身份，而是期望继承“中原王朝”的政治遗产，以“华夏正朔”自居。因此，清前期满洲统治者掌控了翻译的自决权，并反客为主，规定各省呈递中央之公文及部分外藩朝贡文书须译备满文本或满汉合璧本，而涉及旗务、边务、军机等密札手谕，只能以满文书写，不可轻易译为其他文字[2]，通过这种（不）翻译政策的管理，来塑造满文的“国语”地位，同时维持以满洲族群为中心的多民族王朝体制。

此外，作为一种话语策略上的反制，雍乾两朝在表述模式上往往将汉语文放置在“译”字的宾语位置，如“译汉”或“繙译汉字”等。虽然新的名目依然是以汉文作为目的语，但是汉文的地位却遭到了弱化，因为在前代汉族王朝的行政及外事话语中，“译”字往往搭配藩贡族群的语言，如“传译四夷之言”，故“译汉”一类的固定表述，在某种程度上，将汉文与“四夷之言”放置在了同等的位置。这种侮慢性的做法在清代并非孤例，如将汉人蔑称为“虏”[3]或“蛮子”[4]，或称其

[1] 孔慧怡：《重写翻译史》，第20页；夏登山：《对古代翻译史上“翻”“译”之别的再思考》，第83—85页。

[2] 乌云毕力格（编）：《满文档案与清代边疆和民族研究》，北京：社会科学文献出版社，2013年，第2页。

[3] 礼部：《咨國史館奉上諭事》，雍正十一年（1733）五月二十日，台湾“中研院”史语所《内阁大库档案》，登录号127538。

[4] 罗振玉、潘喆等编：《天聪朝臣工奏议》，《清入关前史料选辑（二）》，北京：中国人民大学出版社，1989年，第82页。

所操汉音为“蛮音”（*nikan mudan*，即汉音）[1]。

五、繙清译汉

实际上，围绕满语文的“国语”地位和满洲身份的建构，乾隆时期的“翻译”概念分化出了“繙清”和“译汉”两个向度，用以指涉不同的翻译方向和更为细化的翻译分工，同时也进一步反映了“繙”和“譯”在术语层面的差异。“繙清”即汉文翻清，是指将汉文翻译为满文；与之相对，“译汉”即清文/蒙文译汉，是指将满文或蒙文翻译为汉文。[2]两种翻译方向并行于清代的公务及文化翻译场域之中：“繙清”多出现于汉籍满译、清国史的翻译和自下而上的行政文书传递过程中，而“译汉”则多出现于修纂实录、方略等史书时对满、蒙文档案的翻译，以及自上而下的行政文书传递活动中。[3]

在历朝《清实录》中，“译汉”的频次高于“繙清”，前者出现了130次，而后者则仅有16次，[4]这一数据似乎与上文的推断相左。虽然清廷规定地方本章呈递中央的时候必须由内

---

[1] （清）舞格：《清文启蒙》第1卷，早稻田大学图书馆藏清雍正三槐堂刻本，1730年，第12页a；（清）富俊：《清文指要》卷中，早稻田大学图书馆藏清嘉庆三槐堂刻本，1809年，第2页b。

[2] “翻清”的满文对译词为*manjurame ubaliyambumbi*（以满语/文翻译），见张虹、程大鲲：《乾隆朝“钦定新清语”（二）》，《满语研究》1994年第2期，第77页；“译汉”的满文对译词为*nikarame ubaliyambumbi*（以汉语/文翻译），见《官衔名目》，第9页a。

[3] 有关“繙清”与“譯漢”的检索结果，见《明实录、朝鲜王朝实录、清实录资料库》，http://hanchi.ihp.sinica.edu.tw/mql/login.html，访问于2020年5月20日。

[4] 同上。

阁翻译为满文（即“繙清”）再进呈[1]，但是清廷个别部门发往汉地各省的机密公文则须由满文译为汉文。[2]其次，从乾隆朝开始，旗人的满语文能力衰退明显，而各省督抚衙门的笔帖式等译员数量又有严格的编制，不可轻易扩编，因此对于汉文公文的需求量大增，以至有大臣请求内务府等中央部院衙门在下发满文文件时先行译为汉文，并以满汉合璧形式发放，以确保文书传递的效率和安全。[3]此外，乾隆中后期以降，因远征缅甸及平定大小金川叛乱需要倚仗以汉人为主的绿营兵将，乾隆帝在批阅有关军政信息的满文奏折时，亦增加了“译汉转行/发钞/钞寄”等大量批复。[4]

然而，有关满文译汉活动的记载实际远低于汉文翻清。如表2所示，占据频次高位的“（满洲）繙译科举”、“（满洲）繙译铨选考试”和“汉籍满译”，实质上都是以“繙清”作为核心范畴。“汉籍满译”自不待言，而前述翻译考试的测试内容也主要以汉文翻清和满文写作为主[5]，因此这类翻译考试几乎无异于八旗子弟的满文水平测试。

更为重要的是，清前期官方及民间有关汉文“繙清”的记

[1] 《清高宗实录》第937卷，第608页。

[2] 乾隆十五年二月十八日，“兵部议覆湖北布政使严瑞龙奏称：在京内务府八旗等衙门，咨外省督抚事件，悉系清文，督抚接到，必须译汉转行。向有笔帖式及理事厅省分，即可随到随译。”同上，第359卷，第946页。

[3] 同上，第946页。

[4] 如《清高宗实录》第812卷，第972页；第837卷，第178页；第920卷，第336页等。

[5] 见光绪朝《大清会典事例》第363卷，“礼部·贡举·翻译乡会试一”；第364卷，“礼部·贡举·翻译乡会试二、驻防翻译乡会试”；第365卷，“礼部·贡举·翻译童试、驻防翻译童试”；第1135卷，“八旗都统·教养·官学、义学”；第1136卷，“八旗都统·教养·考试一”。

载往往都使用“繙译”作为能指，上文提到的“繙译科举”就是典型的例子。此外，大量官方刊印的汉籍满译本直接以“繙译”命名，如康熙年间成书的《繙译大学衍义》《繙译通鉴纲目》，以及乾隆年间完成的《钦定繙译五经四书》《繙译四体楞严经》等。乾隆五年（1740），实录馆翻译官魏象乾所著《繙清说》也颇具代表性，该文主要论述汉文翻清的策略技巧和翻译科举的备考方法，通篇皆以“繙译”“繙书”“繙事”等概念指涉“繙清”。[1] 从史料记录来看，在清前期的官书史册修纂项目中，若无特殊说明，“繙译”确可概括满汉互译，负责翻译的人员亦被笼统地称为“繙译官”[2]；在需要做区别时，负责译汉工作的纂修人员往往被单独列为“译汉官”（*nikarame ubaliyambure hafan*）[3]，而汉文翻清则无须标记，可以直接被冠以“繙译”之名。

这些表述上的细节说明，“繙”与“译”、“繙清”与“译汉”并非处于话语权力的对等位置，“繙译”在很大程度上成了“繙清”的转喻式表达。故本文推断，在清代的翻译叙事中，“繙清”一度占据着“翻译”概念的核心范畴——“繙清”即“繙译”。

[1] 见魏象乾《繙清说》，朱志瑜、张旭、黄立波编：《中国传统译论文献汇编》第1卷，北京：商务印书馆，2020年，第146—148页。

[2] 《大清律例》、《大清会典》、《八旗通志》（初集）、满文《大藏经》、历朝《清实录》、各类《方略》等清前期大型典制及史书编译项目在开列修纂人员名单时，均单列“繙譯官”一项，其职责除汉文繙清外，亦包含部分清文译汉和蒙文译汉的工作。亦参见乌兰其木格：《清代官修民族文字文献编纂研究》，沈阳：辽宁民族出版社，2010年，第57—148页。

[3] 见《清国史馆奏稿》第1册，北京：全国图书馆文献缩微复制中心，2004年，第467页。

六、译写同构

上述分析反映了“繙译”、“繙”和“译”的语用范畴，但尚不足以反映满洲族群对“翻译”概念的原初认知。从清入关前的档案来看，清太祖努尔哈赤时期尚未出现 *ubaliyambumbi* 一词，有关语际翻译的记载往往较为隐晦，档案书写者多以满文直接引语的形式将译文转载于档册——其中，与笔译有关的记载常被标记为“*bithei gisun*（*ere inu*）”（书曰）、“*seme bithe arambi*”（如此书写道），或采用“以（某种非满文文字）写”的形式引述译文，如“*monggorome nikarame arafi unggihe bithe*”（用蒙古字、汉字书写后寄送之文书）；而口译相关的记载则多记为“*hendume*”（说）或“*gisureci*”（由某人说）。[1] 上述记录说明，努尔哈赤时期，满文中尚未出现专门指涉口笔译活动的术语，女真人主要是借助双语写作或双语言说的经验对翻译行为进行识解与表述。

造成这种局面的原因是多方面的。满文的创制虽然始于万历二十七年（1599），但此时的努尔哈赤仍忙于统一女真各部的战争。由于除叶赫部外，其他女真各部均为“*emu gisun i*

[1] 见广禄、李学智译注：《清太祖朝老满文原档》（荒字档），台北："中研院"史语所，1970年；《清太祖朝老满文原档》（昃字档），台北："中研院"史语所，1971年；中国第一历史档案馆整理编译：《内阁藏本满文老档》，沈阳：辽宁民族出版社，2009年。《清太祖朝老满文原档》主要以努尔哈赤时期创制的无圈点满文（即老满文）记载，而《内阁藏本满文老档》则是乾隆六年（1741）由鄂尔泰、徐元梦等人依有圈点满文（新满文）对前者进行注音和标音的转写本。

jušen gurun”（同一语言之诸申国）[1]，因此这一时期女真政权对语际翻译的需求可能并不急切。其次，在女真上层人士中，蒙古语文的使用者不在少数，甚至努尔哈赤本人也兼通蒙古语文[2]，这在一定程度上抵消了满蒙互译的需求。满文创制前，女真人虽已使用蒙古文和汉文作为对外文书和政事记注的文字[3]，但是在努尔哈赤伐明之前，使用文书传递的信息的频次相对较低，跨语际联络多由通事口头带话；即便在满文创制初期，由于文字尚不成熟，同时掌握满文及汉文或蒙文的人才稀缺，因此女真人与明朝、朝鲜、蒙古三方的沟通往来，仍不乏口头通传的例子。[4] 此外，努尔哈赤治下的满洲地区手工制

---

[1] 语言是女真统治阶层审视族群身份的重要标记，天命三年正月满文档案记载如下：“***emu gisun i jušen gurun** be, encu golode goro bade tefi bisiraku, gemu emu bade bargiyakini seme*”（**同一语言之诸申国**不再远居他路，均收拢一处），《内阁藏本满文老档》第18卷，第2函，第6册，第33页。又，天命四年八月至十二月载：“*nikan gurun ci wesihun, šun dekdere ergi mederi muke de isitala, solho gurun ci amasi, monggo gurun ci julesi, **jušen gisun i gurun** be dailame dahabume tere aniya wajiha*”（迨至是年，自明国迤东至东海，朝鲜国以北，蒙古国以南，**凡属诸申语言之诸国**俱征服也），《内阁藏本满文老档》第18卷，第2函，第13册，第74页。此处的jušen（诸申）即努尔哈赤时期女真人的自称。叶赫部虽世居女真之地，但却是蒙古族后裔，其语言为蒙古语。故努尔哈赤早在万历乙卯年就提到：“*yehe, muse oci, **encu gisun i jušen gurun** kai*”（叶赫与我，乃**不同语言之诸申国**也），《内阁藏本满文老档》第18卷，第1函，第4册，第19页。亦见《荒字档》，第42、75页；《昃字档》，第171页。粗体部分为笔者所加，下文亦同。

[2] 在创制满文的叙事中，努尔哈赤即凭借其熟练的蒙古文知识，对满文的创制方案提出了指导性意见。见中国第一历史档案馆汇编：*daicing gurun-i taidzu horonggo enduringge hūwangdi-i yargiyan kooli*（顺治本《清太祖武皇帝实录》），《清太祖满文实录大全》第10卷，沈阳：辽宁民族出版社，2016年，第27页。

[3] 关于前满文时期女真人的文字使用情况，（清）福格称：“凡属书翰，用蒙古字以代言者，十之六七；用汉字以代言者，十之三四，初未尝有清字也。”（清）福格：《满洲字》，《听雨丛谈》第11卷，北京：中华书局，1984年，第216页。

[4] 见《荒字档》和《昃字档》。

图3：写于辽东旧公文纸上的满文档案[1]

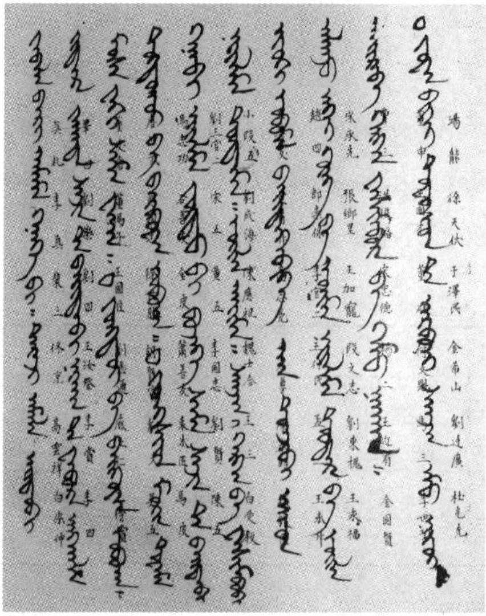

造业发展严重滞后，长期处于纸张匮乏的状态，即便是后金中央机构也不例外。[2]当时上乘的纸张多被用于祭祀，或赏赐臣工，以至于政事记注不得已要使用旧的辽东公文纸[3]（如图3），这样的物质条件同样会限制大规模笔译活动的可能。

可以推断，语际翻译的需求不足，口头传译的广泛应用，满文初创期文字系统不够成熟，满文人才稀缺，以及纸张匮乏等原因，共同制约了满洲人的书面翻译经验，并由此阻延了满洲的“翻译”概念化进程。正因如此，作为翻译术语的

[1] 图例见故宫博物院：《旧满洲档》，台北：故宫博物院，1969年，第574页。图底汉字小字应是原辽东旧公文纸上的记录。

[2] Mårten Söderblom Saarela, “Manchu and the Study of Language in China (1607—1911)” (PhD dissertation), Harvard University, 2015, p.141.

[3] 见刘厚生：《〈旧满洲档〉的形成年代》，《旧满洲档研究》，长春：吉林文史出版社，1995年，第1—10页。

ubaliyambumbi 迟至天聪六年（1632）七月才首次出现，而此时后金汗廷的汉籍满译工作已初具规模[1]，并且还针对不同的翻译需求，制定了相应的翻译规划（见表5）。而在此之前，有关往来文移翻译的记载，多以直接引语进行译述，因此 *ubaliyambumbi* 的出现是满文"翻译"概念化的一个里程碑，与大规模的汉籍满译活动有密切关联。

表5：清入关前的汉籍满译规划[2]

翻译需求	拟翻译书籍
修齐治平	《四书》《孝经》
行军谋略	《三略》《六韬》《孙吴》《素书》《三国志演义》
以古鉴今	《辽金元三史》《通鉴》
昌明法典	《大明会典》

然而，在清太宗皇太极时期，*ubaliyambumbi* 尚未达到独立使用的状态，多数情况下是以并列副动词 *ubaliyambume* 的

[1] 有关*ubaliyambumbi*一词最早的记录于天聪六年七月的一段记载中："*dahai baksi... nikan bithe be manju gisun i* ***ubaliyambume yooni arahangge****, wan boo ciowan šu, beidere jurgan i*[原档残缺]*, su šu, san lio, jai* ***eden arahangge****, tung giyan, lu to, mengdzi, san guwe jy, dai ceng ging be* ***arame deribuhe bihe****, dade manju gurun julgei kooli doro jurgan be umai sarku, fukjin mujilen i yabumbihe, dahai baksi julgei jalan jalan i banjiha nikan bithei kooli be, manju gisun i* ***ubaliyambume arafi***"（达海巴克什……以满文**全部译写完成**之汉文书籍有，万宝全书、刑部[会典]、素书、三略，至于开始**(译)写**但尚**未完者**有通鉴、六韬、孟子、三国志、大乘经。原本满洲国全然不知古典、义理，凡事凭思想草创而行，达海巴克什始用满文**翻译缮写**历代汉文书典）。《内阁藏本满文老档》第17卷，第10函，第57册，第930页。亦参见《清太宗实录》第12卷，第167—168页。

[2] 表格内容来自《天聪六年九月王文奎条陈时宜奏》《天聪六年十一月二十八日杨方兴条陈时政奏》《天聪七年七月一日宁完我请译四书武经通鉴奏》《天聪七年八月初九日宁完我请变通大明会典设六部通事奏》，见罗振玉、潘喆等编：《天聪朝臣工奏议》，第24，42，71—72，82—83页。

形式与 *arambi*（书写 / 缮写）的变体形式合用[1]，强调“译”与“写”的同步性。这种表述模式不仅说明 *ubaliyambumbi* 一词与笔译具有密切的关系，而且也影响了清廷后来所使用的汉文翻译术语。在历朝《清实录》中，以“繙译缮写”“译写”“兼写”“兼书”等词汇表达笔译概念的情况屡见不鲜。可能正是因为 *ubaliyambumbi*（繙译）与 *arambi*（书写）之间的同构关系，《御制清文鉴》和《御制增订清文鉴》才会在 *ubaliyambumbi* 的释义中强调，“繙译”是满汉蒙三种文字之间的“转换书写”（*kūbulibume arara*）。这一点还进一步反映在笔译类职官的命名问题上。清前期官方笔译活动的中坚力量当属笔帖式这个群体，他们专由旗人担任，是负责撰写、誊抄、翻译及归档满、汉、蒙文文书的中低级文书吏员。[2]“笔帖式”是 *bithesi* 的音译词，由音译选字即可推知其与书写活动的关系。此外，由于书写满文与翻译满文两项职能相互重叠，并无清晰分野，故执掌内阁翻译及誊抄事务的“中书”一职也被翻译为 *dorgi bithesi*（即内阁笔帖式）。[3] 至于翻译与书写孰轻孰重，则取决于笔帖式所属机构的性质及其具体分工。[4]

---

[1] 如：“*nikan bithe be manju gisun i* ***ubaliyambume*** *yooni* ***arahangge***”（以满语全部**译写**完成之汉文书籍）；“*julgei jalan jalan i banjiha nikan bithei kooli be, manju gisun i* ***ubaliyambume arafi***”（用满文**翻译缮写**历代汉文书典），《内阁藏本满文老档》第17卷，第10函，第57册，第930页；以及“*bi ere bithe be* ***ubaliyambume manjurame arafi*** *hulaha*”（我将此书用满文**译写**后阅读之），同上，第1161页。

[2] 见胡增益：《新满汉大辞典》，北京：商务印书馆，2020年，第161页。

[3] 《御制增订清文鉴》第4卷，《景印摛藻堂四库全书荟要》第83册，第136页。

[4] 据《清史稿》“选举五”记载：“京师各部、院，盛京五部，外省将军、都统、副都统各署，俱设笔帖式额缺。其名目有翻译、缮本、贴写。其阶级自七品至九品。”赵尔巽等编：《清史稿》第12册，第110卷，北京：中华书局，1977年，第3213页。

七、结论

以满汉文史料为基础的“翻译”概念化研究，使本文从满汉双语的视角，细致地考察了清廷对“翻译”概念的识解和操纵，并提出新的推论：对于清前期清廷官方而言，*ubaliyambumbi*/“繙譯”很可能象征着一种“内服型”书面语际翻译实践，是一种针对满、汉、蒙这三大“内地”主体民族间的文书沟通机制（以满汉互译为最核心的要素），其概念虽然反映了一些共性的翻译知识，但却对边疆及域外语言文字的口笔译活动具有较为明显的排斥性。

另一方面，虽然清前期的“翻译”（再）概念化实践与周秦以来的中国翻译传统保持了一定的概念传承关系，但是这一过程却既夹杂着满洲统治者对传统中原王朝“夷一夏”世界观的继承和改写，又隐喻了他们独特的政治诉求和自我身份的重新定位。新的翻译定义不仅与清前期的语言等级体系保持了一致，而且也暗含了一种由满洲族群重新塑造的王朝翻译制度，反映了一种有别于传统以汉语文为中心的“翻译”概念化模式。

Linguistic Governance and the Construal of “Translation” under the Multilingual Politics of the Early Qing

Abstract: In the Qing Dynasty, translation (or *ubaliyambumbi* in Manchu) is one of the most important tools for the governance of multilingual ethnic groups within its territory. Unfortunately, this has not attracted enough attention from translation historians, and the Qing administrators' concept of translation is a serious lacuna yet to be filled in. In fact, the conceptualization of translation changed in tandem with the changes of translation policy in Qing China. Until the reign of Qianlong Emperor, there had been a relatively comprehensive conceptual system, embodied in diverse terms of translation, which reflects the Manchu rulers' attitude and approaches. First, they borrowed the terminological repertoire from the Chinese translation tradition; second, they also conceived of translation on the basis of the political culture of the Manchu ruling class, especially their concern for the linguistic governance within and beyond the empire. This present paper, using the huge volume of Manchu and Chinese archival materials through the quantitative and etymological methods, studies the official discourse on translation by the Qing court, and reconstructs the full range of translation concepts and regimes. It is hoped that this study would not only provide a more comprehensive understanding of how the politics of multilingualism exerted an influence on early Qing views of translation, but also demonstrate a mode of translation thinking which is different from the Sinocentric model often upheld by modern translation theorists.

Keywords: *ubaliyambumbi* (*fanyi/* translation); conceptualization; the early Qing; multi-lingual politics; linguistic governance

以译代著　融通中西

——严复《法意》对孟德斯鸠政体学说的翻译 *

庄驰原 **

摘要：在中国近代学术翻译史上，严复的《法意》是一部十分重要的政法译著。本文认为，严复在《法意》中对孟德斯鸠政体学说的翻译实际是一种融合中西思想资源的改写。严复译文将西方19世纪的社会进化论思想和中国传统的循环史观相结合，将“专制”“君主”“共和”三种政体分出发展顺序，将孟德斯鸠政体分类学说改造为政体进化学说，体现出思想家严复对当时革命派共和主张的拒斥和对中国社会改革路径的现实考量。这一个案折射出中国近代转型时期学术翻译活动的复杂性：翻译活动不是简单的西方思想引进，而是以译代著、融通中西的知识创造。

关键词：严复；《法意》；政体；孟德斯鸠；学术翻译

---

* 本文为“学术翻译与话语建构：美国学界晚清论著的中译研究”上海市浦江人才计划C类资助（项目号：2019PJC094）阶段性成果。

** 庄驰原，香港中文大学翻译学博士，现为上海外国语大学英语学院讲师，研究方向为中国翻译史。

引言

1905年至1909年期间，严复（1854—1921）翻译的《法意》分七册由商务印书馆陆续出版。它的原著是法国启蒙思想家孟德斯鸠（Charles de Secondat，Baron de Montesquieu，1689—1755）完成于1748年的政治学名著《论法的精神》（法文原名 *De l'esprit des lois*，英译名 *The Spirit of Laws*）。

在整部《论法的精神》中，孟德斯鸠政治理论的基础是政体学说。《论法的精神》虽然名为讨论法律，实质上是一部“政体论”，孟德斯鸠对政体问题的分析对后世学者影响深远。[1]在孟德斯鸠看来，政体是一个国家法律精神的源泉。在《论法的精神》开篇第1章“法律通论”的结尾，孟德斯鸠说道：“我将首先研究法律同每一种政体的性质和原则的关系。因为政体的原则对法律有最大的影响，所以我将尽力很好地去认识它。当我一旦论证了原则，人们便将看到法律从原则引申出来，如同水从泉源流出一样。”[2]从第2章至第13章，孟德斯鸠广泛讨论各类与政体相关的内容，包括政体分类、各类政体的原则、政体与其他社会因素之间的关系、政体中的权力制衡、政体与政治自由的关系等。

同时，政体问题是20世纪初中国社会面临的重大历史选择。经过“百日维新”和“庚子之变”，要求改革的潮流已经

[1] Paul A. Rahe, “Forms of Government: Structure, Principle, Object, and Aim,” David W. Carrithers, Michael A. Mosher and Paul A. Rahe, ed., *Montesquieu's Science of Politics: Essays on The Spirit of Laws*, Lanham, MD: Rowman & Littlefield Publishers, 2001, p.97.

[2] ［法］孟德斯鸠著，张雁深译：《论法的精神》，北京：商务印书馆，1981年，第7页。

势不可逆。思想界的争论不再是中国要不要改革，而是中国应该改成哪一种政体。革命与改良两派的思想分歧始自19世纪末，以孙中山为首的革命派坚持通过暴力革命推翻清王朝，建立民主共和政体；以康有为、梁启超为首的改良派则鼓吹保皇，主张不流血的君主立宪政体。1905年至1907年期间，两派又分别以《民报》和《新民丛报》为阵地，针锋相对地展开了一场思想论战。

政体学说本是孟德斯鸠原著中的重要内容，而严译本问世恰逢政体问题在中国引发思想论战之际，这两方面的因素使得严复在1904年前后[1]如何翻译《论法的精神》中的政体学说成为一个值得探讨的翻译史问题。它不仅是研究孟德斯鸠思想在中国译介的关键部分，也成为考察近代中国思想史上知识分子如何理解和接受西方政体思想的重要个案。现有的学界研究在总论严复的翻译成就时，一般会简要提及作为“严译八大”之一的《法意》，以证明严复在引进西方政治学和法学思想方面的开创性贡献；少数专论《法意》的研究大多只关注《法意》中的严复自己添加的案语，而将《法意》正文视作孟德斯鸠的原意，未从翻译角度展开深入研究。[2]鉴于此，本文聚焦严复《法意》对孟德斯鸠政体学说的翻译，结合具体历史语境考察严复译文对孟德斯鸠思想的改写和重塑，揭示以严复为代表的

[1] 有关严复翻译《法意》各章的具体时间，学界尚无统一定论，有待进一步研究。

[2] 《法意》相关研究成果主要有：王毅《严复对中国社会形态的认识与他对宪政法理的译介——纪念严译〈法意〉发表一百周年》（《社会学研究》2006年第3期），蔡维力《治道、治制、治术——严复译〈法意〉之思想探析》（《北京行政学院学报》2008年第4期），孙曙生、蔡维力《严复译〈法意〉之法治思想探析》（《政法论丛》2009年第3期），颜德如、毕彩云《严复的政体观：以孟德斯鸠〈法意〉为中心》（《思想战线》2014年第4期）。

近代知识分子译者在从事学术翻译活动时“以译代著”的独特面貌，以期引起学界对这一话题的更多关注。

一、孟德斯鸠的政体分类学说

政体，即政权的组织形式，是政治学中最古老的概念之一。西方政治思想史发端的古希腊时期已有关于政体问题的讨论。[1] 身处18世纪的孟德斯鸠一方面继承和发展西方政治法律思想史中的经典分类方法，即根据统治者人数的多寡来区分政府的统治形式，并对亚里士多德的分类进行了一些调整；另一方面，通过游历欧洲，对各国的政治实践和社会制度进行详细考察，最终发展形成自己的政体分类学说。孟德斯鸠的政体分类学说主要内容集中在《论法的精神》全书的第2、3章。孟德斯鸠将政体分为“共和”“君主”“专制”三类，并为每一种政体总结出相应的原则。

孟德斯鸠按照是否由一人统治，将政体分为“君主政体”（monarchical）和“共和政体”（republican）：其中，共和政体可再细分为“民主政体”（democratic）和“贵族政体”（aristocratic）两类；又根据权力是否受到法律制约（是否实行法治），将不受法治的君主统治称为“专制政体”（despotic）。共和政体是全体人民或仅仅一部分人民握有最高权力的政体；君主政体是由一个人执政，不过遵照固定的和确立的法律；专制政体是既无法律又无规章，由单独一个人按照一己的意志

[1] 徐祥民、刘惠荣:《政体学说史》，北京：北京大学出版社，2002年，第1—4页。

与反复无常的性情领导一切。”（2–1）[1]

在孟德斯鸠看来，每一种政体都有自己的原则。所谓“政体的原则”（the principle of government），是指使政体得以运转的人类感情。具体来说，共和政体的原则是“品德”（virtue），君主政体的原则是“荣誉”（honour），专制政体的原则是“恐怖”（fear）。共和政体的“品德”，不是一般意义上的伦理道德，而是专指“政治品德”（political virtue），包括爱祖国、爱平等、爱法律、俭朴、尚武等。君主政体依靠法律来统治，荣誉在这里具体指的是高官显爵、显赫的地位、高贵的出身等，它使得君主国里的每个人都为个人利益而不断努力，在法律的约束下，这种个人野心最终会增加公共利益，使得君主政体欣欣向荣。专制政体的原则是恐怖。在专制政体下，君主的意志要求绝对服从：

> 人就是一个生物服从另一个发出意志的生物罢了。（3–9）
>
> 在那里，人的命运和牲畜一样，就是本能、服从与惩罚。（3–9）
>
> 为了扼制可能发生的革命，要用恐怖去压制人们的一切勇气，去窒息一切野心。（3–10）

孟德斯鸠对各种政体的态度与评价，有以下三点值得注意：首先，孟德斯鸠反对专制政体，这一点在《论法的精神》

[1] 此处及下文均以编号a–b表示孟德斯鸠原书第a章第b节，中文译文引自前述张雁深译本。

中自始至终都没有改变。在《论法的精神》中，他将专制政体视作野蛮和残酷的代名词：

路易斯安纳的野蛮人要果子的时候，便把树从根柢砍倒，采摘果实。这就是专制政体。（5–13）

专制政体不需要法律，完全由暴君一个人独断专行，即使有法律也形同虚设，会随着君主反复无常的意志而更改：

胆怯、愚昧、沮丧的人民是不需要许多法律的。（5–14）

专制的国家没有任何基本法律，也没有法律的保卫机构。（2–4）

此外，孟德斯鸠还批判专制君主荒淫无度，官吏贪污腐败，社会贫富悬殊，对国民实行奴化教育等，从各个方面对专制主义进行猛烈抨击。

第二，在《论法的精神》中，君主制是一种受法律约束的优良政体，被用以与没有法治的专制政体做对比。有两种君主制是孟德斯鸠主要引证的对象：一是法国古典君主制，二是英国的君主立宪制。他们的共同特点是存在权力制衡的机制，君权受到诸如贵族权力、僧侣权力等其他权力的制约，各种权力无论分配形式如何，都要受制于法律。

第三，孟德斯鸠并没有一味赞扬共和政体，他反对直接民主制，支持代议制民主。共和政体在孟德斯鸠笔下不是指近代资产阶级共和国，而主要指古希腊罗马的共和制度。在孟德斯鸠看来，所有的民主政体应该避免走向两种极端，极端的平等和极端的不平等，因为二者都容易走向极端的专制。

这样看来，孟德斯鸠批评专制政体毋庸置疑，但是，君主制和共和制之间究竟孰优孰劣，孟德斯鸠的态度并不明朗。有学者指出，孟德斯鸠在《论法的精神》中没有一处暗示共和政体与18世纪的欧洲有什么关系，相反，他认为英国的君主制优于大多数古代的共和国，也优于当时的意大利诸共和国，所以，现实中优良和有效的政体只能是君主制。[1] 也有学者认为，孟德斯鸠的模棱两可，是为了躲避当时严厉的图书审查和迫害。[2] 可以确定的是，孟德斯鸠在书中将君主制和共和制都视作与专制政体对比的“政治宽和的政体”，二者各有利弊，我们无法简单地评判孟德斯鸠在二者之间的选择，正如他自己所言：“整个欧洲都读了我的书，而且所有人都承认，他们无法看出我到底是站在共和政体还是君主政体一边。”[3]

二、比附中国传统：严复对政体原则的翻译

严复在《法意》中对上述三种政体原则的翻译是一种比附中国传统思想的改写，与孟德斯鸠的原意有较大差异。

---

[1] Robert Shackleton, *Montesquieu: A Critical Biography*, London: Oxford University Press, 1961, pp.272—277.

[2] Thomas L. Pangle, *Montesquieu's Philosophy of Liberalism: A Commentary on The Spirit of Laws*, Chicago: University of Chicago Press, 1973, p.19.

[3] Salvo Mastellone, *A History of Democracy in Europe: From Montesquieu to 1989*, Firenze: Centro Editoriale Toscano, 1995, p.10.

首先，严复在《法意》中将“republican”译为“民主”/“公治”；其原则“virtue”翻译为“道德”，同时也使用“民德”“德”等译法。“民德”之“厚”与“不厚”，是古希腊民主制与英国17世纪中叶民主革命一成一败的根源：

> But in a popular state, one spring more is necessary, namely, virtue.
>
> 独至民主之国，非有一物为之大命则不行，道德是已。（3-3）[1]

> A very droll spectacle it was in the last century to behold the impotent efforts of the English towards the establishment of democracy. As they who had a share in the direction of public affairs were void of virtue...
>
> 当前期之中叶，英之欲为民主者屡矣，顾终以民德不厚而无成。方是之时，执国柄者，非有德之人也……（3-3）

> The politic Greeks, who lived under a popular government, knew no other support than virtue.
>
> 古之富于自治者，其惟希腊之民乎！为民主之制，以自厚其生，知其所恃为长城者，民德而已。（3-3）

---

[1] 此处及下文出现孟德斯鸠原著内容均引自Montesquieu, *The Spirit of Laws*, trans., Thomas Nugent, London: George Bell & Sons, 1896。严复《法意》译文及案语均引自严复著，汪征鲁、方宝川、马勇编:《严复全集》卷四，福州：福建教育出版社，2014年。

在谈论共和制之一的贵族政体（严译为“贤政”）时，严复有时把“virtue”也翻译为“仁义”：

> As virtue is necessary in a popular government，it is requisite also in an aristocracy. True it is that in the latter it is not so absolutely requisite.
>
> 民主非德不立，是固然矣。即贤政之制，亦以仁义为之基，特其在贤政也，不若民主相需之般耳。（3–4）

关于“virtue”的内涵，孟德斯鸠在正文前的“说明”中曾明确提醒读者：“我所谓品德，在共和国的场合，就是爱祖国，也就是说，爱平等。这不是道德上的品德，也不是基督教上的品德，而是政治上的品德。”[1] 而严复所使用的译词，无论是“道德”“民德”还是“仁义”，在中文语境里无疑都具有鲜明的伦理道德色彩，而孟德斯鸠所说的“virtue”原指政治品德，非伦理道德，二者存在明显差异。

第二，严复把君主政体译为“君主”/“独治”，其原则“honour”被严复译为“荣宠”或“礼”：

> If monarchy wants one spring，it is provided with another. Honour，that is，the prejudice of every person and rank，supplies the place of the political virtue...
>
> 彼之为治，以荣宠为之精神是已。名位爵禄，著其等差，而人心遂以是而相慕，而有以激发其自致之

[1] Montesquieu, *The Spirit of Laws*, trans., Thomas Nugent, pp.xlvii–xlviii.

情焉。(3-6)

Now since it is the nature of honour to aspire to preferments and titles, it is properly placed in this government.

盖其民既以荣宠相矜矣，则未有不争求获上，以邀此一命之荣者，故曰其治制以此为精神也。(3-7)

所谓“荣宠”，即高官厚禄、盛名显位。严复在案语里不止一次地强调，孟德斯鸠的“荣宠”，即中国的“礼”：

此节所言，即《中庸》“九经”、贾谊《治安策》之微旨。盖孟所谓荣宠，即中国所谓礼，礼之权不仅操于上，而亦臣下所可据之以为进退者也。(3-8)

至此节能自为其身价云云，则荣宠之为礼，尤可见也。盖有道之君主，为人臣者尚得进退以礼故也。(3-9)

第三，专制政体的原则“fear”，严复翻译为“刑威”或“刑”：

As virtue is necessary in a republic, and in a monarchy honor, so fear is necessary in a despotic government.

犹民主之不可无道德，君主之不可无荣宠，斯专制之君主不可以无刑威。(3-9)

Such are the principles of the three sorts of government: which does not imply that in a particular republic they actually are, but that they ought to be, virtuous; nor does it prove that in a particular monarchy they are actuated by honour, or in a particular despotic government by fear; but that they ought to be directed by these principles...

所谓三制精神具如此，非曰民主之制必道德，君主之制必以礼，而专制之国必以刑也。虽然，真民主者必尚德，真君主者必崇礼，真专制者必重刑。（3–11）

如果把严复选择的译词“道德（德）”“荣宠（礼）”“刑威（刑）”结合在一起，我们会发现这一组译词在严复笔下有着非常特殊的含义：它们分别对应着道家的太上之“德”、儒家的经世之“礼”、法家的威民之“刑”。不仅如此，“德”“礼”“刑”三者之间还包含一种递降的等级关系。严复在《法意》案语中多次提及老子“道德、仁义、礼刑递降为治之说”与三种政体的关联：

三制精神，若其论出于吾人，则必云太上之民主以德，其次有道之君生以礼，其次无道之专制以刑。所谓荣宠，即礼也。所谓恐怖，即刑也。（3–9）

吾读此篇，然后恍然于老子道德、仁义，礼刑递降为治之说，而儒者以礼为经世之纲维，亦此意也。孔子曰：“君使臣以礼。”又曰：“礼让为国。”盖君主之制，极之由礼而止，蔑以加矣。而君主之国，其民

所以无自由者，亦以此已。（3-10）

老氏、庄周，其薄唐、虞，毁三代，于一是儒者之言，皆鞅鞅怀不足者，岂无故哉？老之言曰：“失道而后德，失德而后仁，失仁而后义，失义而后礼。礼者忠信之薄，而乱之首也。”始吾尝懵然怃然，不知其旨之所归，乃今洞然若观火矣。礼者，诚忠信之薄，而乱之首也。虽然，礼者既如此矣，藉今更为之转语曰，失礼而后刑，则不知于治之效又何若也？民主者，以德者也。君主者，以礼者也。专制者，以刑者也。礼故重名器，乐荣宠；刑故行督责，主恐怖也。且孔子不云乎：“道之以政，齐之以刑，民免而无耻。道之以德，齐之以礼，有耻且格。”（8-21）

在同一时期的其他作品中，严复也提到同样的观点：“然孟德斯鸠《法意》中言，民主乃用道德，君主则用礼，至于专制乃用刑。”又：“礼失，则刑生。”[1]

所谓“道德、仁义、礼刑递降为治之说”，具体指的《道德经》第三十八章中的“失道而后德，失德而后仁，失仁而后义，失义而后礼。礼者忠信之薄，而乱之首也”。老子认为，不同社会的主导精神不同，“道”“德”“仁”“义”“礼”是逐级递降的关系。不过，老子并没有提及“刑”，即“失礼而后刑”。由此推断，这是严复根据儒家的“德主刑辅”“出礼入刑”

[1] 严复著，汪征鲁、方宝川、马勇编：《严复全集》卷九，第46—47页。

而比附的说法。[1]

正是基于这样的传统文化背景，严复用“德”翻译共和制的原则“virtue”，用“礼”翻译君主制的原则“honour”，用“刑”翻译专制的原则“fear”，实际上用中国思想资源改造了孟德斯鸠的政体学说。他把“德”“礼”“刑”三者在中国道、儒、法的传统文化语境中形成的等级递降关系，转换成孟德斯鸠所说的“共和”“君主”“专制”三种政体的等级递降关系，即：共和制是最优的政体，君主制次之，专制最差。而事实上，孟德斯鸠在原著中仅强调专制是最坏的政体，对于“共和”“君主”之间的优劣并无倾向，甚至孟德斯鸠对于当时英国君主制十分青睐。

三、引入进化思想：从三治递降到政体进化

严复对孟德斯鸠政体学说的翻译并不是简单地比附中国传统。除了中国传统哲学思想的影响外，他改写之后的政体学说还融入斯宾塞（Herbert Spencer，1820—1903）的社会进化论等近代西方思想，并结合中国的现实国情形成一种全新的政体进化学说。

“德”“礼”“刑”三者递降的论述，在严复看来存在很大

[1] 严复的看法并非特例，比严复稍晚一些的近代思想家李宗吾（1879—1943）在《中国学术之趋势》（1936）中将老子学说视作统括先秦诸子的纲领性学说，在“道、德、仁、义、礼”之后加上“刑”和“兵”，道德居首，兵刑居末，将“道、德、仁、义、礼、刑、兵”的结构，作为理解中国诸子百家思想的脉络，而儒家、法家无不与道家相通相融。详见李宗吾：《李宗吾全集》，北京：中国城市出版社，2009年，第225—227页。

问题。中国传统的历史观是循环复古的，传统思想把上古时代视作黄金时代，三代以后礼崩乐坏，出现历史退步。所以，儒家的治国理想是恢复三代之治，道家的说法是“道、德、仁、义、礼”递降。信仰进化论的严复认为，政体是一个由低级向高级阶段发展的进化过程，而非退化过程。所以，他虽然用“道德、仁义、礼刑递降为治之说”来翻译孟德斯鸠的政体原则，但他并没有接受老子对文明退化的论断。他尝试用西方的历史进化论改造中国传统的历史循环论，将传统中国思想中“德”“礼”“刑”的递降顺序，改为从“专制”（刑）到“君主”（礼），再到“民主”（德）的进化顺序。

关于政体进化的思想渊源，我们可以追溯到严复在《法意》之前的著译。最早可以在严复翻译《原富》（1897—1901）的案语中找到类似观点。严复此时对民主政体和君主政体二者的发展顺序已经有比较清晰的表述：“又以知民主之制，乃民智最深民德最优时事。且既为民主，亦无转为君主之势。由君主转为民主可，由民主而转为君主不可，其转为君主者，皆合众非真民主也。”[1]

其后，在斯宾塞《群学肄言》（1903）“政惑篇”中，严复翻译斯宾塞渐进主义的社会变革思想，强调“民品”至关重要，只有遵循天演规律，政俗程度相一致，变法才能取得成功：

> 可悟为国之道，治具不足恃，而治制之原，存乎一群之民品，虽有良法，不能自行，必得天演之自然。民品既臻，本其性情风俗，修之以为成法，夫而后有

[1] 严复著，汪征鲁、方宝川、马勇编：《严复全集》卷二，第400—401页。

相得益彰之效。假令民品与所行之法度，绝不相谋，若革命一时之所立，抑变法更始之所为，宪法固甚高，民品则甚下，将视其政俗之相睽之程度，终于回循故辙而后已，立法良固无益也。[1]

在同样成书于《法意》之前的《社会通诠》（1904）中，严复再次提出，历史是不断由低级向更高阶段发展的过程，政体要与国民程度相适应。甄克思（Edward Jenks，1861—1939）原著将人类社会形态分为“图腾社会”“宗法社会”“军国社会”；严复则用自己的天演思想，嫁接到甄克思的历史分期论上，由此阐发一种线性的社会历史进化思想。正如王宪明所指出：“从甄克思的三种社会形式，到严复的社会发展三阶段，反映了近代中国人对人类历史进程的理解和认知正在发生重要变化，开始认识到历史是不断由低级向更高阶段发展的。而对中国社会发展阶段的定位，则反映出近代中国人正在借助于对世界各民族历史进程的考察，来自我反思并描绘未来由宗法社会向现代国家发展的蓝图。”[2]

在《法意》中，严复虽然通过几个具体译词把孟德斯鸠的政体分类原则与老子的“道德、仁义、礼刑递降为治”相类比，但他同时明确地指出，根据社会进化规律，中国的三代之说不足为信，只是诸子百家的臆造而已：

詈桀、纣，颂尧、舜，夫三代以前尚矣，不可考已，

[1] 严复著，汪征鲁、方宝川、马勇编：《严复全集》卷三，第167页。

[2] 王宪明：《语言、翻译与政治：严复译〈社会通诠〉研究》，北京：北京大学出版社，2005年，第87—88页。

> 则古称先者，得凭臆以为之说。自秦以降，事迹分明，何治世之少而乱世之多也？且《春秋》所载二百余年，而《国策》所纪七国之事，稽其时代，皆去先王之泽未远也，顾其时之人心风俗，其为民生幸福又何如？夫已进之化之难与为狉榛，犹未辟之种之难与跂文明也。以春秋、战国人心风俗之程度而推之，向所谓三代，向所谓唐、虞，祗儒者百家其意界中之制造物而已，又乌足以为事实乎？（3–5）
>
> 若今世美洲之合众国，欧洲之法兰西，皆造于十八世纪之末，文明大进之秋，前此所必不能者也。故希腊以民主而并兼于马基顿，而罗马之转为帝国也，则不待日耳曼峨特之犄角，其国权已统于沃古斯达，其非磐石之势明矣。夫五洲治制，皆宗法社会之所变化者也，顾东亚则以宗子而成继天立极之至尊，西欧则于游牧之时已著民族之平等，此其所以然之故，又不能不求于地势与所行宗教间也。呜呼，可异也已！（2–3）

严复的言下之意是，中国上古的理想社会并不存在，欧洲的民主制度只有到“十八世纪之末，文明大进之秋”才能成为现实。由此看来，人类社会只能遵循天演规律，逐步发展进化，政体的发展亦不能外。从专制到君主，再到民主，是不能违背的天演公例。这就是严复综合老子、斯宾塞、甄克思等中西思想之后，将孟德斯鸠的政体“分类”改写为政体“进化”的核心要义。

四、严复的改写动机：表达个人改革主张

严复如此苦心，不仅反映出作为思想家的严复拥有中西融通的学术视野，也有着现实层面的针对性。他强调政体进化，意在纠正当时革命派建立民主共和制度的激进主张。

革命还是改良，是20世纪初中国社会所面临的时代抉择。《法意》前三册（即本文所讨论的政体相关内容）出版期间的1905年，革命派和立宪派曾在思想舆论领域展开一场大论战，双方在以《民报》和《新民丛报》为主要宣传阵地发表文章，阐述自己的救国方针，辩驳对方的主张。事实上，早在1905年之前，中国社会关于选择君主立宪还是民主共和的争论已经逐步升级。戊戌之前，维新派领袖康有为将《春秋公羊传》的"三世说"与《礼运・大同篇》相结合，初步形成"大同三世说"，并通过康门弟子广加宣传。[1]梁启超在《论君政民政相嬗之理》（1897）中，曾将"大同三世说"与三种政体结合起来，论证社会发展由多君之政到一君之政，再到民政的进化次序："博矣哉，《春秋》张三世之义也。治天下者有三世：一曰'多君为政之世'，二曰'一君为政之世'，三曰'民为政之世'。"[2]1902年，康有为在海外发表《答南北美洲诸华商论中国只可行立宪不可行革命书》，阐述他反对革命排满、支持君主立宪的主张。康有为主张"三世说"，把"据乱世""升

---

[1] 参见汤志钧：《康有为的大同思想与〈大同书〉》，上海：上海人民出版社，2016年，第25—46页；茅海建：《戊戌时期康有为的"大同三世说"》，《"北京论坛（2017）文明的和谐与共同繁荣——变化中的价值与秩序：历史和全球视野中的社会转型"论文集》（未公开出版），2017年，第113—125页。

[2] 梁启超：《论君政民政相嬗之理》，《时务报》1897年第41期。

平世”“太平世”分别比作君主专制、君主立宪制和民主共和制三个不同时代，并且强调“三世”的演进顺序不能打乱：“盖今日由小康而大同，由君主而至民主，正当过渡之世，孔子所谓升平之世也，万无一跃超飞之理。凡君主专制、立宪、民主三法，必当一一循序行之。若紊其序，则必大乱，法国其已然者矣。”[1]1903年，游历美国之后的梁启超在《新大陆游记》中明确指出君主立宪优于共和政体：“吾游美国而深叹共和政体实不如君主立宪者之流弊少而运用灵也。”[2]

维新派力主保皇的另一面，革命思潮至1903年已成气候。[3]1903年，孙中山在《敬告同乡书》中公开宣称：“革命、保皇二事决分两途，如黑白之不能混淆，如东西之不能易位。”[4] 章太炎作《驳康有为论革命书》，驳斥康有为的改良言论，宣传革命主张。该文与邹容的《革命军》“同时刊行，不及一月，数千册销行殆尽”[5]，在海内外引起巨大反响。此外，《湖北学生界》《浙江潮》《江苏》等留日学生主办的革命刊物相继问世。1904年，华兴会、光复会等革命团体相继成立，革命潮流风起云涌。

这一背景下，翻译《法意》时期的严复如何看待立宪与共和的选择？严复对于中国政治改革方向的看法与康、梁基本一致，坚持中国的“民智”“民德”不足，只能以君主立宪为方向，

[1] 康有为：《答南北美诸华商论中国只可行立宪不可行革命书》，汤志钧编：《康有为政论集》上册，北京：中华书局，1981年，第476页。

[2] 梁启超：《饮冰室合集》专集22，上海：中华书局，1936年，第65页。

[3] 关于1903年的革命思潮发展，参见严昌洪、许小青：《癸卯年万岁：1903年的革命思潮与革命运动》，武汉：华中师范大学出版社，2011年。

[4] 孙中山：《孙中山全集》，北京：中华书局，1981年，第232页。

[5] 蒋维乔：《章太炎先生轶事》，《制言》1936年第25期。

反对立即实行民主共和，对革命派的激进作风十分反感。

在《法意》案语中，严复指出，“民主”（即共和制）虽好，但很难实行：

> 民主者，治制之极盛也。使五洲而有郅治之一日，其民主乎？虽然，其制有至难用者。何则？斯民之智、德、力常不逮此制也。夫民主之所以为民主者，以平等，故班丹（边沁）之言曰：“人人得一，亦不过一。”此平等之的义也。顾平等必有所以为平者，非可强而平之也，必其力平，必其智平，必其德平。使是三者平，则郅治之民主至矣。（8-2）

严复将民主视作达到“郅治”的最优政体，但一个国家是否实行民主制，要考虑“民智”“民德”“民力”是否达到相当水平。若民风甚敝之时，专制政体甚至比民主政体更加有利于民生幸福，“而为民主所必不可及者也”（3-11），正所谓“民如躯干，制如衣服，以童子而披贲育之衣，决其不行而蹶耳，何可用乎？故不察国民优劣，而徒于治制争之，只成戏论，此治历史学者所共明也”。[1] 因此，基于对中国现实国情的考量，严复在《法意》中通过翻译将孟德斯鸠的政体“分类”学说改写为“专制”“君主”“民主”三者逐步发展的政体“进化”学说，其现实意义在于论证当时的中国选择君主立宪才是符合进化规律的正确方向，批评只重视变革政治制度而忽略国民基础的激进路线，强调提高国民素质的重要性。

[1] 严复著，汪征鲁、方宝川、马勇编：《严复全集》卷三，第468—469页。

五、结语

总的来说,《法意》中严复对孟德斯鸠政体学说的翻译做出的种种改写，并不是语言层面的误译，而是译者自我思想的表达，体现出思想家严复对当时革命派共和主张的拒斥和对中国社会改革路径的现实考量。长久以来，翻译界关于严复的翻译研究大多围绕着翻译标准和翻译技巧展开，从严复自己提出的“信”“达”“雅”出发，探讨严复译著在多大程度上实现或背离了这一标准。本文认为，我们不能仅从语言转换本身去分析严复的翻译技巧，也不能把严译中出现的改写简单解释为译者语言功底不佳，或对原文思想把握不到位，或为了迎合守旧势力而采取的权宜之计，而应回到具体的历史文化语境，从一位借翻译去表达自身理念的思想家这个定位去理解严复。他的翻译活动在本质上是一种“以译代著”的行为，服务于他所关心的中国政治改革和思想转型。而在更广泛的意义上，严复翻译《法意》的个案折射出中国近代转型时期学术翻译活动的复杂面貌：学术翻译不是单纯的西方思想引进与接受，而是许多译者在“翻译”的名义下融通中西、服务现实的知识创造。

Hybridity in Academic Translation: Yan Fu's Translation of *Fayi* as a Rewriting of Montesquieu's Theory of Government

Abstract: This paper argues that Yan Fu's translation of Montesquieu's thoughts on principles of government in his translation *Fayi* (《法意》) is a rewriting of the original and a mixed interpretation of Montesquieu's theory with both

Chinese and western intellectual resources. Yan Fu transforms Montesquieu's classification of governments into an new evolutionary theory by drawing experience from Chinese traditional thoughts on history recurrence and from western Social Darwinism in the 19th century. This translation clearly shows Yan Fu's rejection of the revolutionaries' stance for the establishment of a democratic republic, reflecting a solid consideration of China's political reform at the begining of 20th century. This case study unveils the hybridity in academic translation at that historical point, in which translation should not be simply seen as introducton of western concepts but knowledge construction by the translator.

Keywords: Yan Fu; *Fayi* (*The Spirit of Laws*); form of government; Montesquieu; academic translation

国剧运动的一次剧本实践

——《长生诀》的翻译

李佳伟*

摘要： 国剧运动是中国现代戏剧史上的一次重要活动。以往研究多将国剧运动看作一次理论讨论，研讨运动机关刊物《晨报副刊·剧刊》上刊登的理论探讨文章。本文关注的是国剧运动的一次剧本实践——余上沅《长生诀》的文化译写活动。该译本的底本是捷克作家卡雷尔·恰佩克（Karel Čapek, 1890—1938）的《马克普洛斯案》(*Věc Makropulos*)。本文从译本选材与翻译方法切入，通过文本细读和对历史语境的考察，重构《长生诀》的跨文化译写实践，讨论《长生诀》与余上沅个人戏剧思想发展及国剧运动的关系。研究发现，《长生诀》的出版并非偶然，实为国剧思想在剧本层面的具象化，实践了国剧运动对剧本内容、功能、形式的诸多设想，切合国剧运动倡导重视舞台，反对现实主义社会问题剧，提倡重新思考传统戏曲价值的主张。

关键词： 国剧运动；余上沅；《长生诀》；戏剧翻译

* 李佳伟，香港中文大学翻译学博士，现为香港中文大学翻译研究中心博士后研究员，研究方向为戏剧翻译、翻译史与跨文化研究。

导言

自20世纪80年代以来，学界对“国剧运动”的研究已有相当长的历史[1]，以往研究者多聚焦运动的机关刊物《晨报副刊·剧刊》上刊登的理论探讨文章，将写意、话剧民族化、文化保守主义等议题作为重心，从理论层面加以研讨。[2] 这样的论述下，“国剧”被描述为一个最终停留在理论探究阶段的设想。但事实上，中国现代戏剧史上的国剧运动，应当是20世纪20年代中期，余上沅（1897—1970）、赵太侔（1889—1968）、闻一多（1899—1946）、张嘉铸（1847—1911）等人，在纽约演出《杨贵妃》（*The Never-ending Sorrow*）[3]，创办中华戏剧改进社后[4]，以发展“国剧”为目的开展的一系列戏剧活动[5]，其中包括发行《晨报副刊·剧刊》，也包括开展戏剧教

[1] 1989年，学者马明发文梳理了国剧运动的进程，提出国剧运动的参与者，尤其是其主要领导者余上沅，对中国现代话剧的建立和壮大有不容抹杀的功绩，拉开了中国学者对国剧运动讨论的帷幕。马明:《论余上沅与国剧运动》,《艺术百家》1989年第2期。

[2] 如张美芳:《戏剧“写意”析疑》,《戏剧（中央戏剧学院院报）》2004年第2期；胡博:《创建表现民族精神和民族灵魂的中国剧——余上沅国剧理论评析》,《山东师大学报（人文社会科学版）》2001年 第5期；胡叠:《论“国剧运动”的文化保守主义立场》,《戏剧（中央戏剧学院院报）》2005年第2期。

[3] Y. C. Yu, “A Report of the China Night,” *The Chinese Students'Monthly* 20, no.3 (1924), p.66.

[4] 熊佛西:《中华戏剧改进社的新消息》,《晨报副刊》1925年4月21日，第5—8页。

[5] 刘思远的研究关注到了国剧运动众人在《晨报副刊·剧刊》以外开展的活动，但其讨论并未涉及舞台表演与剧本的问题。刘思远:《国剧运动的戏剧史学研究——以余上沅1922—1926年的戏剧活动为中心》,《南京大学学报（哲学·人文科学·社会科学）》2016年第2期。

育[1]，指导舞台演出[2]，以及翻译剧本等活动。本文关注的便是国剧运动的一次剧本实践。

《晨报副刊·剧刊》第14期上，主编余上沅发表了《〈长生诀〉序》一文，将《长生诀》剧本与国剧运动联系了起来。《长生诀》的翻译底本是捷克作家卡雷尔·恰佩克（Karel Čapek，1890—1938）的《马克普洛斯案》（*Věc Makropulos*），它在中国的诞生是翻译家转译的成果——1922年恰佩克出版了捷克文的《马克普洛斯案》，1924年美国学者兰德尔·伯勒尔（Randal Burrell，1937—1962）将其译为英文，于1925年9月正式出版；[3]后余上沅根据此英译本转译出中文本，命名为《长生诀》。1926年6月，余上沅将译本序言首先发表于《晨报副刊·剧刊》，译文全文于9月由北新书局出版。《长生诀》是恰佩克首个被译成中文的剧本，更是讨论捷克文学在中国接受的重要个案。更加值得注意的是，《长生诀》是当时唯一一部得到《晨报副刊·剧刊》仔细介绍的剧本。此译本特殊性何

[1] 1925年10月，在闻一多的支持下，余上沅与赵太侔在美术专科学校中开设戏剧系，不久后学校改名为国立北平艺术专科学校，艺专戏剧系是中国首个开设的戏剧系，设有戏剧概论、舞台装置、化妆术、习演、戏剧文学、发声术等课程，被称为"我国视为最卑鄙不堪之戏剧，与国家教育机关发生关系之第一朝"。洪深：《导言》，洪深编：《中国新文学大系》（第九集），上海：上海文艺出版社，1935年，第71页。

[2] 1926年1月，余上沅曾帮助燕京大学燕大周刊社排演了两场演出：《可怜闺里月》与《第二梦》。向培良：《一个半演员的戏剧》，《京报副刊》1926年1月11日，第7—8页。1926年6月，余上沅与赵太侔在艺专戏剧系导演了《一只马蜂》、《获虎之夜》与《压迫》。方文：《给新剧界争了一口气》，《晨报副刊》1926年6月9日，第4页。

[3] Karel Čapek, *The Makropoulos Secret*, trans., Randal C. Burrell, Boston: John W. Luce & Company。伯勒尔译本是此剧的第一个英译本，但恰佩克不认可伯勒尔的翻译。1924年8月，恰佩克写信给他的御用英文译者保罗·塞维（Paul Selver，1888—1970），请他再次翻译此剧，塞维的译本于1927年出版。Philmus, Robert. "Matters of Translation: Karel Čapek and Paul Selver," 原作*Science Fiction Studies* 28, no.1, 2001, pp.7—32。

在？《晨报副刊·剧刊》这样一个聚焦理论研讨的刊物又何以会刊登翻译剧本的介绍？

本文从译本选材与翻译方法切入，通过文本细读和对历史语境的考察，重构《长生诀》的跨文化译写实践，讨论《长生诀》与余上沅个人戏剧思想发展及国剧运动的关系。研究发现，《长生诀》的出版并非偶然，实为国剧思想在剧本层面的具象化，实践了国剧运动对剧本内容、功能、形式的诸多设想，切合国剧运动倡导重视舞台，反对现实主义社会问题剧，提倡重新思考传统戏曲价值的主张。

一、一场戏剧民族化的反写实剧场运动

新文化运动时期，以《新青年》编辑部同人为代表的知识分子提出，中国文学想要追赶世界文学，就要破旧立新，反映在戏剧领域便是批判传统戏曲、学习西方现代戏剧，尤其是“现代戏剧之父”易卜生的社会问题剧，[1] 将艺术创作和社会改良联系在一起。1926年6月，余上沅、赵太侔、闻一多、张嘉铸等人，以《晨报副刊·剧刊》为基地，为中国现代戏剧提出了一个全新的发展思路，他们倡导重视舞台研究，反对现实主义社会问题剧，提倡重新思考传统戏曲的价值。这一思路显然不符合新文化运动对戏剧发展一破一立的设计。

国剧运动本质上是一场剧场运动。《晨报副刊·剧刊》的发刊词中写道：“我们的意思是要在最短的期内办起一个小剧

[1] 葛一虹:《中国话剧通史》, 北京: 文化艺术出版社, 1990年, 第36—47页。

院；然后再从小剧院作起点，我们想集合我们大部分可能的精力与能耐从事戏剧的艺术。我们现在已经有了小小的根据地，那就是艺专的戏剧科。”[1]不难看出，国剧运动的倡导者十分看重舞台演出。他们将“艺专的戏剧科”设定为活动“根据地”就足以说明这一点。这里的“艺专戏剧科”即国立北平艺术专科学校戏剧系，作为中国首个开设的戏剧系，其课程内容不仅包括戏剧概论，还包括舞台装置、化妆术、习演、戏剧文学、发声术等课程[2]，聚焦舞台演出及其相关问题进行授课。不仅如此，国剧运动的几位主要倡导者都曾专门论述舞台演出的重要性，如赵太侔提出“戏剧是种综合的艺术”，并定义戏剧为“以文学为间架，以人生及其意义为内容，以声音动作——身体——为表现的主要工具，以音乐或背景为表现的辅助的一种艺术”。[3]余上沅认为“戏剧是永远生动着——在舞台上生动着”。[4]闻一多称“一部戏是要演给大家看的，没有观众，也就没有戏”。[5]张嘉铸更是直接指出“戏本没有得到舞台的试验，同剧院的证明，是不能算作戏剧的”。[6]也是因为重视舞台，国剧运动十分关注表演、光影、布景等问题，

---

[1] 徐志摩:《剧刊始业》,《晨报副刊·剧刊》1926年第1期，第1页。发刊词是徐志摩所写，这是因为徐志摩此时是《晨报副刊》的主编,《剧刊》是借《晨报副刊·诗刊》版面发行的。据徐志摩回忆,《晨报副刊·剧刊》实际上是余上沅负责主编的工作。徐志摩:《剧梨终期》,《晨报副刊·剧刊》1926年第15期，第1—2页。

[2] 李治璞:《谈谈国立艺专的戏剧系》,《京报副刊》1926年第442期，第6页。

[3] 赵太侔:《国剧》,《晨报副刊·剧刊》1926年第1期，第1页。

[4] 余上沅:《演戏的困难》,《晨报副刊·剧刊》1926年第1期，第3页。

[5] 闻一多:《戏剧的歧途》,《晨报副刊·剧刊》1926年第2期，第1页。

[6] 张嘉铸:《病入膏肓的萧伯纳》,《晨报副刊·剧刊》1926年第4期，第2页。

余上沅（化名舲客）的《论表演艺术》[1]、赵太侔的《光影》与《布景》对舞台相关问题的讨论[2]、《晨报·星期画报》的第43号[3]对多种著名布景、表演服饰等的介绍[4]……不绝如缕，彰显着国剧运动倡导者重视舞台表演的自觉。

除了重视舞台，国剧运动还旗帜鲜明地反对易卜生的“社会问题剧”。国剧运动反对易卜生原因有二。首先，易卜生社会问题剧不符合国剧运动“反写实”的主张。《国剧》一文中，赵太侔开宗明义地指出传统戏曲的反写实旨趣：“现在艺术界，是反写实运动弥漫的时候。西方的艺术家正在那里拼命解脱自然的桎梏，四面八方求救兵。”[5]赵太侔所说的西方艺术家的努力，其实是著名的“剧场新运动”（The New Stagecraft Movement），运动始于19世纪末的欧洲剧场，20世纪初在美国剧场扎根，该运动反思自然主义与写实主义剧场，特别是其真实且准确地描写生活的要求，认为艺术之美孕育于“形式”

---

[1] 余上沅：《论表演艺术》，《晨报副刊·剧刊》1926年第14期，第3—4页。

[2] 赵太侔：《光影》，《晨报副刊·剧刊》1926年第6期，第3—4页；赵太侔：《布景》，《晨报副刊·剧刊》1926年第7期，第4页。

[3] 在《晨报副刊·剧刊》第4期上，余上沅等人告诉读者，他们将会在《晨报·星期画报》上刊登一期“戏剧特号”专门介绍西方舞台布置。《两个消息》，《晨报副刊·剧刊》1926年第4期，第4页。

[4] “戏剧特号”上共刊登22张图片，其中包括大量的舞台布景图，如马克思·莱因哈特（Max Reinhardt，1873—1943）导演的《奇迹》（*The Miracle*）中的服饰与图案，诺曼·盖地斯（Norman Bel Geddes，1983—1958）为《基督之母》（*The Mother of Christ*）一剧所做的布景模型，阿道夫·阿皮亚（Adolphe Appia，1862—1928）在《回声与水仙》（*Echo et Narcisse*）一剧中的布景图，等等。余上沅等人在前言中解释说，他们希望这些图片可以为中国戏剧演出提供参考。《戏剧特号弁言》，《晨报·星期画报》1926年第43号，第1页。

[5] 赵太侔：《国剧》，《晨报副刊·剧刊》1926年第1期，第1页。

(form)而不是"内容"(content)。[1]赵太侔同意西方剧场的反写实主张，认为戏剧在写实的桎梏下成了生活的翻版，需要用新的精神把艺术解脱出来。《晨报副刊·剧刊》上最著名的抨击易卜生的文章，是闻一多以"夕夕"的笔名发表的《戏剧的歧途》一文，闻一多认为，易卜生代表的社会问题剧，过于重视戏剧的内容，试图教化大众，正站在了"纯形"的对立面。[2]闻一多所谓的"纯形"，其实就是剧场新运动中所提出的"形式"，倡导戏剧放弃模仿现实生活，重视形式之美。

国剧运动反对易卜生的第二个理由，是易卜生作品的盛行会阻碍本土戏剧的发展。余上沅在给张嘉铸的信中曾写道，国剧运动众人受到威廉·叶芝(William Yeats，1865—1939)和约翰·沁孤(John Synge，1871—1909)的影响。[3]叶芝和沁孤代表的是爱尔兰戏剧复兴运动。19世纪末，易卜生的社会剧影响了欧洲剧场的发展，爱尔兰戏剧家爱德华·马丁(Edward Martyn，1859—1923)就是易卜生的忠实拥护者。而余上沅认为，爱尔兰最终萌生了有爱尔兰特色的戏剧，主要归功于叶芝等人的爱比剧院，他们坚决反对马丁领导的易卜生运动，认为爱尔兰戏剧要"回到人民中去"，用爱尔兰的方式讲述爱尔兰的故事。余上沅眼中，中国知识分子正在走马丁的老路："中国剧界的运动是什么趋向呢？我们可以毫不迟疑地

[1] 关于剧场新运动的缘起与过程，见 Thomas Alan Bloom, *Kenneth Macgowan and the Aesthetic Paradigm for the New Stagecraft in America*, New York: Peter Lang, 1996; Walter Pritchard Eaton, "The New Stagecraft," *The American Magazine* 74 (1912), pp.104—113.

[2] 闻一多：《戏剧的歧途》，《晨报副刊·剧刊》1926年第2期，第1页。

[3] 余上沅：《一个半破的梦》，《晨报副刊·剧刊》1926年第15期，第4页。

答道：'归向易卜生'！"[1] 余上沅认为，爱尔兰戏剧的发展已经证明，只有抵挡住易卜生戏剧的影响，关注本土戏剧资源，才可能出现有民族特色的戏剧。

重视舞台，反对易卜生之外，国剧运动的第三个重要主张，是倡导重新审视传统戏曲的价值，这一观点与国剧运动的反写实旨趣紧密相关。《旧戏评价》中，余上沅提出，现代戏剧有两条路线，一条是易卜生所代表的现实主义戏剧，另一条则是西方剧场正专注发展的反写实戏剧。传统戏曲正是反写实的，余上沅称其为"写意的"。他认为："只要写意派的戏剧在内容上，能够用诗歌从想象方面达到完美理性的深邃处，而这个作品在外形上又是纯粹的艺术，我们应该承认这个戏剧是最高的戏剧，有最高的价值。"[2] 余上沅"写意"的概念最早出现在他留美时发表的"芹献"系列文章。他以美国剧场新运动的主要领导者、戏剧评论家肯尼斯·麦高恩（Kenneth Macgowan，1888—1963）的"表现式演出"（presentational acting）为依据，提倡演员放弃"再现的"（representational）表演，注重"表现"（presentational）的演出。[3] 余上沅将"表现"的表演方式翻译成"写意"，演员没有忘记自己是演员，"他们的主要精神，是要把他们对于剧本的解释，从台上传达到台下去，使剧场成为一个整体"。[4] 这也是余上沅写意戏剧

[1] 余上沅：《芹献十四：爱尔兰文艺复兴中的女杰》，《晨报副刊》1923年4月7日，第2页。

[2] 余上沅：《旧戏评价》，《晨报副刊·剧刊》1926年第2期，第4页。

[3] Kenneth Macgowan, and Robert Edmond Jones, *Continental Stagecraft*, New York: Harcourt, Brach and Company, 1922, pp.91—105.

[4] 余上沅：《芹献十六：表演的艺术》，《晨报副刊》1924年5月6日，第2页。

观的来源。余上沅提出，中国戏剧舞台是写意的，符合现代戏剧发展的要求，因此需要重新审视传统戏曲的价值。

总的来说，国剧运动诸人受到美国剧场新运动的启发，对中国戏剧发展做出许多深刻的讨论，他们提倡重视舞台而不只是文本，反对易卜生式的现实主义戏剧，呼吁重新审视传统戏曲的价值。这一思路不符合新文化运动一方面否定和批判旧戏，另一方面介绍“现代戏剧之父”易卜生戏剧的设计。从这个意义来说，国剧运动是对新文化运动后社会问题剧、剧本本位思想以及激进批判传统的反思。《晨报副刊·剧刊》的倒数第二期上，余上沅发表了《长生诀》的序言，将《长生决》与国剧运动联系了起来。

二、剧本中的舞台空间

国剧运动中重视舞台的思想在《长生诀》中有明显体现。余上沅翻译《长生诀》本意就是用于演出。序言中，余上沅写道：“现在剧本非常缺乏，许多比较可用的剧本差不多都用厌了。把‘长生诀’改译出来，未尝不可以供给一部分的需求。”[1]为了使《长生诀》更适合演出，余上沅采取了两种策略，试图减少表演者解读文本、安排布景的困难，他将原作故事中国化，同时在译文中插入舞台布景图。

《马克普洛斯案》讲的是格雷戈尔（Gregor）家族与普鲁斯（Prus）家族因卢科夫庄园（the Loukov estate）归属权打

[1] 余上沅：《〈长生诀〉序》，《晨报副刊·剧刊》1926年第14期，第2页。

了近百年官司。因证据不足，格雷戈尔家族即将输掉官司。正在此时著名歌剧演员艾米莉亚·玛尔蒂（Emilia Marty）出现，指出卢科夫庄园内有一封遗书，将庄园留给格雷戈尔家族。作为回报，艾米莉亚向格雷戈尔家族索要一封古老的信件。艾米莉亚对百年前的事情了如指掌，引起大家的疑虑，最终大家得知艾米莉亚原名埃莉娜·马克普洛斯（Elina Makropoulos），她利用父亲制作的长生不老药方“马克普洛斯的秘密”延长寿命，至今已三百多岁。故事的最后，众人意识到长生不老未必是好事，秘方被毁，艾米莉亚接受了自己终将老去的事实。

余上沅将剧名、人名、地名、室内陈设等都中国化。剧名由《马克普洛斯案》变成具有中国特色的《长生诀》，场景被置换为湖北荆州，卢科夫庄园归属权案变成了朱家、金家的“辽王府遗产案”。原剧中马克普洛斯是鲁道夫二世（Rudolf II，1552—1612）时期的医生，他研制出“马克普洛斯的秘方”，鲁道夫二世不信任这种永生药，于是让马克普洛斯的女儿，埃莉娜·马克普洛斯，也就是活了三百多年的艾米莉亚·玛尔蒂先试用。余译本中，马克普洛斯变成了万历时期的太医陈子虚；“马克普洛斯的秘方”变成了“长生诀”；艾米莉亚·玛尔蒂变成了陈金圆；埃莉娜·马克普洛斯成了陈圆圆。余译文中的陈圆圆是借中国历史上陈圆圆（1623—1695）的形象。历史上的陈圆圆，原名陈沅，一字畹芬，居苏州桃花坞，隶籍梨园，为吴中名优，“花明雪艳，色艺冠时”。[1]余译文中陈圆圆原名也为陈沅，小字圆圆，是梨园著名青衣，苏州名优[2]，

[1] （清）叶衍兰：《秦淮八艳图咏》，谢永芳编：《叶衍兰集》，上海：上海古籍出版社，2015年，第370—376页。

[2] 恰佩克著，余上沅译：《长生诀》，北京：北新书局，1926年，第130—134页。

凭借“长生诀”，陈圆圆化名金韵珠、赛金花、陈韵圆、陈金圆，一直活到故事发生的1926年。改译后，英译本中的歌剧演唱家艾米莉亚摇身一变，成为民国时期著名的坤班青衣陈金圆，捷克歌剧院的故事成为发生在中国戏园的长生不老的故事。

除了地点和人物之外，余上沅还特别处理了原作中的“文化标记”（cultural-markers），即那些在目标文化中不存在、对目标读者来说陌生的文化元素。[1] 如英译本第一幕中，律师事务所录事维特克（Vitek）是法国大革命的热烈拥护者，他崇拜法国大革命中的乔治·丹敦（Georges Danton，1759—1794），并以丹敦的口吻批判贵族特权。[2] 余译文中，法国大革命变成了太平天国运动，丹敦变成了洪秀全（1814—1864）。这种改动在译文中多次出现，如第二幕中，艾米莉亚多年前曾与豪克·申多尔夫（Hauk Sendorf）生活过。三十年后，豪克看过演出后，认出了艾米莉亚，不由得用西班牙语与她对话。[3] 译本中，豪克便成了钱遂东，两人的对话变成了上海话。[4] 因文化差异导致的较难理解的内容皆被改为观众熟悉的元素，译本看不到异国文化的痕迹，读起来流畅自然。

除了改编故事外，余上沅还在译文中增加了舞台布景插图，供排演者参考。三幕的舞台设计可分为两类。第一幕和第

---

[1] Christiane Nord, “It’s Tea-time in Wonderland: Culture-markers in Fictional Texts,” Heiner Pürschel, ed., *Intercultural Communication: Proceedings of the 17th International LAUD Symposium*, Bern: Peter Lang, 1994, pp.523—538.

[2] 恰佩克著，余上沅译:《长生诀》，第2页。

[3] 同上，第74—75页。

[4] 同上，第78—79页。

三幕的设计是所谓的“箱式布景”（见图一、图三），由一块天花板和三面连在一起的墙组成，拆除面向观众一侧的“第四堵墙”。[1]箱式布景出现于18世纪末，为满足场景“真实”的要求，舞台摆放一个箱子，在箱子的三面上画出所需要的道具。[2]20世纪初，许多西方艺术家意识到，以往通过绘画的方式表现舞台道具，会导致这些道具只有从某个角度看上去才是“真实”的，因此他们提倡箱式布景中不以画片为背景，而是摆放真实且必要的道具。[3]设计第一幕和第三幕时，余上沅正是采用的这种简单的箱式布景，舞台上只摆放推动情节发展必需的道具。如第一幕发生在周律师的事务所，舞台后方有一扇门，所有角色通过它进入事务所。舞台左边放置了一张办公桌，上面摆着卷宗，周镜澄正是指着桌子说“那张桌子，都是我的遗产”。[4]舞台中间有一张大桌子与几把椅子，是周镜澄、金俊生、陈金圆坐下讨论案情的地方。角落里有一个梯子和两个档案柜，故事开始时，周镜澄的助手孙德三正是在这个梯子上整理案卷。第三幕也是如此。舞台设计图的所有元素都是剧本中出现的，对故事发展至关重要，承担着推动情节发展的重任，这也说明余上沅在改编时考虑到舞台表演的现场情况和实际需求。

---

[1] Karen Brewster, and Melissa Shafer, *Fundamentals of Theatrical Design: A Guide to the Basics of Scenic, Costume, and Lighting Design*, New York: Allworth Press, 2011, p.132.

[2] Vriant Hamor Lee, “The Origins of the Box Set in the Late 18th Century,” *Theatre Survey* 18, no.2 (1997), pp.44—59.

[3] Sheldon Cheney, *The New Movement in the Theatre*, New York: M. Kennerley, 1914, p.56.

[4] 恰佩克著，余上沅译:《长生诀》，第15页。

与第一幕和第三幕不同，余上沅对第二幕的设计（见图二），属于剧场新运动中倡导的反写实舞台布景。剧场新运动中，西方戏剧家反对写实舞台，认为追求写实只会导致过分精致的布景夺走观众大部分注意力，让观众忽视表演的内容，因此舞台布景应当以简单（simplification）、象征（suggestion）、综合（synthesis）为原则。[1] 余上沅留学美国期间，曾发表文章专门讨论布景问题，他认为布景应当简单化，“从头到尾色彩应当是一律的，用布幔就全剧都用布幔，或用与布幔一带‘中立性’的屏风或围墙。我们要知道，背景的布置并不费事，常常极简的东西，因为积、线、光三者变换错综的关系，而发生极有效力的感觉”。[2] 第二幕的设计正是这种简单的布景。故事发生在陈金圆演出的剧场中，整个背景融为一体，舞台上只摆放了四根巨大的柱子和一个雄伟的宝座，四根柱子无限延伸到舞台顶端。最简单的背景、线条和阴影构成了和谐的布景。余上沅显然对他的第二幕设计最为满意，因为《长生诀》的封面正是第二幕舞台设置的正视图（见图四）。

图一：第一幕舞台布景插图。余上沅译（1926），第2至3页之间

[1] Kenneth Macgowan, *The Theatre of Tomorrow*, New York: Boni & Liveright, 1921, p.21.

[2] 余上沅：《芹献十：关于布景的一点意见》，《晨报副刊》1924年2月20日，第3页。

图二：第二幕舞台布景插图。余上沅译（1926），第50至51页之间

图三：第三幕布景插图。余上沅译（1926），第100至101页之间

图四：封面插图

值得注意的是，20世纪20年代的剧场演出，依然有很多是在箱式设计中完成的，比如，南开新剧团，上海戏剧协社等著名戏剧团体的演出，大多是在箱式舞台完成，“用硬片围成的客厅，三面封闭，一面开向观众。硬片上用明暗画法画出门窗、壁炉、矮柜、钟表、花瓶和各种摆设，靠墙放置床铺桌椅

等大道具，中间为表演区”。[1] 要想译本的插图对剧场有指导作用，首先要排演人员看得懂且能够接受。比起完全推翻箱式布景，在原有的基础上改进或许是更合理的方法。这也是为什么，虽然余上沅支持剧场新运动中倡导的简单布景，但依然介绍了箱式布景。他将箱式舞台化繁为简，试图证明象征布景的可行性。

总的来说，国剧运动诸人认为戏剧研究应当关注演出，尤其是舞台布置的问题。余上沅翻译《长生诀》的过程中，无论是将剧本中国化，还是为译本插入舞台设计图，都是为演出服务。余上沅将原作改编成一个中国故事，并在剧本中加入舞台设计，为剧本注入诸多舞台考虑，实践了国剧运动中提出的重视舞台的观念。

三、与易卜生戏剧对立的诗剧

除了舞台考量，《长生诀》还回应了国剧运动对戏剧文学的倡导。序言中，余上沅解释说，他选择此剧翻译的一个重要原因是：“长生不老这件事，讨论起来也很有趣；在烧丹炼汞，拜佛啖经，三教同源，同善悟善，一切等等闹得最起劲的中国，谈起长生不老来更为有趣。”[2] 这里余上沅认为，中国人在历史上进行过许多祈求长生的活动，比如用朱砂和水银来炼制不死药，拜佛诵经，同时皈依佛教、道教和儒教，加入声称能够帮

---

[1] 马俊山：《中国早期话剧布景体系考述》，《戏剧艺术（上海戏剧学院学报）》2018年第6期，第6页。

[2] 余上沅：《〈长生诀〉序》，第2页。

助长寿的组织，如同善社和悟善社[1]，这样的背景下，长生不老的故事可以引起中国读者的共鸣，讨论起来就十分有趣。余上沅的措辞很值得关注。虽然他的言语间透露出对追求永生的反对，但他并没有明确指责这种行为，只是说长生不老是一个有趣的话题。

余上沅将“有趣”当作选材标准，与他对“诗剧”的倡导紧密相关。所谓诗剧，正是与现实主义对立的戏剧形式。1926年，余上沅在《晨报副刊》上发表了《论诗剧》一文。虽然以原创形式呈现，但该文其实包含了许多翻译的片段，大多译自著名戏剧评论家威廉·阿切尔（William Archer，1856—1924）的《旧戏剧与新戏剧》（*The Old Drama and the New*）。阿切尔受到文学进化观念的影响，认为戏剧是从过去进化到现在的，戏剧发展的顶峰是现实主义戏剧。阿切尔提出了戏剧的两个来源，即模仿（imitation）与抒情（lyric or passion）。模仿的戏剧通过复制现实的情节教化受众，其最有代表性的形式就是现实主义戏剧，抒情的戏剧则只是夸张的、强化的感情表达，古希腊、罗马的戏剧都可以算是抒情剧。[2]阿切尔认为，梳理戏剧的历史可以看到，从古希腊一直到20世纪，戏剧正是从抒情到模仿，因此，未来的正统戏剧应该是现实主义戏

[1] 同善社和悟善社是民国时期的两个宗教社团，他们都声称皈依者按照教义进行冥想，可以消除疾病，延长寿命，甚至成为不死之身。关于同善社的缘起与发展，可参见邵雍：《中国会道门》，上海：上海人民出版社，1997年，第170—179页。关于悟善社的研究，可参见密素敏：《从档案资料看民国时期的救世新教》，《世界宗教研究》2011年第5期，第19—23页。

[2] William Archer, *The Old Drama and the New: An Essay in Re-valuation*, Boston: Small, Maynard & Company, 1923, p.4.

剧。[1] 余上沅同意戏剧来源于模仿和抒情，但他的结论与阿切尔完全相反。余上沅认为，抒情元素之所以长期存在，正是因为抒情对戏剧来说不可或缺，甚至是戏剧的内核，探索现代戏剧中的抒情元素，才是戏剧未来的发展方向。[2]

余上沅将注重抒情的戏剧称为诗剧，即"用有节奏而且和谐的字句与动作，去表现情感和想象之创造思想的艺术"。[3] 余上沅的定义中，诗剧在剧本层面有两个特点，第一是要有由有节奏的字句写成。所谓有节奏，并不代表剧本一定是诗的体裁。余上沅写道："梅特林克（Maurice Maeterlinck，1862—1949）和美士裴儿（John Masefield，1878—1976）的散文诗剧便是最好的例，"此外，"杂剧传奇里的道白，也每每能有得天籁之自然，浸入于音乐，浸入于诗的。"[4] 无论是梅特林克、麦斯菲尔（即美士裴儿）的作品，还是中国的杂剧与传奇，都不是完全用诗的语言创作。余上沅眼中，诗剧的诗性，不在语言结构，而关乎主题和氛围，只要能让读者感受到诗一样的美，就可以叫作诗剧。除了节奏，余上沅还要求诗剧能表现情感和想象。表现情感很好理解，因为文学作品都有表达情绪的功能，但表达想象是一个很少被剧作家提及的要求。余上沅以希腊戏剧为例解释道："神话，传说，历史，杜撰里面的人物，既然都不是日常经见的人物，他们的思想动作也是如此。"[5] 也就是说，余上沅所谓的戏剧的想象，需要故事脱离现实生活，

[1] Archer, *The Old Drama and the New: An Essay in Re-valuation*, pp.5—6.

[2] 余上沅:《论诗剧》,《晨报副刊 · 诗刊》1926年4月29日, 第1—2页。

[3] 同上, 第2页。

[4] 同上。

[5] 同上。

或者说不完全以现实生活为范本，行动越是远离现实，越能激发观众想象的潜能。

《长生诀》的选材，符合诗剧对想象的要求。茅盾（1896—1981）评价恰佩克是“玄学的艺术家”，其作品大都“新奇且具有想象力”，“确是伟大的自然力的忠实的表示”。[1] 汪倜然（1906—1988）认为恰佩克的作品“特色是充满幻想和富于讥讽；不论是小说或戏曲，多是结构奇突，思想幻异，同时又有幽默”，具有“古怪有趣的风格”。[2]《长生诀》很能代表恰佩克幻想的精神，它讲述的是长生不老的故事，超脱现实、充满想象。在远离现实的历史背景下，虚构一段故事，观众就很难在剧场中看到当下生活。戏剧在时空上拉开界限，观众更容易从现实利益关系中解脱，看到戏剧艺术本身的价值。也就是说，余上沅所倡导的诗剧，与模仿现实生活的写实剧不同，诗剧注重想象、节奏等能够带来美的感受的元素。这也是为什么余上沅描述《长生诀》时，似乎不在意故事能否为读者带来启发，他只强调剧本的趣味，避免做任何价值判断，拒绝流露说教的意味。

除了注重剧本营造的想象空间外，余上沅还尝试使用“有节奏”的字句。《长生诀》的译文中有两种完全不同的语言风格。翻译对话时，余上沅使用的是用日常生活的语言，也就是纯粹的口语体，但翻译舞台指令时，余上沅则十分注重语言的节奏感。比如，余上沅是这样翻译陈金圆出场的部分：“德三：（在门外）在这儿啦。请，请进。这边——（从容走进来的是

[1] 茅盾：《现代捷克文学概略》，《小说月报》1921年10期，第84—87页。

[2] 恰佩克著，汪倜然译：《岛》，《贡献》1928年第1期，第30—36页。

陈金圆。其人不长，貌美若仙；态度严峻，莫可度测；雍容自如，落落不凡）。”[1] 这短短的几句话里有两种完全不同的语言风格。律师事务所的孙德三的台词十分口语化，但介绍陈金圆的文字则完全不同，余上沅连用了六个四字词，整段话有一种匀称的节奏美。类似的例子还有很多，比如介绍金家的律师周镜澄时，译文中写道："室内摆着新式档案木架，井井有条；同时又有旧式书橱，案卷累累。足见周律师必是幕府之裔，世业刑名。"[2] 在介绍金俊生时，译文为："金俊生，年月三十，衣冠楚楚，立门外片刻，微笑而入。"[3] 许德三的女儿蕙芳首次出场时，余译文对其的介绍为："门外走进一美貌的少女，年可十七八，尤垂长辫。"[4] 这些介绍语言简练，且有音乐化特征。

也就是说，国剧运动并不只是抨击了易卜生式的社会问题剧，还提出了与之完全不同的诗剧，通过远离日常生活的主题与语言风格，将戏剧艺术与社会问题拉开距离。《长生诀》的选材充满想象，符合诗剧对主题的要求；翻译中，余上沅尝试使用有节奏的语言，为剧本注入了音乐美。然而，身处20世纪20年代的中国，余上沅肯定也认识到，现代语言是一种直接、真诚和亲密的语言，尤其是用于人物之间的对话的戏剧语言，需要从日常语言中获取滋养，才能有强烈的表现力。在全剧中使用有节奏的语言，很可能会导致为追求语言的节奏，而使对话缺乏戏剧性。余上沅面临的问题是，如何在保留语言

[1] 恰佩克著，余上沅译：《长生诀》，第16页。

[2] 同上，第3页。

[3] 同上，第5页。

[4] 同上，第10页。

直接性的同时，赋予戏剧以节奏美。他的解决办法是，用日常语言翻译对话，用有节奏的语言描述舞台上的场景、人物和动作。这种精心的排列，是余上沅诗化的戏剧语言试验。

四、传统戏曲的价值

《长生诀》对国剧运动的回应，还体现在其对传统戏曲的态度，余上沅有意通过翻译抬高传统戏曲的地位。其实，如果读者只看剧名，很可能会把《长生诀》误认为是戏曲作品，因为《长生诀》剧名与中国传奇《长生殿》非常相似。剧名的相似并非巧合。余上沅十分熟悉《长生殿》的故事和演变历史。《长生诀》的序言中，余上沅以《长生殿》的故事为例，解释年轻剧作家模仿前作的必要性，他写道："有了'长恨歌'，便会引出白仁甫的'梧桐雨'，再引出洪昉思的'长生殿'。"[1]洪昇的《长生殿》正是在白居易的叙事诗《长恨歌》与白朴的戏曲《唐明皇秋夜梧桐雨》基础上创作的。可以看到，余上沅熟悉传统戏曲的流变，尤其是《长生殿》的故事演变。也就是说，余上沅为译本起名《长生诀》很可能是故意为之，想将译本与中国戏曲联系起来。

此外，余上沅还会在译文中加入中国戏曲元素。这些元素与剧情发展没有关联，如果不是故意提及戏曲，甚至不需要出现在译文中。比如，第三幕中，当艾米莉亚被审问为什么她对遗产案了如指掌时，原文对话如下：

[1] 恰佩克著，余上沅译：《长生诀》，第2—3页。

Emilia：But I want you to judge me. It must be like the inquisition.

Kolonaty：But—

Emilia：Please，it is my wish.

Hauk-Sendorf：Ssh— the inquisition—Spain—He，he! [1]

余上沅的译文是：

金圆：可是我希望你们来审判我。总得带一点三堂会审的威风。

镜澄：岂敢。

金圆：劳驾。这是我甘心情愿的。

遂东：吁吁——三堂会审——玉堂春——嘻嘻？——[2]

“西班牙宗教裁判所”（Spanish Inquisition）创建于1478年，旨在维护天主教的正统性。[3] 原作中，听到艾米莉亚要求公平的“审讯”（inquisition），森多夫想起西班牙宗教裁判所以及其所在地西班牙。这样的联想是合理的。译文中，“审讯”被译为“三堂会审”，然而，余上沅没有遵照原文，提到审判的地点，而是将“西班牙”翻译为“玉堂春”。《玉堂春》是中国戏曲中常见的一出剧目。“三堂会审”是京剧版《玉堂春》

[1] Karel Čapek, *The Makropoulos Secret*, trans., Randal C. Burrell, p.25.

[2] 恰佩克著，余上沅译：《长生诀》，第128页。

[3] Joseph Pérez, *The Spanish Inquisition: A History*, New Heaven: Yale University Press, 2005, p.50.

中苏三受审的场景。[1] 将审讯翻译成三堂会审可以理解，因为三堂会审既指京剧剧目，也指审判过程。然而，将西班牙翻译成玉堂春则并不合理。原文提到宗教裁判所的所在地西班牙，余上沅大可将其译为中国进行审判的地方，比如衙门，但他却将其译为玉堂春，这是为了提及戏曲而做出的非必要关联。

除了增加戏曲元素，余上沅还在译文中赞美戏剧表演者的高尚品质，抬高传统戏曲的艺术价值。原文中，艾米莉亚因为在世上活了几百年，已经失去对生活的热情，她“狠心、冷淡——像死了的人一样”。[2] 但是余上沅却在中译本中将艾米莉亚塑造为一个充满慈善精神的表演家。克里斯提娜（Kristina）介绍艾米莉亚道：“You know she’s singing tonight，and this morning she rehearsed with us.（你知道她今晚有演出，她今早还与我们一同彩排）。”[3] 余上沅将其译成：“您知道今天晚上有她的义务戏，我们在一个院子里排戏。”[4] 英译本中只提出艾米莉亚晚上有演出，但余译文中却变成晚上要演出义务戏。这种改动并非仅有一次，如格雷戈尔要去看戏园演出时说道：“This evening I shall go to the theater，but not to see Marty—I shall go to see you.（今晚我要去剧院，但是

[1] 此故事确有其事。万历初年，名妓玉堂春（苏三）与吏部尚书之子王景隆结识，王景隆钱财用尽，被鸨儿轰出妓院，苏三私赠银两，助王景隆赴京赶考。苏三被骗卖给山西商人沈廷林做妾。沈妻欲毒害苏三，不料沈廷林误食毒面，苏三被定为死罪。王景隆得官，调审此案，真相大白，与苏三团圆。苏三的故事被改编成小说《王公子奋志记》、《落难逢夫》、弹词《真本玉堂春全传弹词》、鼓词《新刻秀像玉堂春》，后又被改成传奇京戏、蹦蹦戏，加入“三堂会审”一出。关于《玉堂春》考证可参见阿英：《玉堂春故事的演变》，《文学（上海1933）》1936年第4期，第727—739页。

[2] 恰佩克著，余上沅译：《长生诀》，第94页。

[3] Čapek, *The Makropoulos Secret*, trans., Randal C. Burrell, p.8.

[4] 恰佩克著，余上沅译：《长生诀》，第10页。

不是去看玛尔蒂——我要去看你)。”[1] 余上沅将其译成:“今天我是要去看义务戏的,可并不是要看陈金圆——我要看你。”[2] 义务戏是清末民国时期一种重要的慈善形式,主要目的是筹措资金帮助公益事业。在梨园行的传统中本没有义务戏的概念,义务演出最初出现是在光绪初年,上海鹤鸣戏园响应《申报》号召,义演为山东灾荒筹款,此后,义演活动逐渐增加起来,成为助赈的重要手段之一。[3] 余译文中,陈金圆的戏园演出被译成义务戏演出,陈金圆变成了虽看透世事,但依然保有慈善精神的戏曲表演家。

除了将陈金圆的演出译成义务戏外,余译本中还将戏曲演出塑造成一种高雅的艺术。原文中维特克在介绍女儿时说道:“My daughter sings in the theatre.(我女儿今晚在剧院唱戏)。”[4] 余译文中改为:“小女她们的雅集,此刻正在彩排。”[5] 余译文中并未将演出的场所直接翻译成“戏园”,而是译成“雅集”。清末民国以前,雅集专指以讨论诗词为主的活动。20世纪20年代,北京依然有结社雅集的传统,雅集的含义有所拓展,集会并非仅限于诗的探讨,也可探讨“诗、文、曲、赋、琴、棋、书、画、香、茶、金石”等内容,但不变的是雅集所探讨的内容一定是“雅之物”。[6] 戏曲演出在民国时期一直

---

[1] Čapek, *The Makropoulos Secret*, trans., Randal C. Burrell, p.10.

[2] 恰佩克著,余上沅译:《长生诀》,第12页。

[3] 朱浒:《地方性流动及其超越:晚清义赈与近代中国的新陈代谢》,北京:中国人民大学出版社,2006年,第363—369页。

[4] Čapek, *The Makropoulos Secret*, *trans.,* Randal C. Burrell, p.8.

[5] 恰佩克著,余上沅译:《长生诀》,第10页。

[6] 邓琦:《“雅集”在清末民国时期的语义流变》,《美术观察》2019年第6期,第60页。

被认为是“俗之物”，如刘半农（1891—1934）认为戏曲演出不是“正当的文学艺术”。[1] 陈独秀（1879—1942）认为传统戏曲“在文学上、美术上、科学上”都无丝毫价值，其表演“与美感的技术立于绝对相反之地位”。[2] 胡适（1891—1962）在《文学进化观念与戏曲改良》中更是直接将各地流行的徽调、汉调、粤戏、高腔、京调、秦腔等传统戏曲定义为“俗剧”。[3] 新文化运动中破旧立新的风气下，传统戏曲被认为是俗文学，其演出自然无法成为雅集。此外，余译本还将原文中的“art”与中文的“戏”对等，如英译本中克里斯提娜说道：“So，you see. I have to think only about my art.（所以，你看。我必须只想我的艺术）。”[4] 余上沅将其译为：“对吧。所以我得专心致志学我的戏。”[5] 余上沅将坤班演出译成雅集，将唱戏等同于发展艺术，无形之中将戏曲演出抬高为一种高雅的艺术表现形式。这样一来，戏园变成文人雅士聚集之地，而陈金圆变成有慈善精神的艺术家，戏曲是她的艺术，唱戏是发展艺术的手段。

总的来说，与五四时期全盘否定传统戏曲的态度不同，余上沅认为传统戏曲有写意的价值。《长生诀》展现的便是为许多知识分子所鄙夷的旧戏的故事。翻译时，余上沅故意提及传统戏曲的曲目和概念，改变原著措辞，以美化戏曲演员的形

---

[1] 刘半农：《通信：新文学及中国旧戏》，《新青年》1918年第4卷第6号，第146页。

[2] 陈独秀：《通信：新文学及中国旧戏》，《新青年》1918年第4卷第6号，第146—147页。

[3] 胡适：《文学进化观念与戏曲改良》，《新青年》1918年第5卷第4号，第9页。

[4] Čapek, *The Makropoulos Secret*, trans., Randal C. Burrell, pp.50—51.

[5] 恰佩克著，余上沅译：《长生诀》，第54—55页。

象，抬高戏曲的价值。余上沅之所以采取这种翻译策略，是因为他认为未来中国戏剧，有必要从传统戏曲的故事和表演中汲取养分。国剧运动所倡导的戏剧，本质上是反写实美学精神和本土戏剧演绎的结合。鉴于中国传统戏曲长时间以来被认为街谈巷议之言，难登大雅之堂，要想让群众关注、研究传统戏曲，转变对传统戏曲的固有印象是关键，这也是为什么余上沅在译文中美化传统戏曲，将其塑造为一种严肃高雅的艺术。

《长生诀》实践了国剧运动的许多重要思想，但此剧并未成功地在国剧运动的“根据地”艺专戏剧系演出。北伐运动影响下政治动荡，国剧运动核心成员于1927年初前，全部撤离了北京。1926年7月，闻一多离开北京，回到了老家湖北省浠水县。[1]8月，赵太侔辞去系主任职务，参加了北伐军。[2]10月，余上沅辞职并前往南京东南大学任教。[3]1927年初，张嘉铸离开北京前往上海。[4]至此，核心成员全部离开北京，演出《长生诀》的计划也只能搁置。当然，就算众人没有离开北京，在戏剧系演出《长生诀》也未必能成功，因为此时戏剧系的学生已经不满余上沅等人对传统戏曲的态度。据艺专学生回忆，戏剧系第二学期开始“侧重歌乐剧”，每礼拜加了十几个小时的旧剧的台步和唱功，并宣传“想要邀请梅兰芳，杨小楼等一流的人物，来担任旧剧的教授”[5]，最后，戏剧系聘请了“红豆馆

---

[1] 晓云:《戏剧系的二次公演》,《世界日报戏剧周刊》1926年12月27日，第1页。

[2] 闻黎明:《闻一多传》，北京：人民出版社，1992年，第96—97页。

[3] 阎折梧，荣泽民:《余上沅年表》,《戏剧艺术资料》1983年第8期，第63—78页。

[4] 《新月书店开张启示》,《申报》1927年6月29日，第3页。

[5] 李珥彤:《忆余上沅与赵太侔之去》,《世界日报·戏剧周刊》1926年11月15日，第1页。

主”，即爱新觉罗·溥侗（1877—1952）来教旧戏[1]，第二学期开始戏剧系“分新旧两组教授”，“学科各有偏重”，部分同学不接受戏剧系讲授旧戏的做法，全系分为“新”“旧”两派。[2]很多同学不满戏剧系的安排，认为“没有东西可学”。[3]部分学生更是为此开办了《世界日报·戏剧周刊》与《晨报副刊·剧刊》分庭抗礼，炮轰国剧运动对传统戏曲的倡导。他们称余上沅与赵太侔是“开倒车的人”。[4]当时在戏剧系读书的廖作民（1902—1941）甚至发表了《就算是骂人》一文，声讨国剧运动道："你们拿无辜乡老的血汗换来的千千万万的大洋，到国外去留学多年，过来应干的不干，反在这畏难苟安，只去碰那已成不可救药的旧剧，岂不是可笑吗？"[5]这样的背景下，即使余上沅等人不离开北京，《长生诀》也不可能像设想的那样在艺专戏剧系这个国剧运动“根据地”演出。

五、结论

国剧运动受到美国剧场新运动的启发，是一场致力于戏剧民族化的反写实剧场运动。众人试图改变新文化运动一破一立的主张，倡导重视舞台、反思易卜生社会问题剧、重新审视传

[1] 李珥彤:《艺专戏剧系之回忆》,《大公报》1928年1月4日，第9页。

[2] 同上。

[3] 李珥彤:《忆余上沅与赵太侔之去》,《世界日报·戏剧周刊》1926年11月15日，第1页。

[4] 志全:《戏剧与艺术》,《世界日报·戏剧周刊》1927年第1期，第1页。

[5] 廖作民:《就算是骂人》,《世界日报·戏剧周刊》1927年第8期，第1页。

统戏曲的价值。虽然国剧运动以《晨报副刊·剧刊》为平台提出许多重要戏剧思想，但这并不意味着国剧运动只是一场理论讨论活动，余上沅曾试图将运动中提出的思想付诸实践，《长生诀》就是在这样的背景下翻译而来的。

《长生诀》的翻译关涉国剧运动中的诸多思想，意蕴尤为丰富。首先，余上沅回应了国剧运动中重视舞台的想法。国剧运动诸人提出戏剧是综合的艺术，剧本应当得到舞台检验，研究多围绕舞台布置展开。余上沅改译剧本时便希望其可以用于舞台演出。翻译中，余上沅改译原剧为中国故事，并在译本中加入舞台插图，以期为演出服务。插图展现的舞台布置方式，与余上沅此时对布景应当简单、象征的认识相契合。其次，《长生诀》呈现了一种与易卜生现实主义社会问题剧完全不同的风格。余上沅提倡发展诗剧，即主题充满想象，语言有节奏感的戏剧。诗剧正站在现实主义戏剧的对立面，不试图严肃地表现人生、教化大众，而只是提倡通过戏剧展现艺术之美。《长生诀》是充满想象力的作品，讲的是现实中不存在的长生不老的故事，符合余上沅此时对戏剧文学应当充满想象的认识。同时，余上沅尝试使用有节奏的语言翻译舞台描述，在保留对话语言直接性的同时，赋予译本以节奏美，这是余上沅诗化语言的实践。最后，受到国剧运动对旧戏价值判断的影响余上沅为坤班名旦陈金圆增加了慈善家的形象，并多次将传统戏曲与艺术对等，体现出对旧戏褒扬的态度。

《长生诀》的翻译深深嵌入20世纪20年代的戏剧发展，尤其是国剧运动中，关涉国剧运动的诸多思想，带有鲜明的时代印记。《长生诀》的文化译写实践表明，国剧运动并非仅仅停留在理论探讨，也有在剧本层面的尝试。《长生诀》译本实践了国剧运动中对剧本内容、功能、形式的诸多想法，体现出对新文化运动后提倡社会问题剧、剧本本位思想以及激进批判传统的反思，展示出西方与中国、传统与现代在戏剧翻译中的张力。

A Dramaturgical Practice in the National Theatre Movement: The Translation of *Changsheng jue* (The Secret of Everlasting Life)

Abstract: The National Theatre Movement secures an idiosyncratic position in the history of modern Chinese theatre. Existing studies tend to describe the movement as a theoretical campaign and focus mainly on the publications in the movement's organ journal, *Morning Post Theatre Supplement* (Chenbao fukan jukan). The present research attempts to complement existing research by probing into a translation activity conducted in the movement, Yu Shangyuan's translation of *Changsheng jue* (The Secret of Everlasting Life), which was rendered from Czech playwright Karel Čapek's *Věc Makropulos* (The Makropoulos Secret). Through textual and contextual analysis, this article provides a detailed examination of the choice of the play and the adopted translation strategies and reveals the close relationship between the translation practice, Yu Shangyuan's poetics, and the progress of the National Theatre Movement. *Changsheng jue* materialized many of the aesthetics of the National Theatre Movement in terms of drama's content, form, and function, echoing the movement's advocacy of stage performance, denouncement of Ibsenian social problem plays, and argument for a reevaluation of the artistry of Chinese indigenous drama.

Keywords: The National Theatre Movement; Yu Shangyuan; *Changsheng jue*; theatre translation

文学翻译与跨文化研究

略说鲁迅《野草·秋夜》“奇怪而高”“夜半的笑声”“小青虫”*

郜元宝 **

摘要： 本文以鲁迅对荷兰作家望·蔼谭《小约翰》、俄国作家迦尔洵《四日》以及法国博物学家法布尔《昆虫记》的翻译与介绍为背景，结合鲁迅杂文、通信和《野草》本身的相关内容，重新诠释鲁迅《野草·秋夜》中向来难解或存有争议的若干重要语词，阐明鲁迅创作《野草》，往往融合“外典”“内典”“古典”“今典”于一炉，这是以鲁迅为代表的中国现代作家值得后人特别留意的一种修辞策略。

关键词： 鲁迅；《野草·秋夜》；外典

《秋夜》可谈之处甚多，本文聚焦“外典”，试为诠释若干历来难解之词语。

“奇怪而高的天空”，这奇崛的遣词造句在鲁迅著作中并无“内典”可寻。约略相近的只有鲁迅所译荷兰作家望·蔼覃

* 本文系“2019年国家社科基金重大项目‘鲁迅的文学选择对百年中国新文学的影响研究’（19ZDA267）”阶段性研究成果。

** 郜元宝，复旦大学中文系教授，主要从事中国现当代文学研究。

（Frederik von Eeden）《小约翰》（*Der Kleine Johannes*）第九章的一句话：

> 云的中间，很高，奇怪的高，他看见清朗的凝固的蔚蓝。

“很高，奇怪的高”，鲁迅所据Anna Fles的德译本Der Kleine Johanness为viel höher, unendlich hoch，可直译为“很高的，无止境的高处”。鲁迅显然采取意译，增加了德语原文所无的“奇怪”一词。有人据荷兰文原本译作“很高很高，高得远不可及的那个地方”[1]，接近德文译本。英译本为very,very high up[2]，处理得比较简单。

德文、英文、荷兰文中译本略有差异，但均无“奇怪”一词。Unendlich（“无止境”“无尽头”）是寻常的德语形容词，按理不会译错，但鲁迅为何偏要译成“奇怪的”？是否有意模仿喜欢探索未知而又容易惊讶的儿童心理与儿童语言？无论如何，这样的意译令“云的中间，很高，奇怪的高”和《野草》“奇怪而高的天空”发生了有趣的互文现象。

《小约翰》鲁迅译本的第九章还有一处类似的译法，可以佐证《野草》“奇怪而高”与《小约翰》“很高，奇怪的高”之间的关联——

> Der Himmel war schwer und schwarz.

---

[1] ［荷］弗雷德里克·凡·伊登著,［荷］欧阳竹立译：《小约翰》，南京：江苏凤凰文艺出版社，2019年，第119页。

[2] Frederik van Eeden, *little Johannes*, 壹力文库双语译林125，第88页。

鲁迅直译为“天空是重而黑的”，颠倒过来就是“重而黑的天空”，近似于“奇怪而高的天空”。可见在译作与创作中，鲁迅都颇为偏爱“很高，奇怪的高”“天空是重而黑的”“奇怪而高的天空”这一类句式。

鲁迅1926年夏离开北京之前，才正式开始与他在教育部的同事齐寿山合作翻译《小约翰》。初稿完成于鲁迅离京之前，翌年定稿于广州。1924年9月15日创作的《秋夜》为何出现了跟1926年才正式着手翻译的《小约翰》用语相近的“奇怪而高”这一奇崛修辞？

这并不奇怪。从1906年开始到鲁迅创作《野草》的1924年，为鲁迅所深爱的《小约翰》已经伴随他整整18年。在这18年里，鲁迅不时想到、阅读甚至打算翻译《小约翰》。虽然鲁迅实际翻译《小约翰》是在1926年到1927年之间，但在鲁迅创作《野草》时，《小约翰》的许多内容已烂熟于胸，鲁迅用中文翻译这些内容的“腹稿”也早已打好了。较合理的推测是：这些翻译的“腹稿”暗中催生了诸如“奇怪而高的天空”的独特修辞。

鲁迅多次提到《小约翰》及其翻译《小约翰》的经过，足见其喜爱和重视的程度。1906年3月鲁迅从仙台医学专科学校退学回东京，入东京独逸语学会的德语学校，但平时主要还是自修，搜集阅读外国文学作品，以“提倡文艺运动”（翻译和做论文）。回东京之后不久，他就在购于神田区旧书坊专门报道出版信息的德文刊物《文学的反响》（*Das Literarische Echo*）中读到选译的《小约翰》第五章，“非常神往”，随即托丸善书店从德国购买Anna Fles女士的德文译本，“大约三个月之后，这书居然在我手里了”。[1] 鲁迅后来较早提到《小约翰》，是1921年11月10日翻译爱罗先珂《鱼的悲哀》之后所撰写《译者附记》：“这一篇对于一切的同情，和荷兰人蔼覃（F.Van Eaden）的《小约翰》（*Der Kleine Johannes*）颇相类。”[2] 在1925年3月未名社出版的《苦闷的象征》封底附录的鲁迅所写出版广告《〈未名丛刊〉是什么，要怎样？》中已经预告了“《小约翰》。荷兰作家望蔼覃作神秘的写实的童话诗。鲁迅译”[3]，这也就是《小约翰引言》所谓“前年我确曾决心，要利用暑假中的光阴，仗着一本辞典”翻译《小约翰》。但直到1926年夏鲁迅离开北京之前，才正式与齐寿山合作加紧译出初稿。1927年在广州，终于凭一己之力改定译稿。

这只是鲁迅接触、谈论和翻译《小约翰》的若干重要时间节点，他平时耽读《小约翰》或在意识和无意识里忖度《小约翰》，并无文字记录，但1924年9月15日创作《秋夜》之前，鲁迅长时间喜爱、阅读、预备翻译《小约翰》，乃是一个不容忽略的背景。

众所周知，鲁迅从不掠人之美，宁可将自己的著译工作归在别人名下。既然鲁迅反复强调齐寿山对《小约翰》中译本初稿贡献良多，为何最终选择独立署名，而没有跟齐寿山联署？鲁迅私底下和齐寿山关于《小约翰》译者署名有何约定，尚待研究。这件事本身至少也从一个侧面显示鲁迅对他本人翻译

[1] 鲁迅：《小约翰引言》，《鲁迅全集》（第10卷），北京：人民文学出版社，2005年，第280—281页。

[2] 鲁迅：《〈鱼的悲哀〉译者附记》，《鲁迅全集》（第10卷），北京：人民文学出版社，2005年，第224页。

[3] 《鲁迅全集》（第8卷），北京：人民文学出版社，2005年，第468页。

《小约翰》的高度重视与非同一般的投入。（鲁迅翻译《工人绥惠略夫》也曾得到齐寿山“许多指点和修正”，但并不像翻译《小约翰》那样有长时间的合作。）

鲁迅1927年9月25日《致台静农》信说：“诺贝尔赏金，梁启超自然不配，我也不配，要拿这钱，还欠努力。世界上比我好的作家何限。他们得不到。你看我译的那本《小约翰》，我那里做得出来，然而这作者就没有得到。”1936年2月19日《致夏传经》信又说：“我所译著的书，别纸录上，及编译的，惟《引玉集》《小约翰》《死魂灵》三种尚佳，别的皆较旧，失了时效，或不足观，其实是不必看的。”把《小约翰》的翻译提到和《引玉集》《死魂灵》同等高度，足见鲁迅对这项翻译行为格外的重视。我甚至因此怀疑《三十年集》第二份“目录”中至今仍然众说纷纭的“起信三书”，或许就是指《引玉集》《小约翰》《死魂灵》的翻译。

鲁迅说《小约翰》乃“无韵的诗，成人的童话。因为作者的博识和敏感，或者竟已超过了一般成人的童话了”。《小约翰》对鲁迅个人创作的影响绝不止于同为“成人的童话”的《朝花夕拾》（尤其《从百草园到三味书屋》），也应该包括一些杂文和散文诗集《野草》。

学者们早就注意到在创作理念和方法上，《野草》深受鲁迅所译厨川白村《苦闷的象征》的影响，所谓“生命力受了压抑而生的苦闷懊恼乃是文艺的根柢”。具体到可能从这方面影响鲁迅创作《野草》的域外作品，则通常喜欢拿《野草》写梦（所谓“梦七篇”）与《屠格涅夫散文诗》、夏目漱石《梦十夜》相比。其实《小约翰》全书写梦之处极多。《小约翰》从头至尾就是一部记梦之书，各种不同的梦境接踵而至。《小约翰》

跟《野草》在写梦方面的相似之处，远远超过《屠格涅夫散文诗》和夏目漱石《梦十夜》。

落实到具体篇章的立意与遣词造句，除了上述“奇怪而高的天空”之外，还有“旋儿”给小约翰讲述的许多“好的故事”，也采取酷似《野草·好的故事》那种密集排比的景物描写。小约翰醒来之后，尽管手里拿着从梦中带来的物件，却仍然对梦中的美好经历疑信参半：这也很像《好的故事》。

《小约翰》从动植物立场出发，指出流俗的人道主义的虚伪和局限。鲁迅本人在1933年一篇杂文《“人话”》中还提道：“《小约翰》里，记着小约翰听两种菌类相争论，从旁批评了一句‘你们俩都是有毒的’，菌们便惊喊道：‘你是人么？这是人话呵！’从菌类的立场看起来，的确应该惊喊的。”这很容易令人想到《野草·狗的驳诘》（狗说它们在许多恶劣的品性上都“愧不如人”），以及《失掉的好地狱》的结语：“是的，你是人，我且去寻野兽与恶鬼。”

同样批评人道主义的虚骄与偏至，《小约翰》和《察拉图斯忒拉的序言》并不相同。尼采警告人类若不追求超人，就会堕为“末人”，或退为野蛮与野兽。《小约翰》则竭力为野兽与野蛮辩护，以此暴露流俗的人道主义者的残缺。鲁迅对尼采和望·蔼覃兼收并蓄。在鲁迅作品中确实可以看到立场不同的外国作家同时发生影响的痕迹。

我忽而听到夜半的笑声，吃吃地，似乎不愿意惊动睡着的人，然而四围的空气都应和着笑。夜半，没有别的人，我即刻听出这声音就在我嘴里，我也即刻被这笑声所驱逐，回进自己的房。

这也是《秋夜》颇为奇特的修辞，明明“我”自己嘴里发出笑声，起初“我”竟不知这笑声从何而起，慢慢才醒悟夜半之时，“在我的后园”，“奇怪而高的天空”之下，并无别人。笑声原来是从自己口中发出来的。

“我”落入了一种特别专注或出神的状态，这才导致如此错觉。类似的修辞术在鲁迅作品中还可以找到相似的“内典”。比如早于《秋夜》两年创作的小说《白光》，写落榜老童生陈士成在疯狂之前“发了怔忡的举动”：

> “这回又完了！”
>
> 他大吃一惊，直跳起来，分明就在耳朵边的话，回过头去却并没有什么人，仿佛又听得嗡的敲了一声磬，自己的嘴也说道：
>
> “这回又完了！”

有学者认为《秋夜》《白光》两处描写“错觉”的笔法，均“借鉴”和“师承”了鲁迅本人早年翻译的俄国作家迦尔洵短篇小说《四日》（收录于《域外小说集》）。[1] 迦尔洵写“我”在战场上受伤难熬，也是在夜间发生听觉的错乱：

> 有异声至吾耳际，如人呻吟。诚然，此呻吟声了！岂不远有伤人见弃，其足糜烂，抑铳丸入于腹邪？唯，

[1] 史福兴：《鲁迅的两种“错觉”笔法及出处》，《鲁迅研究》（第12卷），北京：中国社会科学出版社，1988年，第384—387页。

否否！其声至迩，而吾侧复无他人。汝！呜呼，天乎！

此我也！吾之微吟，吾之哀鸣也！

身负重伤的“我”夜晚躺在战场上，听到有人“呻吟”，起初以为可能是不远处被部队抛弃的士兵，“其足糜烂，抑铳丸入于腹”。但“呻吟”发出之处太近，“我”身旁又并无他人，“我”这才醒悟：“此我也！吾之微吟，吾之哀鸣也！”

这种手法从细微处揭示了“我”所感受到的残酷战争给人造成的身心两面的痛苦。《白光》写落第老童生陈士成自言自语，乃是其最终发疯之前必不可少的一段“怔忡”状态。《秋夜》中的“我”徘徊于后园和书房之间，静观默察天上地下的一切，看似十分冷静，但居然也在夜半无人的后园里不知不觉发出“吃吃”的笑声，其冷静之中是否也包含了某种临近“怔忡”的危机征兆？

《秋夜》结尾出现的“小青虫”，曾引起《野草》注释者们各种猜测。

那些“小青虫”不依不饶闯入“我”的书房，作者称它们为“苍翠精致的英雄们”。有学者就认为，这是指鲁迅所鄙视的各种论敌。鲁迅早在留日后期的论文《破恶声论》中就猛烈攻击过那些诈伪的“志士英雄”，甚至说：“故病中国今日之扰攘者，则患志士英雄之多而患人之少。志士英雄，非不祥也，顾蒙帼面而不能白心，则神气恶浊，每感人而令之病。”他后来在《呐喊自序》中也承认自己“并非一个振臂一呼而应者云集的英雄”。论到《野草·失掉的好地狱》的创作动机，他明确交代那是因为“几个有雄辩和辣手，而那时还未得志的英雄们的脸色和语气”而不得不发。[1] 大概在鲁迅的词典里，“英雄”差不多如《铸剑》中黑色人所言：“先前曾经干净过，现在却都成了放鬼债的资本。我的心里全没有你所谓的那些。”鲁迅既然称他笔下的“小青虫”为“苍翠精致的英雄们”，似乎并非没有贬斥之意。

但因为“小青虫”不知厉害，如飞蛾扑火般受伤，甚或牺牲了，以至于赢得“我”的“敬奠”，就又有学者认为，这是指鲁迅在纪念从辛亥革命到“五四”落潮期间那些前赴后继的青年英烈们。因为“小青虫”可能呼应着上文“小粉红花”，还有的学者认为，这应该是指跟鲁迅早年一般尚在做着各种好梦的那些青年们。

上述各种解释都不无道理，因为学者们所猜测的“小青虫”具体所指的这些整体上属于青年的人群，包括他们彼此的差异，确实都曾出现于鲁迅视野中。鲁迅曾经说过：“青年又何能一概而论？有醒着的，有睡着的，有昏着的，有躺着的，有玩着的，此外还多。但是，自然也有要前进的。”[2] 但鲁迅为何将这一人群中的某些青年比作“小青虫”，仍然无解，所以也有学者认为鲁迅在家乡和北京都常见这种“小青虫”，作者涉笔成趣写进作品，并无深意，不必穿凿过深。

其实“小青虫”并非孤立出现于《秋夜》这一处。著名的杂文《春末闲谈》就反复提到“青虫”“小青虫”达十次之多。1925年4月所作这篇《春末闲谈》寓意深刻而丰富，而且几乎

---

[1] 鲁迅：《二心集·〈野草〉英文译本序》，《鲁迅全集》（第4卷），北京：人民文学出版社，2005年，第365页。

[2] 鲁迅：《华盖集·导师》，《鲁迅全集》（第3卷），北京：人民文学出版社，2005年，第58页。

从头到尾都以小青虫的特殊遭际为核心而生发开去，这不能不引起我们足够的注意。

鲁迅先是因为感到北京的“夏意”，于是想到故乡盛夏，常见铁黑色细腰蜂“衔一支小青虫”腾空而去，“老前辈们开导我，那细腰蜂就是书上所说的果蠃，纯雌无雄，必须捉螟蛉去做继子的”，“所以《诗经》里说：‘螟蛉有子，果蠃负之。’”这简直就是传颂数千年的一则美丽神话了——

> 但究竟是夷人可恶，偏要讲什么科学。科学虽然给我们许多惊奇，但也搅坏了我们许多好梦。自从法国的昆虫学大家发勃耳（Fabre）仔细观察之后，给幼蜂做食料的事可就证实了。而且，这细腰蜂不但是普通的凶手，还是一种很残忍的凶手，又是一个学识技术都极高明的解剖学家。她知道青虫的神经构造和作用，用了神奇的毒针，向那运动神经球上只一螫，它便麻痹为不死不活状态，这才在它身上生下蜂卵，封入窠中。青虫因为不死不活，所以不动，但也因为不活不死，所以不烂，直到她的子女孵化出来的时候，这食料还和被捕当日一样的新鲜。

鲁迅由此发出许多感慨和议论，剖析历代“圣君，贤臣，圣贤，圣贤之徒”都竭力以同样的方法麻痹人民的精神，建造专供他们作威作福的“黄金世界”。

这里的“小青虫”并不专指最终成为牺牲品的青年，而包括被“治人者”如此巧妙地所“食”的广大的“治于人者”。如果说《春末闲谈》的“小青虫”乃是鲁迅对《秋夜》结尾“小青虫”追加的解释，前者就是跟后者有互文关系的“内典”（近乎后来在杂文《答有恒先生》中所说的“醉虾”）。

但这“内典”背后又隐藏着来自法布尔《昆虫记》的“外典”对于源自《诗经》的“旧典”的校正。“内典”的成立，起初乃是作者幼年在家乡亲眼所见并亲耳听“老前辈们开导”过的真实的“小青虫”，因此又属于“今典”。

“小青虫”，集“旧典”“今典”“内典”“外典”之四义于一身，高度显示了《野草》用典之精妙。

Discussion on Key Expressions in Lunxun's Essay "Autumnal Night" of *Wild Grass*

Abstract: This paper aims to reinterpret a number of key expressions that have long been seen as ambiguous or controversial in Luxun's essay "Autumnal Night" from *Wild Grass* in view of his translation and introduction of the Dutch writer Frederik van Eeden's *Little John*, Russian writer Vsevolod Mikhailovich Garshin's *Four Days*, and French naturalist Jean-Henri Casimir Fabre's *Book of Insects*. With a further discussion of his other essays, correspondence as well as relevant works in *Wild Grass,* the paper finds that Luxun's creation of *Wild Grass* always incorporates foreign and Chinese citations, classical and modern citations, which is a noteworthy representative rhetorical strategy of modern Chinese writers.

Keywords: Luxun; *Wild Grass*; "Autumnal Night"; foreign citations

辜鸿铭：《痴汉骑马歌》及其周围

段怀清 *

摘要：作为翻译者的辜鸿铭，在英译汉和汉译英两方面，均有为人所称道的翻译实践及相关成果，同时在翻译立场及主张上，亦以“译事当以其他学识修为”一说而引人瞩目。在英译汉方面，辜鸿铭翻译的《痴汉骑马歌》，一度被出版方商务印书馆视为时代翻译经典并广为宣传推介。该译本在“准确”与“得体”两个层面，被认为很好地践行了“直译”与“意译”之间的交融，但对于该译本翻译及出版的确切历史信息，以及辜鸿铭在该译本中所寄予的某些文化隐喻或个人时代体验，亦需要在对“翻译”的解读中予以适当关注，甚至有必要纳入对于《痴汉骑马歌》中译本的文本解读之中予以关联阐释。

关键词：辜鸿铭；《痴汉骑马歌》；翻译

辜鸿铭（1857—1928）尚且在世之时，俨然已经是一位世界级的作家，这在清末民初的中国，无疑是一个极为特别的个案。[1] 丹麦文艺批评家勃兰兑斯（Georg Brandes，1842—

---

* 段怀清，复旦大学中文系教授，研究方向为中国近现代文学、比较文学及国际汉学。

[1] 《辜鸿铭文集》（下）附录中，有英国作家毛姆的《辜鸿铭访问记》，另有《托尔斯泰与辜鸿铭书》。而在鲁迅等译的日本作家芥川龙之介的《中国游记》中，亦收有拜访辜鸿铭的《辜鸿铭先生》一文（参阅鲁迅等译《芥川龙之介集》，开明书店，1928 年）。

1927）曾这样描述辜鸿铭的著述状况：

> 孔夫子的道理，前曾为伏尔泰与莱布尼茨所钦服，现在也得辜鸿铭不倦地向欧人宣扬。此公向为两湖总督张之洞幕下，直至民国建立以前曾享言责，不但精通东方学术，且于东方文学之外，熟谙我们的文字，写的是英文，引据的是法德作家，而最好讲的是拉丁文。[1]

而辜鸿铭不同于那些正在受到西方汉学家关注、译介与研究的历史上的中国作家的是，他不仅仅书写中国，同时也书写西方，而且所使用的是西方读者所熟悉甚至不怎么熟悉的西方语文。这种古典语文与现代语文的综合素养，即便在当时的西方社会，也显得较为难得。而实际上，辜鸿铭之所以吸引西方读者尤其是西方知识分子阶层关注，并非只是他的西方语文及西方知识素养，还有他对当代西方社会及西方文化敏锐的观察、深刻的洞悉以及犀利的批评[2]，也就是说，辜鸿铭的著述之所以引起西方知识阶层读者的关注，不仅在于他向西方社会宣扬孔子的思想以及儒教中国，也不仅在于他对西方语文尤其是西方古典语文的熟练掌握以及运用，甚至也不光是他所表现出来的那种优秀批评家的跨语际、跨文化的评论书写，而是由

[1] ［丹麦］勃兰兑斯著，林语堂译：《辜鸿铭论》，《人间世》1934年第12期，第27页。

[2] 芥川龙之介在他拜访辜鸿铭后所写的《辜鸿铭先生》一文中，就谈到了辜鸿铭对于西方的批评："（辜鸿铭）与新少年不同，不标榜西洋的文明，他诮骂了基督教，共和政体，以及机械万能等等。"见鲁迅等译《芥川龙之介集》，开明书店，1928年，第188页。

上述这一切所融合而成的一种内化于个体生命的思想文化结构，一种在当代人类社会的现实中所展现出来的古典文化的熠熠光辉，一种试图在中西之间搭建起来的最优者与最优者彼此结合的尝试努力，尽管这些尝试努力并没有很好地与他所处的时代互动对话，也并没有产生出他所期待的那些效果，甚至他自己反倒时常被视为逆时代潮流而动的保守者。

顺便一提的是，曾有国内读者将英国汉学家理雅各（James Legge, 1815—1897）翻译的《注释校正华英四书》[1]，误以为是辜鸿铭的译本。辜鸿铭确实翻译过儒家“四书”，但不是“四书”，而是“三书”，即《论语》《大学》《中庸》。而《华英四书》(*The Four Books With English Translation and Notes*)[2]，是英国来华传教士——汉学家理雅各翻译的儒家“四书”，即《论语》《大学》《中庸》《孟子》。理雅各的儒家经典翻译，是否曾经为辜鸿铭的儒家经典的学习提供过学术上的帮助，尚待进一步考证，不过，辜鸿铭不仅在他的《中国学》一文中提到过理雅各，还曾将其纳入19世纪西方汉学家群体之中予以评论，这也显示出辜鸿铭并没有孤立地理解认识理雅各，而是试图通过他，对整个19世纪西方汉学有一个全景式的观察与批评。

今天看来，辜鸿铭的那些批评文字与著述，大体上可以归

[1] 《注释校正华英四书》，通常称之为《华英四书》，即英国传教士——汉学家理雅各翻译完成的儒家“四书”。该译本在国内被较早翻印过，其中就有1899年上海书局石印本《注释校正华英四书》，1904年点石斋石印本《校正华英四书》，以及1930年中华书局的《英汉对照：华英四书》。

[2] The Four Books (Confucian Analects, The Great Learning, The Doctrine of the Mean, and the Works of Mencius) With English Translation and Notes, by James Legge, D.D., LL.D, The Chinese Book Company, Shanghai, China.

类于介于文学、历史、政治、道德、宗教等之间的文化批评。在那些看似驳杂实则亦有章可循的个人著述中，有一小部分显得较为特别，其中就包括他翻译完成的《痴汉骑马歌》。

一

关于辜鸿铭所译《痴汉骑马歌》的具体出版时间，说法不一。[1]目前能够见到的《痴汉骑马歌》中译本的最早广告，是1907年5月24日《时报》（1049号）所载“辜鸿铭先生新译本《痴汉骑马歌》”一则，其文字内容如下：

> 鸿铭先生游学英法德诸国大学，得有MA学位，精于词章之学，不愧为东西洋文学专家。兹取英国名家Cowper所著John Gilpin歌词一首，译为五言古诗，凡六十四章。句斟字酌，于原意无丝毫遗漏，而气息深稳，置之唐宋名家集中几无以辨。译事至此，可称能手。承以版权让归本馆，用华英合璧印行，贡诸学界。凡从事译学者，皆当奉为圭臬也。彩绘封面，精印洋装，每册大洋二角。
>
> 上海商务印书馆启[2]

---

[1] 市面上较为常见的一种《痴汉骑马歌》（*The Diverting History of John Gilpin*）译本，署名鸿铭辜汤生译。据说此本为商务印书馆出版的“错版本”，即将辜鸿铭的名字标署方式，错排为“鸿铭辜汤生”。但实际上该版本为商务印书馆1935年5月所出《痴汉骑马歌》的“盗版本”，因为该版本不仅将辜鸿铭的署名错排，也没有封底版权页。

[2] 《时报》1907年5月24日，第1版。

上述广告文字内容，无论是有关辜鸿铭个人还是《痴汉骑马歌》，以及对于该诗歌的翻译评论，均甚为准确精当，或即出自辜鸿铭个人之手。

翌日，《新闻报》《申报》发布了同一则广告。5月27日的《神州日报》上，亦登载了文字内容完全一致的这则广告，而同一天的《申报》《新闻报》又连续登载了这则广告。接下来几日，《申报》《新闻报》《神州日报》又同时连续登载。所不同者，《神州日报》所载广告内容中，删去了"MA"这一学位。而连续多日在沪上几个大报上登载此广告，亦可见作为出版方的商务印书馆，对于辜鸿铭以及所译《痴汉骑马歌》的看重。

6月13日《申报》广告栏所发布的商务印书馆各种新书广告，其中有关《痴汉骑马歌》[1]一书之广告，文字内容相较之前略有改动：

> 辜鸿铭译《痴汉骑马歌》，精印洋装，每册2角。辜君精通英法德三国文字，长于词章。取英国诗家Cowper所著John Gilpin，译为五古，句斟字酌，且于原意无丝毫遗漏。[2]

而与《痴汉骑马歌》相关的广告推介，实际上并不仅止于此。1909年2月1日，《申报》广告专栏刊登商务印书馆广告，

[1] 对于《痴汉骑马歌》中译本的出版时间，黄兴涛等译《辜鸿铭文集》所附《辜鸿铭著译年表》中列为1910年，不过有补充说明：汉译《痴汉骑马歌》由上海商务印书馆出版（书上未注明出书时间，疑在1905—1910年之间）。从广告可知，该中译本出版时间当在1907年。

[2] 《申报》1907年6月13日，广告专栏。

其中一则涉及商务印书馆拟编纂英文词典。广告原文如下：

研习英文诸君鉴：

本馆因吾国交通日广，英文需用日繁，特敦聘侯官严又陵先生，福建辜鸿铭先生，新会伍昭扆先生，暨留学毕业考试及第进士颜惠庆先生，文科进士鄺富灼先生，编纂英文词典，以备学界之用。兹将出版各书开列如下。[1]

其中所列严复、辜鸿铭二人，均于1910年初由清廷列为“游学专门”一等，赏给文科进士。而其中在辜鸿铭所译《痴汉骑马歌》之外，所列严复等人所译著述如下：

严又陵编《英文汉诂》，每部一元二角

辜鸿铭译《痴汉骑马歌》，每部二角

学部审定，伍昭扆编《帝国英文读本》，卷首，一角；卷一,二角五分；卷二,四角；卷三，伍角伍分；卷四,一元；卷五,一元五角

伍昭扆编《英文范纲要》，每部五角

伍昭扆编《英文范详解现刊》

鄺富灼编《英语会话教科书》，每部六角五分

鄺富灼编《英语作文教科书》，每部八角

另有颜惠庆等编辑《华英文通》，每部一元

颜惠庆校订《英华大辞典》，每部十五元

[1] 《申报》1909年2月1日，广告专栏。

颜惠庆校订《华英音韵字典集成》，每部七元五角 [1]

由上可见，至少当时在商务印书馆，已经将辜鸿铭与严复、伍光建、颜惠庆、鄺富灼等人，并列为至少通晓英汉两种语言文学的时代通贤。事实是，辜鸿铭英译的《中庸》《大学》，亦在此间完成并出版。也就是说，在1900—1910年间，辜鸿铭显然又以一个翻译家而不仅只是一个通晓西学及西方文学的批评家而驰名当时中国知识界。

有意思的是，与其他几位编纂者的著述所列多为语言文法词典类工具书不同，广告中辜鸿铭的著述，却仅提及《痴汉骑马歌》一种。而从之前对于《痴汉骑马歌》的广告说明来看，除了以“五古”来翻译英语诗歌外，亦未见说明该译本的其他特别之处。

值得注意的是，商务印书馆后来有时还将辜鸿铭的这部翻译作品，与一些西方汉学家的中国诗歌的英译本并列，在《申报》上予以广告。譬如，1935年9月7日《申报》广告：

《华英合璧：痴汉骑马歌》，辜鸿铭译

《英译诗经》，James Legge 译

《英译唐诗选》，W.J.B.Fletcher 译

《英译中国诗歌选》，H.A.Giles 译 [2]

显然，这是对《痴汉骑马歌》的另一种排列组合。与之前

[1] 《申报》1909年2月1日，广告专栏。

[2] 《申报》1935年9月7日，广告专栏。

严复、伍光建、颜惠庆、鄺富灼的语文文法词典类著述并列所不同的是，这一次《痴汉骑马歌》是与英汉之间的诗歌互译这一排列组合“为伍”，亦就是所谓“华英合璧”，用辜鸿铭的说法，或许就是“最优和最优者的结合，要打破那东方与西方的畛域”。[1] 但在这种排列组合之中，却又并没有提及辜鸿铭自己甚为看重的《中庸》《大学》这些儒家典籍的英译本。如果说《痴汉骑马歌》更为集中地体现了辜鸿铭在英诗汉译方面的翻译素养及水准，《中庸》《大学》《论语》的英译，则显然更能够体现辜鸿铭对于跨语际翻译的“文化功能”及“思想功能”的认知与追求。与儒家“三书”英译的“一本正经”或者肃穆庄严相比，《痴汉骑马歌》的中译，更为接近亦更能够体现出辜鸿铭文字风格中嬉笑怒骂的幽默一面。

众所周知，辜鸿铭曾经在他公开发表的第一篇正式文论《中国学》一文中，对19世纪英国乃至西方汉学家们的中国翻译，尤其是理雅各、翟理斯等人的中国经典翻译有过评论。而实际上，那些被辜鸿铭一一点名的西方汉学家及其翻译著述，不仅是他评论的对象，某种程度上，也是他阅读中国的一种方式，即借助那些中国经典的英译本，来逆向阅读传统中国与思想中国。这种独特的阅读方式，无论是从辜鸿铭当时的中国古典文学能力还是西方语文修养来说，都是适宜的，只是就辜鸿铭的本意而言，似乎并不大乐意于自己与上述两种“排列组合”为伍。

不过，无论辜鸿铭的“本意”究竟如何，《痴汉骑马歌》

[1] 辜鸿铭著，黄兴涛等译：《怀念赫尔曼·布德勒（Hermann Budler）》，见《辜鸿铭文集》上卷，海口：海南出版社，1996年，第5页。

的中译，以及《论语》《大学》《中庸》的英译，都成了辜鸿铭作为一个近现代之交的翻译家的“代表作”。伍光建就曾甚为称道《痴汉骑马歌》的翻译：“辜氏用五古体译此诗，把诗人的风趣和诗中主角布贩子的天真烂漫，特别是他那股痴呆味儿都译出了。读来十分亲切。”苏曼殊也称道《痴汉骑马歌》的翻译“可谓辞气相副”。

辜鸿铭逝世后，当时主持《大公报》“文学副刊”的清华大学教授吴宓，在《悼辜鸿铭先生》一文中写道：“二十余年前，吾侪束发入塾，即闻辜氏之名，云其精通西文，对读其所译 William Cowper 之《痴汉骑马歌》(*John Gilpin's Ride*)。辜氏译此诗，为吾国人介绍西洋诗歌之始。”[1]

与伍光建、苏曼殊不同的是，吴宓对于辜鸿铭作为一个翻译家的定位与评价，更具有现代意义上的学科意味与色彩。只不过吴宓的评价至少在两个方面略有“瑕疵”，其一是《痴汉骑马歌》显然并不是“吾国人介绍西方诗歌之始”，其二是对于这种现代学科视角及方式的定位评价，辜鸿铭自己并没有多少兴趣，恰恰与这种现代学科意识及视角相反，辜鸿铭对于古典意义上的文学与文化的内在整体性，显然更为心仪和认同。

相较之下，吴宓对于辜鸿铭在西方世界的身份及地位的“重视”与“提示”，既是他对辜鸿铭上述评价的客观且不乏明智之补充，也表现出他作为一个比较文学学者的学术素养和文化敏感：

除政治上最主要之一二领袖人物应作别论外，今

[1] 吴宓：《悼辜鸿铭先生》，《大公报·文学副刊》第18期，1928年5月7日。

日吾国人中，其姓名为欧美人士所熟知，其著作为欧美人士所常读者，盖无有如辜鸿铭氏。自诸多西人观之，辜氏实中国文化之代表，而中国在世界惟一有力之宣传员也。顾国人之于辜氏乃不重视，只知其行事怪癖，思想奇特，再则服其英德法等国文字之精通也而已。以上二种观察，均无谬误。然仅各得事实之半。平心而论，辜氏于中国旧日之道德文化具艰深之信仰，是其卓见；与西方之功利主义、个人主义、帝国主义痛斥不遗余力，且能以流畅犀利之英文文笔表达之，是其特长。对国家世界，其功自不可没。[1]

这段文字，并没有特别提及辜鸿铭在“文学”尤其是英诗翻译方面的成就贡献，而是专注于辜氏在跨语际的文化及思想批评领域无人可以替代的时代先锋地位。单就此而言，吴宓的上述之论，亦可谓切中肯綮，至少是与辜鸿铭对自己的评价及定位相契合。而吴宓的这一评论，无疑也将对于辜鸿铭及其著述的评论，从清末延续到了民初，从辜鸿铭的时代延伸到了后辜鸿铭时代。

如果从后辜鸿铭时代的中国批评来看，吴宓的《悼辜鸿铭先生》一文中所表现出来的通达透彻之处，并不仅限于上述从文化批评角度及现代学科角度对辜鸿铭的评论，还有从清末以降之翻译史和思想史角度，对于辜鸿铭及其译著不乏真知灼见的评论，尤其是将辜鸿铭的翻译与严复的翻译所做的比较：

[1] 吴宓：《悼辜鸿铭先生》，《大公报·文学副刊》第18期，1928年5月7日。

溯自吾国派遣西洋留学生以来，留学生能究心西洋文学哲学而深明西洋思想精神者盖鲜。严几道（复）先生晚年议论，颇多透辟精深之见解，然此实得自中国旧籍，而非得自西洋。严氏之于西洋思想，仅知十八及十九世纪功利主义及进化论天演论，其所介绍传译者，为孟德斯鸠、斯密亚丹、约翰弥勒、达尔文、赫胥梨、斯宾塞等，此非西洋精神思想最精要之部分，不待详说。而其对于吾国之影响如何，亦不难判定。若辜鸿铭氏则有进于是。辜氏深受英国之教育较为深澈长久，其所静心研读之作者，为英国之卡莱尔、安诺德、罗斯金、爱玛生等，故其思想出严氏翻译西籍时之上。由吾人观之，辜氏一生之根本主张及态度，实得之于此诸家之著作，而非直接取之于中国经子旧籍。其尊崇儒家、提倡中国之礼教道德精神，亦缘一己之思想见解确立之后，反而求之中国学术文明，见此中有与卡莱尔安诺德罗斯金爱玛生之说相类似者，不禁爱不忍释。于是钻研之，启发之，孜孜焉。[1]

严复与辜鸿铭西方文学及思想的知识与学术背景，显然有所不同，甚至有很大的不同。他们所翻译、引入的西学，尽管都集中于19世纪，但又显然代表了19世纪西方思想中的两翼。而在吴宓看来，辜鸿铭所依凭的西方思想，与严复所看重并借鉴的西方思想，实则有着“上下”之别，“其思想出严氏翻译西籍时之上”，不过，对于吴宓的这一认识与判断，无论是当

[1] 吴宓:《悼辜鸿铭先生》,《大公报·文学副刊》第18期，1928年5月7日。

时抑或后来，显然有着不同的看法。而严复翻译在中国近现代翻译史及思想史上的影响力，在大多数人看来亦明显超出于辜鸿铭的翻译。吴宓之所以有上述认识与判断，固然与他对辜鸿铭翻译的充分肯定及高度评价密不可分，同时与吴宓自身在留学期间对于白璧德（Irving Babbitt,1865—1933）的新人文主义的服膺亦不无关联。众所周知，白璧德的新人文主义的话语资源，与卡莱尔、阿诺德、爱默生等人的文化批评及社会批评有着诸多联系。换言之，吴宓在辜鸿铭的思想及批评中，应该亦有着隔代知音般的精神契合。

需要补充说明一下的是，尽管辜鸿铭为《痴汉骑马歌》汉语中文之首译者，但英国诗人威廉·库柏（William Cowper,1731—1800）[1]，却并不是辜鸿铭第一个介绍到汉语中文世界的。早在1880年，来华传教士艾约瑟（Joseph Edkins,1823—1905）就在《万国公报》第12卷第571期上，发表了《大英诗人彀伯尔伟廉传略》一文。在这篇有关库柏生平之简介中，亦涉及其文学尤其是诗歌著述方面的成就：

> 时虽已养疾四年，然尚无大著作，惟著《棹谈》数卷，若《燕居笔记》《消夏录》之类。西人多谓人过五十，著书之才始显，所谓老手笔也。1781年，著书一大卷，及诗8大章。校订者颇公赞其学富而伟。既啸吟无算，情兴霍然，故心疾较先稍可。……尝为诙谐诗一，而不书名，人争购阅，不啻纸贵洛阳，而咸不识为伟之所著，盖愁人语乐，实出人意表。后友人

[1] William Cowper，威廉·库柏，亦被译为威廉·柯珀和威廉·考珀。

多劝其为游戏之笔，亦共冀异其为疗心疾之药饵也。[1]

在艾约瑟的视野中，库柏固然是一位宗教色彩浓厚的诗人，但他首先而且更为读者所称道的，还是他在诗歌方面所表现出来的卓越能力，“刻画精微，寓意深厚”。[2] 更引人注目的是，在对库柏与其母亲关系的叙述中，特别突出了库柏“性至孝”的一面：

> 性至孝，而母恩尤切切于衷。母殁五十年，于戚家得母遗容，哀慕弥殷，作《哭母诗》载全集中，为集中不可多得者。致书于表妹，略云兄自不闻母之謦欬计五十载矣。兹获瞻遗像，中心爱慕迫切之状，若母氏昔日保持我之时也。展谒尽礼，而孺慕难离，恭悬诸寝室，俾夙兴启目即瞻，而夜寐梦魂依恋也。[3]

上述文字，作为库柏生平传记之开篇，既符合西方人物行为之情感心理，亦合东方尤其是儒教传统之孝道。如此行文，显然是艾约瑟及其中文助手共同合作而成，其中似乎亦暗合辜鸿铭所倡导并追求的“打破那东方和西方的畛域”，以实现“最优和最优者的结合”。[4] 至于辜鸿铭是否注意到了20多年前出现在《万国公报》上的这篇有关库柏的中文传记，已难以查考，

---

[1] ［英］艾约瑟：《大英诗人彀伯尔伟廉传略》，《万国公报》1880年第571期，第188页。

[2] 同上。

[3] 同上，第187页。

[4] 辜鸿铭著，黄兴涛等译：《怀念赫尔曼·布德勒（Hermann Budler）》，《辜鸿铭文集》上卷，海口：海南出版社，1996年，第5页。

但这篇传记贴近儒家礼教思想的叙述，或者在两者之间搭建起阅读与理解桥梁的尝试，却与辜鸿铭多年之后对于库柏这位英国诗人及其诗歌《痴汉骑马歌》的“发现”之间，生成出一种奇异的隔代回应。

二

从辜鸿铭的翻译著述史及个人履历来看，尤其是结合辜鸿铭对于中国文化以及西方文化的立场观点来看，《痴汉骑马歌》的中译，似乎显得较为“孤立”——无论是放在辜鸿铭的著述之中，还是放在辜鸿铭的思想图谱之中，《痴汉骑马歌》都近乎“异类”，看上去几乎更像是一种心血来潮式的“即兴之作”。而且，如果认为这首诗的幽默语言风格，与辜鸿铭习惯性的语言修辞风格多有相近之处，这也只能说明一点，那就是辜鸿铭是一个仅仅关注文本语言风格的评论家或翻译家，而不会去留心文本的思想与文化价值属性。也就是说，辜鸿铭从《痴汉骑马歌》原文本中所阅读出来以及翻译出来的，不过就是这一诗歌文本字面上的意思而已。

而事实显然并非如此。

如果说辜鸿铭对于这首诗的作者、英国18世纪诗人威廉·库柏有着特别的个人阅读兴趣，不仅没有足够的文献资料来证明这一判断，而且，库柏是一位以圣诗见长的18世纪英国诗人，而《痴汉骑马歌》似乎又素来被视为一首言辞幽默诙谐的叙事诗。辜鸿铭对于基督教尤其是西方来华传教士团体及基督教传播的立场众所周知，而上面的猜测或解读，也既不合库柏，又不合辜鸿铭。

如果说从辜鸿铭的个人文学及思想倾向偏向角度，难以查寻到《痴汉骑马歌》的翻译动机与原因，或许我们可以调换一下思路，看看是否可以从《痴汉骑马歌》的内容中，找到一些解读线索——晚清翻译中，比较常见的一种翻译动机或原因，就是译者将译本作为一种个人创作，通过译本或翻译，来表达自己对于时代、社会、政治、文化等方面的一些看法。这样的表达方式，某种程度上，要比自己直接创作在政治风险及安全风险上小很多。

1910年4月出版的《尚贤堂纪事》(第4期)中，刊载有一篇翻译自辜鸿铭之前发表于英文《文汇报》上的一封致该报主笔的书信。这封书信后被冠名《雅俗辨》，其中有一段文字，或许对于理解《痴汉骑马歌》的翻译有所启示：

> 外国友人……曾询余所谓今日输入中国之欧洲文化之粗俗，应作何解？余思余所指之粗俗，余所谓可骇之粗俗，就余所引昨晚《文汇报》之词句证之，蔑以加于此矣。余更欲一言以申明之。夫往日中国圣贤之所以未能振拔华人者，或圣贤误教华人以自夸自骄为非德行，亦如斯宾诺莎所言谓为身心之害者。然今日华人，如效法外人，而争自夸傲，则华人将一振而至于前数千百年来未至之地位。[1]

[1] 辜鸿铭著，黄兴涛等译：《雅俗辨》，《辜鸿铭文集》上卷，海口：海南出版社，1996年，第5页。

上面行文，保持了辜鸿铭一贯嬉笑怒骂、讽刺针砭的语言习惯。其中提及晚近以来中国自西方输入的文化这一话题，辜鸿铭的观点亦甚为清楚，也甚为连贯。但这并不意味着《痴汉骑马歌》是在表达一个与“雅俗”相关的主题，不过，这首诗又似乎与晚清以降中西之间的文化关系，尤其是输入中国的欧洲文化之间，存在着某些关联性，又或者，辜鸿铭是在借这首翻译诗歌，来表达自己对于这种思想、观念的输入，而给中国传统思想、观念的近代处境，所带来的冲击与挑战，尤其是其中所提到的“自夸自骄”这一文化气质或国民性。但是，如果结合《痴汉骑马歌》这首诗的内容，会发现上述推测，又并非完全与诗歌原文本语意及诗人库柏常见的表达主题相一致。

可以确定的是，辜鸿铭的译本标题，直接“改译”了英文原文本的标题，将原文本“潜在”的语意“显在”化，甚至将译者对于原文本的“解读”，直接呈现在了标题的翻译中，替代了原文本的表达。显然，该诗原文本标题直译的话，应该是“布商约翰·吉尔平的快乐史”。将“布商吉尔平”这一人物名称，直接改译为“痴汉”，这是译本对于原文本职业身份表达以及人物名字的“忽略不计”，是将一个由职业身份以及个人名字一并构成的人物定位表达，改换成为一种由译者主导的修辞表达“痴汉”。在译本表达中，“布商吉尔平”的身份及地位，被重新“定义”，而且更强调突出了“观看者”的立场与评价，构成了一种与原文本标题中较为中性、客观的命名方式之间具有相当情感及价值观落差的翻译。这种翻译方式，在辜鸿铭的英译汉以及汉译英方式中都甚为常见，单就翻译本身而言，这一点并不令人吃惊。[1]

而作为原文本标题中最为核心的部分"快乐史"，被改译成"骑马歌"。原文本中"骑马"这一事件，被译者直接凸显出来，而原文本中"快乐史"的事件评论及定性表述，被译者以"骑马歌"这一更富于中文表达习惯的方式来替代。仅从这首诗的标题翻译，即可见辜鸿铭惯常使用的翻译方式，以及他对库柏这首诗的理解阐发，其中可以明显感受到被充分释放的译者主体性及语言个性。

问题是，无论是原文本的诗意，还是译者通过译本所表达出来的诗意，实际上都不是直接可以从原诗字面或译诗字面一眼看出来的，甚至作为译者的辜鸿铭，为什么会选择翻译库柏以及这一首诗，其中是否还隐含着作为译者的辜鸿铭哪些隐而未发的寓意或深意，这不仅对于理解译诗是必要的，对于弄清楚译诗为什么完成并呈现这样一种"新的特别翻译"，亦即译者的立场、思想及旨趣，同样也是必要的。

库柏诗歌的一般主题，常被阐释者集中在"讽刺""伪英雄"，以及"宗教奉献"上面，但圣诗或赞美诗显然并非库柏一成不变的诗歌题材及主题，实际上，库柏诗歌亦常描写英国乡村社会的日常生活，其讽刺诗、长诗《任务》（*Task*，1784）以及短诗等，亦不乏为当时及后世所关注重视者。而《布商约翰·吉尔平的快乐史》（即《痴汉骑马歌》），就辑录在他的短诗之中。

一般认为，作为一首叙事诗，《布商约翰·吉尔平的快乐

[1] 辜鸿铭《论语》英译本的副标题为"引用歌德和其他西方作家的话注释的一种新的特别翻译"，这种翻译方式，在辜鸿铭的翻译中甚为常见。

史》，叙述的是布商吉尔平一家“出门庆祝结婚廿周年纪念日的滑稽遭遇”。对于夫人所提出的“明日是良辰，城外好风景，愿乘双马车，与君同游骋”的提议甚至恳求，吉尔平的回答亦颇为通情达理：“富翁对妇言，相敬既如宾，若不从汝言，相爱岂是真？”[1] 值得一提的是，吉尔平夫人对于丈夫的这一提议，是在两人“结发同苦艰”“悠游二十载，未得一日闲”的共同打拼、勤俭持家的艰苦创业，已经积攒下来一份不错的家业——三个后人、夫妻恩爱、家道殷实——的前提下提出来的。而对于已经应允夫人的布商吉尔平而言，“妇言良可钦，富翁喜不禁，虽怀行乐志，犹存节俭心”这种创业时期所养成的节俭持家的“习惯”乃至“美德”，至少在布商吉尔平这里，并不想就此而被放弃破坏，甚至也不想因此而改变邻里对于他这种创业有成、勤俭持家良好美德的印象：“诘朝将车来，未许直到门，趋车出庭户，恐惹他人论”，“相去两三户，车马立踟蹰。大小六家口，登车任驰驱”，这种对于“声誉”“德行”的看重珍惜，不仅反映出吉尔平及其家人平时的品德修养，同时也反映出当时英国社会的某一侧面，这是一种相对比较内敛、低调、不张扬、不跋扈、重视家庭和家人的生活方式与行为道德，而布商吉尔平一家，至少在过去二十年中，就是遵循这样的道德准则与生活方式而劳作和生活的。

但上述维持了二十年的道德准则与生活方式，似乎在吉尔平夫妇二十年结婚纪念日这一天有被打破的“危险”，“鞭声何得得，轮影何团团，黄尘匝地起，行人举首观”，改变的不

[1] 此处即下文中引用该诗部分，均出自《痴汉骑马歌》，《辜鸿铭文集》上卷（黄兴涛等译），海口：海南出版社，1996年。

仅是吉尔平一家的行为方式，还有周围邻里对于这一家人非同寻常举止行为的“错愕”与“惊诧”。

更有甚者，就在吉尔平欲飞身上马而去之际，来了三位买布的客户，“富翁放上鞍，去心留不住，回首一顾盼，有客来买布”。显而易见，对于一个生意人来说，没有什么比客户上门更重要的了。吉尔平在去留之际的“犹豫”，似在暗示此时此刻已经浮泛起来的一种“心动”，一种改变并放纵平常忙于生意和生计自我的内心冲动——由生意、日常家庭生活以及邻里关系、地方风俗习惯等共同生成的一种自我认知定位、社会秩序以及共同的生活方式。

而伴随着这种“心动”一起浮泛起来的，还有美酒、佩刀，以及平时舍不得拿出来穿戴的衣冠：“衣冠既齐整，长袍复加身，侃侃意气扬，顾盼无比伦。”这是由名驹、美酒、佩剑、长袍、冠冕装扮起来的一个全新吉尔平，一个平时为生意和生活所“埋没”“束缚”的好人吉尔平，此时此刻，常见的那个吉尔平，显然已经为那个意气风发、神采飞扬的吉尔平所取代：“马既适所意，那顾人张皇。”上门的生意不做了，过去的自我被抛弃了，当下的快乐，以及被释放出来的压抑不住的“自夸自骄”，与飞驰的骏马和马上之人一道，成为人们眼前一幅非同寻常而且也不适应的景观。

看上去逐渐快速飞奔起来的吉尔平，只是因为马的缘故，但这一切未必不是吉尔平“心动”的结果，一次难得却又期待已久的自我释放与自我转换机会。只是吉尔平未曾料到的是，坐下之骑并不能理解背上之人的心理和心情——马上之人或许只是一时心动、偶有释放而已，而坐下之骑却是一路狂奔、不知停歇。人和马的不协调与不般配，直接导致了马的“受惊”与“狂奔”，亦因此而给马背上的吉尔平带来了不小惊吓，“任马狂奔去，冠巾随风飘，出门意气高，到此竟憔悴”，诗歌至此，吉尔平的豪情，或者聊发“少年狂”，已经变成了狼狈失态：“长袍随风舞，飘飘若悬旌，纽扣支不住，飞去更无情。”“长袍既飘去，露出双玉壶，玉壶左右摆，一若悬葫芦。”原本激动的骑手，转而却被狂奔难驭的飞马“拖拽”，骑手与奔马之间，显然已经失去应有之平衡：骑手偶然的一次或一点心动，却不意被转换成了坐下之马的狂野飞奔，场面也就很快超出了骑手的驾驭能力，人与马、人与我之间，最初的配合与协调一致，至此显然已经被打破了。

该诗接下来的第28、29以及30节，描写周围邻里以及路旁市民对于吉尔平策马狂奔的“围观”与“喝彩”，因为吉尔平的不同寻常而激发起来的环境改变，与不堪陌生人骑驭而一路狂奔的良驹，共同构成了一幅飞奔、癫狂、起哄、喧闹的市井图景。而作为观众的邻里并不清楚的是，骑在马背之上的吉尔平，此时并非仍在恣意策马、一路狂奔，更像是被受惊之马驮着而失去了方寸。

作为一首叙事诗，《布商约翰·吉尔平的快乐史》，表现出库柏在日常生活场景想象以及诙谐幽默表现方面的艺术才能，原本有所期待但亦注定会循规蹈矩、波澜不惊的夫妇结婚纪念日，被这样一场“策马飞奔”“来回癫狂”的闹剧搅黄。受惊而飞奔的马，与吉尔平此时内心的波动不定相互隐喻，又与市民围观哄闹的场景相互映衬。其中马与人的描写，或许会让人联想到柏拉图《斐德伊篇》中的马车之喻，以及弗洛伊德将自我和本我的关系，比喻成为骑手和马之间的关系等。

显而易见，这首诗确实描写了日常生活与反常行为之间的

“反差”，描写了因为平时被压抑、控制的欲念与心动的“勃发”，以及所造成的徒劳无益、不过一场喧嚣哄闹而已的自我释放。其中不仅描写了奔马失控，也描写了骑手因为理性缺失或者为激情所主宰，而导致的一场混乱局面。有意思的是，无论是门卫，还是围观邻里，又都没有发现这不过是一次奔马失控而出现的“失误”，而是将其误以为一次“竞赛”。在欲念、理性、自谦、激情、自矜、炫耀等心理因素或价值规则的混乱纠缠之中，读者又似乎发现了一次因为理性、自谦与矜持缺失之后而出现的行为“反常”。

其实，对于这种因为马失控而造成意外乃至悲剧，诗人库柏并不陌生，甚至于骑手被摔下马而致死的事情，库柏也曾有所耳闻乃至目睹。而如何通过诗歌这种文学形式，通过文体与语言风格的对接，趣味与修辞的“匹配”，在日常生活式的诙谐幽默的轻松之中，来隐喻人性中的某种不稳定或反常现象，尤其是非理性甚至反理性的一面，借以表达更抽象亦更超验的主题，未必不是库柏通过这首诗所尝试实现的意旨诉求。

而辜鸿铭是否也是在这种诙谐幽默的语言表象之后，“发现”了人性中的这种非理性、不稳定或反常现象，并借此来表达他自己对于1900年代的中国社会、政治、文化中的某些现象的看法亦未可知。又或者，库柏的原诗中并无上述生活“哲理”，只不过是对一种日常生活中的小波澜的诙谐幽默的描写叙述而已，但身处1900年代的社会失序、国家混乱之中的辜鸿铭，却从这首短诗中，读出了非理性甚至反理性的主题意蕴，及其可能由此而造成的某种失控甚至可怕的后果。

这一点，似乎可以从这首诗的译者署名方式中看出某些端倪。

有关这首译诗的译者署名方式，可考者至少有两种：

其一是 John Gilpin, Done into Chinese by Ku Hung Ming。这里的翻译，并没有用常见的 translate 一词来表示，而是使用了更为中性的 done，难道这样是为了与 translate 以示区分？而 done 在此处，亦就表达了“华英合璧”的独特与难以达到的境界？又或者是用 done 一词，来表示译者或者译本不受原诗约束的“主体性”及“创造性”？

其二是商务印书馆1935年5月“国难后”的第一版。该译本封面标署方式为：《华英合璧：痴汉骑马歌》（*The Diverting History of John Gilpin*），原著者：William Cowper，译述者：辜鸿铭。这里辜鸿铭的身份，确定为“译述者”。而“译述”这种表述，在晚清“西学东渐”或晚清翻译中甚为常见，突出的是对于原作的“意译”以及译者的自主性，并延伸到本土文化的主体性。而上述两种署名方式，似乎都为辜鸿铭在翻译这首诗时的主体身份以及自主发挥，提供了佐证或明示。

有意思的是，对于“痴汉”一说，辜鸿铭亦曾以此自喻。“自知国人目彼为痴汉，不容于中国。惟日人能予以同情。”[1]这里所谓“痴汉”，显然是指因为坚持己见而落落寡合之人或时代，与库柏诗中的那位骑马失控的布商吉尔平，应该并非同路人。只是吉尔平被译为“痴汉”，或许是因为策马狂奔之时的吉尔平，被围观喧闹的民众作如是观，这是否亦让辜鸿铭联想到了自己的所言所为，被国人作如是观的窘境呢？或者正是从这里，吉尔平的“佯狂”与“痴癫”，以及邻里路人的围观与起哄，在辜鸿铭这里由此而引发了某种外人不易察觉的同情

[1] 孟祁：《记辜鸿铭翁》，《人间世》1934年第12期，第45页。

与共鸣，又从这种个人性的存在与经验的诗性表达中，传递出某种超越个人性的存在与经验的普遍性意味呢？

三

1934年《人间世》第12期“辜鸿铭特辑”，大概是辜鸿铭去世之后第一个成规模、有影响的“辜鸿铭专辑”，收文9篇，其中译文3篇，另有“编者弁言”一则。如果从辜鸿铭与中英文报刊媒体之间关系角度来看，《人间世》所推出的这一“辜鸿铭特辑”，也是对辜鸿铭严肃地予以正名的一次集中努力。

“编者弁言”中云：关于辜鸿铭的材料有七八篇之多，觉得此人值得研究认识。[1] 对于辜鸿铭被时人冠之以“反动”之“罪名”，“编者弁言”中这样说：“尊君是反动，尊孔却非反动。老辜也不过反动一半而已。”[2]“难得一闻一个彻头彻底开倒车的人说的见解，来让我们分析体会”[3]；“况且一绝顶聪明人，用了终生思维工夫，评判东西文化，著成《春秋大义》（原文为《中国民族之精神》），替我们揭要发凡，点出要着，我个人是想看看他如何说法的。”[4] 可以肯定的是，“编者弁言”中对于辜鸿铭的这种种说法，在当时的进步文化阵营，已经算是较为公允客气的了。

[1] “编者弁言”，《人间世》1934年第12期，第28页。

[2] 同上。

[3] 同上。

[4] 同上。

林语堂对辜鸿铭的评价，不仅体现在他在《人间世》上开办“辜鸿铭特辑”上——该特辑几乎辑录了世界范围内对于辜鸿铭的代表性议论与评价，总体上亦较为公允持平，基本上不为流俗所左右。在特辑中，林语堂不仅翻译了勃兰兑斯评论辜鸿铭的一篇文章，而且还在“有不为斋随笔”中，专文写到了辜鸿铭。

从这篇随笔来看，林语堂在圣约翰大学读书期间，就已经读到过辜鸿铭的《总理衙门纪事》(*Papers From Viceroy's Yamen*)，而且“见其文字犀利，好作惊人语，已深喜其矫健”。[1] 如果说这里还是仅就辜鸿铭的文章而言，之后对于辜鸿铭在政治乃至一般生活方面所表现出来的“气节”与个性，林语堂同样给予了肯定，认为辜身上有“洋气”，“二人皆有洋气，有洋气，就有骨气”。[2]

对于辜鸿铭，林语堂的认识及议论，并不仅限于上述方面。在文章及操守之外，还谈到了辜鸿铭尤为当时“进步”言论界所屡屡诟病非议之思想：“辜只是狂生，而能深谈儒道精义。”[3]“辜陈二氏皆长英文，而实非仅长英文，盖其思想议论，超人一等，故能发挥淋漓，此二氏之文之所以有魄力也。”[4] 这里所谓“陈氏”，指的是当初主办北京英文日报Peking Gazette的陈友仁。辜、陈二人早年，均出生并成长于英属殖民地，一在南洋槟榔屿，一在西印度的特立尼达岛，但二人均接受到良好的西方教育，所不同者，辜鸿铭青睐的是西方古典

[1] 语堂:《“有不为斋随笔”· 辜鸿铭》,《人间世》1934年第12期，第37页。

[2] 同上。

[3] 同上。

[4] 同上，第37—38页。

人文教育，而陈友仁接受的则是西方人权与法治精神。而从这里，亦可以看出林语堂对于辜鸿铭西学背景及相关思想立场的某种肯定。至于林语堂如此看待及评价辜鸿铭的西学背景及思想立场之原由，或许与上述所谓“有洋气，就有骨气”的见解有关，亦或者与林语堂本人对于辜鸿铭的西学背景不仅了解且有相当程度之认同有关，但又显然并不仅止于此。

与那些将辜鸿铭的文与人及思想分别开来予以评价者明显不同的是，林语堂将辜鸿铭的文、人以及思想合三为一、相提并论，实际上是正面评价了辜鸿铭思想、人格及文章的整体性：

> 世人言文人，总想到文字，大误特误。试思梁任公《新民丛报》之势力，在其文彩乎？亦在其所代表之议论乎？陈独秀胡适之文学革命宣传力量，在其文胜过林琴南乎？抑在其所代表之新潮思想乎？有其思想，必有其文字。[1]

换言之，有其文字，亦必有其思想，有其思想，亦必有其人格。而这一点，对于辜鸿铭亦然。

尽管如此，林语堂并未特意针对世俗议论而为辜鸿铭做翻案文章。《“有不为斋随笔”》中对于辜鸿铭自鸣得意的英文，亦有褒有贬：

> 至于文字，辜陈皆未尝不漂亮。乃执以 best English

[1] 语堂:《“有不为斋随笔”· 辜鸿铭》,《人间世》1934年第12期，第38页。

tradition 衡之，拉丁名词仍是太多，英国口语仍是太少；二氏又有一点相同，辜在思想上，陈在政治上，最善大言不惭，替吾国争面子，英人读之而喜，而惊，而敬，故其名亦大。善说 Yes, Sir 之英文学生，大可不读二氏之书，因道不同，学也无用也。[1]

如果说上述议论，仍不免有以贬代褒之嫌，下面对于辜鸿铭英文文章修辞风格的讨论，则显然更为客观：

辜之文，纯为维多利亚中期之文，其所口口声声引据，亦 Matthew Arnold, Carlyle, Ruskin 诸人，而其文体，与 Arnold 尤近。此由二事可见，（1）好重叠；（2）好用 I Say 二字。[2]

这样的议论，显然已不再是用一种修辞遮掩方式，来为辜鸿铭的文章思想正名辩护。而从这种分析中，实际上亦可见辜鸿铭的文章思想，与维多利亚中期英国文学与思想之间的关联合流。对于这一点，辜鸿铭自己并不避讳，事实上，只要从他那些文章中惯常征引的此间英美作家及其作品中，即可见一斑。

对于辜鸿铭言论文章中善用诙谐一途，林语堂亦有评议，而其中对于这种幽默习惯的起源之考察阐释，兼及辜鸿铭的思想立场之极具个性的呈现表达方式，亦有其值得关注之处：

[1] 语堂:《“有不为斋随笔”· 辜鸿铭》,《人间世》1934年第12期，第38页。

[2] 同上。

实则辜鸿铭之幽默，起源于其倔强之本性及其愤世嫉俗之见解。在举国趋新若鹜之时，彼则扬言尊礼；在民国时期，彼偏言尊君，偏留辫子。在崇尚西洋文明之时，彼力斥此西洋文化之非。细读其文，似非无高深见解，或缺诚意，然其持之过甚，乃由愤嫉而来，愤嫉原非坏事……然试以精神分析言之，亦是一种压迫之反动而已。辜既愤世俗之陋，必出之以过激之辞，然在此过激辞气，便可看出其精神压迫来。[1]

从文字中看出，林语堂对于辜鸿铭言论文章中所表现出来的对于时代流俗之压迫的反动，或者内心世界里的苦闷嫉愤，应该也是抱持一定同情理解的，不过，对于辜鸿铭因为这种反动以及苦闷嫉愤，就“必出之以过激之辞”，似并未认同。晚清以降，随着“西学东渐”的逐步扩展深入，本土传统、规范与秩序受到越来越多、越来越大的挑战与冲击。“时代潮流”与“反潮流”，几乎都是以近于“矫枉过正”的激进乃至极端方式表现出来。为释放并表现自己在时代现实与社会处境中所敏锐感受并体察到的精神压迫，辜鸿铭常用的方法，就是通过自己的著述，来直言不讳、酣畅淋漓地表现自己的立场与主张。而最为引人注目的实现方式，就是语言修辞上的嬉笑怒骂和犀利尖刻。

林语堂上述有关辜鸿铭的种种议论，近乎公论。相较之下，有的相关评论，似乎要比林语堂更为激烈，看上去亦更为接近辜鸿铭的言语风格：

[1] 语堂:《“有不为斋随笔”· 辜鸿铭》,《人间世》1934年第12期，第38—39页。

> 辜鸿铭彻底是个俗人……他的孔教思想，君主主义，以及他的辫子，只是人生的装饰品——他的人生，是完全享乐的人生。他那种消沉的、死尸一般苍白的心境，并不是出于他的过用思想，却是出自他的欲望、诙谐、美，以及一种故意与众不同的愿望。[1]

这种将辜鸿铭的思想与精神理想空洞化的理解，或者将他的辫子、衣装、言论方式等，作为这种空洞的精神、苍白的心境以及人生的享乐主义的种种表现象征，这样的议论，几乎一直围绕在辜鸿铭的周围，并不鲜闻，辜鸿铭晚年的思想对手胡适就有类似看法。与此同时，还是有一些评论者，将辜鸿铭的政治思想，与他的道德文章分而论之。林语堂的评论立场，应该就与此较为接近。

对于辜鸿铭在西方文学以及西方思想方面的认识水准，20世纪西方（丹麦）文艺批评家勃兰兑斯，在其《辜鸿铭论》[2]中有这样一句判断：比之通常欧洲人士所仅识得之多半作家，辜氏值得更大的注意而不可同日而语了。[3]可见在勃兰兑斯看来，辜鸿铭对于欧战及对于东西方文化关系的认识及思想，显然是要超出当时欧洲寻常作家的。尽管只是涉及辜鸿铭对于欧战以及东西方关系的认识部分，而以辜鸿铭在西方古典语文方面的教育背景及学术修养来推论，此方面应该非其所短，恰为其所长。由此推断，那些认为辜鸿铭对于西方文学缺乏足够了

---

[1] 《辜鸿铭》，林疑今译自《中国评论周报》第7卷第35期，《人间世》1934年第12期，第46页。

[2] ［丹麦］勃兰兑斯著，林语堂译：《辜鸿铭论》，《人间世》1934年第12期。

[3] 同上。

解的认识，虽不无道理，恐亦不免失之偏颇。而吴宓所谓“虽其学说肤浅而空疏，然其主张坚决，感情诚挚，文笔犀利，故其在欧美之势力，实较其在本国为大”[1]之判断，看上去似亦更为客观公允。

值得注意的是，辜鸿铭与胡适之间的意见分歧，一方面表现在二人对待“五四”新文学与新文化的立场与观点方面，表现在“文学革命”方面，但背后又关联着他们各自所依托的西方思想与西方资源。如果说卡莱尔的西方文化批判，对于辜鸿铭影响甚大，而卡莱尔在美国的响应者爱默生，却又显然或多或少影响过胡适。这种看上去似乎有些难以理解，实则却为思想文化迁变中并不罕见的历史真实，似乎也揭示出辜鸿铭与胡适之间的立场与思想“分歧”，或许被他们自己以及后来者都过分夸大了。

无论如何，上述评论，几乎都没有涉及辜鸿铭所翻译并曾被视为“经典译本”的《痴汉骑马歌》。而即便是当时那些充分肯定并推崇《痴汉骑马歌》的人，看上去也基本上没有将《痴汉骑马歌》纳入辜鸿铭思想著述的整体之中予以考察，或者没有意识到这一翻译文本与后者之间，是否存在着某种尚未被察觉的内在的思想与精神关联。

深而究之，《痴汉骑马歌》未必不是辜鸿铭对时代言论者们的某种近似于漫画式的素描，而其中或许亦有他自己的影子在吧。

---

[1] 吴宓:《悼辜鸿铭先生》,《大公报·文学副刊》第18期，1928年5月7日。

Hong Beng Kaw and His Translation of *The Diverting History of John Gilpin*

Abstract: Hong Beng Kaw (Gu Hongming), as a translator, has been praised for his translation practice and related achievements in both English/Chinese translation and Chinese/English translation. At the same time, in terms of his translation position and proposition, he also draws attention to the theory that "translation should be based on other knowledge". In the aspect of English to Chinese translation, The Translation of The Diverting History of John Gilpin by Hong Beng Kaw was once widely promoted as a translation classic of the times. An this translation is considered to be a good practice of blending "literal translation" with "free translation" in terms of "accuracy" and "appropriateness". However, due attention should also be paid to the exact historical practice and process of the translation and publication of the text, as well as some cultural metaphors or personal contemporary experiences that Hong Beng Kaw placed in the translation, and these are even necessary to be included in the text interpretation of the Chinese version.

Keywords: Hong Beng Kaw; *The Diverting History of John Gilpin*; Translation

边缘、他者与融合

——论博尔赫斯对明清小说的接受与阐释 *

蔡雅芝 **

摘要： 诸多明清小说经由其英、德、法文译本介入了博尔赫斯的视野，与此同时，作为栖身于“边缘”的阅读者与写作者，博尔赫斯则借助于异质语际空间的语言与文化建构了自己的诗学，且对阿根廷的文学传统进行了重构。在视域融合之中，博尔赫斯对于明清小说秉有其自身的阐释与创见，如若结合伽达默尔对于艺术经验的剖析从诠释学的视域下来考察，博尔赫斯的这一阐释是完全具备其合法性的。在这一阐释过程之中，小说文本本身与博尔赫斯的“幻想文学”之整体创作理念之间发生了创造性的诠释与互动。

关键词： 明清小说；他者；边缘；幻想文学；视域融合。

在博尔赫斯对于中国的审美性文本以及哲学文本的广博阅读版图之中，明清小说占据了不可缺失的一席。与此同时，作为在西班牙语世界中明清小说的推介者与评论者，博尔赫斯对

---

* 本文为浦江人才计划（18YJC740003）的阶段性研究成果。

** 蔡雅芝，西班牙格拉纳达大学翻译研究博士，现为复旦大学西班牙文系副教授，主要从事中国文学经典外译、比较文学与语言认知研究。

明清小说也生发了诸多评论与阐释，甚至将其融汇于自身的创作文本。本文意图探讨与回答的正是，明清小说是以何种途径进入博尔赫斯的视野，明清小说乃至东方的介入与博尔赫斯自我诗学的建构之间有无关系，与此同时，博尔赫斯又是如何对明清小说进行接受与阐释，以及促成该种诠释背后的深层动因。

一、边缘的他者遭遇——博尔赫斯与东方及明清小说

我们确知的是，博尔赫斯并不通晓中文，他对中国文学作品的接近与探寻实际上最初源自用英文、德文与法文对其他学者的论述的阅读。这里必须提及的一部作品就是英国汉学家赫伯特·艾伦·翟理斯（Herbert Allen Giles）的《中国文学史》（*A History of Chinese Literature*）[1]，是这部文学史开启了博尔赫斯对于包括明清小说在内的中国文学作品的阅读并且激发了博尔赫斯对中国的向往。

《中国文学史》最初于1901年出版，此后又经历了多次再版。在《中国文学史》中，翟理斯对于中国古典小说与戏曲做了大量的介绍，其中第七卷与第八卷集中对中国明清时期的文学进行了介绍，当中主要包括小说与戏剧，涵括了明代《金瓶梅》《玉娇梨》《（东周）列国志》《镜花缘》《平山冷燕》《二

[1] Herbert Allen Giles, *A History of Chinese Literature*, New York: D Appleton and Company, 1901.

度梅》等。在清代小说方面，则重点聚焦了《聊斋志异》《红楼梦》等。这部文学史中对《红楼梦》的介绍甚为详尽，长达二十八页，这一篇幅大约已经与此书其余章节之中对于儒家经典的介绍相当。书中盛赞《红楼梦》为中国小说的顶峰之作，并评述该作品“在情节完整方面可与菲尔丁（Henry Fielding）的小说媲美，在人物塑造方面令人想起西方最伟大的小说家的最优秀作品”。[1] 值得注意的是，在此之前，19世纪一些西方汉学家对《红楼梦》的艺术性的评价并不高，例如郭士立（Karl Gutzlaff）、爱德尔（E. J. Eitel）、波乃依（J. Dyer Ball）等。

在其自述与演讲之中，博尔赫斯曾经多次提及他对于翟氏《中国文学史》的阅读经验，与此同时，《红楼梦》也成为博尔赫斯魂牵梦绕的一部作品。依据考证，博尔赫斯对《红楼梦》的阅读，主要来自王际真的英译本《红楼梦》（1929年）以及德国汉学家弗兰茨·库恩（Franz Kuhn）的德译本《红楼梦》（1932年）。正如博尔赫斯于1980年3月在美国印第安纳大学进行的一次谈话中所言：“我当然知道我永远也搞不懂中文，但是我要不断地阅读翻译作品。我读过《红楼梦》，读的是英文和德文两种译本，但是我知道还有一种更加完备、也许是最忠实于原文的法文译本。我可以告诉你，《红楼梦》这部书就像它的书名一样好。”[2] 他在为库恩的《红楼梦》德译本写作的一篇书评中指出，《红楼梦》是“（中国）这一延续三千

[1] Herbert Allen Giles, *A History of Chinese Literature*, New York: D Appleton and Company, 1901, pp.355—356.

[2] ［美］威利斯·巴恩斯通编，西川译:《博尔赫斯谈话录》，桂林：广西师范大学出版社，2014年，第29页。

年的文学中最有名的一部”。[1] 他提及的法文译本，据学者考证为李治华的译本，博尔赫斯还阅读了翟理斯译出的《聊斋志异选》(1880年)。这一译本中，翟理斯从原著的489篇之中选取了164篇，包括《考城隍》《瞳人语》《陆判》《崂山道士》等多个篇目。博尔赫斯还阅读了库恩的德译本《水浒传》(1934年)，[2] 并且阅读了《西游记》等其他作品。正是经由这些翻译作品，明清小说适时地通过多种语言与博尔赫斯遭遇，为之带来了一种全然新鲜、陌生而令其神往的世界。

事实上，从博尔赫斯作为作家与评论家的诸多言说中来进行考察，我们可以看到，他对于包括东方在内的异质文化空间的语言与文化保有一种罕见的热忱。在他的阅读与写作之中，我们不难发现其中蕴涵的广博存在与所涉的丰富性，不仅其阅读涉猎极为广泛，他的文学与讨论中所涉及的主题也极其丰富。无论是阿拉伯与波斯的古典主义、远东与印度、加乌乔诗歌、北欧传说等，抑或是神秘主义的与玄学的沉思，无不是博尔赫斯的文本世界所涉及的范畴。

这一丰富性与博尔赫斯的创作立场与自我诗学的构建不无关系。

作为一位颇具重要影响力的作家，学界惯常于认为他是一位高居中心的作家，然而，恰然相反的是，恰如文学研究学者萨尔罗（Beatriz Sarlo）所言，博尔赫斯是栖居于“orilla”（亦

---

[1] Jorge Luis Borges, “El sueño del aposento rojo, de Tsao Hsue Kin”, Enrique Sacerio-Garí & Emir Rodríguez Monegal, eds., *Textos cautivos: Ensayos y reseñas en El Hogar (1936—1939)*, Buenos Aires: Tusquets Editores, 1986, pp.187—189.

[2] Shi Nai'an, trans. Franz Kuhn, *Die Raeuber vom Liang Schan Moor*, Leipzig: Im Insel Verlag, 1934.

即边缘）的作家。[1]“Orilla”一词的西班牙语意涵是边缘、河岸、界限、海岸等。在这里，“边缘”一词被赋予了两层意涵。在一个层面上，“边缘”指涉的是地理空间的边缘。博尔赫斯诞生于一个地理与文化上皆处边缘的国度，而在写作之中经常关注与重构的也是阿根廷平原与城市的接壤与边缘处。正因为此，在博尔赫斯小说中，我们可以一再看到那熟悉的场景：布宜诺斯艾利斯城外贫民窟里的恶棍和乡间用刀子打架的人；在另一层面上，“边缘”一词指涉的是博尔赫斯在世界文学面向上的阅读，因为博尔赫斯恰然总是驻足于多种异质文化的边缘空间汲取创作上的灵感。

诸多异质语际空间的语言和文化，恰恰成了列维纳斯（Emmanuel Levinas）所论说的他者，与博尔赫斯在阅读之中遭遇。值得特别补充的是，列维纳斯意义下的他者不同于以往西方哲学传统本体论下的他者，[2]恰恰相反，他论说的是一种与“自我中心主义”相对立的异质性的他者，而并非被认识、把握与征服的对象。[3]这一列维纳斯意义上的他者立场，与博尔赫斯作为世界主义者的立场恰然也是相契合的。文学上的他者，给予了博尔赫斯充分的滋养，与之一并抵达的，还有哲学与世界观的冲击与融汇。博尔赫斯正是游移于多国文化的边

---

[1] Beatriz Sarlo, *Borges, un escritor en las orillas*, Buenos Aires: Ariel, 1995.

[2] ［法］伊曼努尔·列维纳斯著，王嘉军译:《时间与他者》，武汉：长江文艺出版社，2020年。

[3] 在列维纳斯的言说之中，自我剥离于其他一切非自我，并且从一开始就不可避免地与“他者”相关联。他指出:“这个无限的他者是彻底的外在，不能被任何本体论、认识论整合到同一性中，是不可被还原为自我的陌生者。”基于“面对面”（face-à-face）的伦理关系，列维纳斯肯定了他人绝对的“他异性”（altérité）和“外在性”（extériorité），以及相对于“我”的优先地位。

缘，与他者遭遇并在此基础之上构建了自己的诗学。正如墨西哥作家奥克塔维奥·帕斯（Octavio Paz）曾经指出的那样："博尔赫斯的作品表达了一种自拉丁美洲诞生那一刻开始就已隐含在拉丁美洲身上的世界性。"[1]

固然，文学传统在博尔赫斯的写作里相当重要，与T.S.艾略特（T. S. Eliot）在《文学传统与个人才能》（*Tradition and the Individual Talent*）[2]一文中的立场相似，博尔赫斯充分地肯定了文学传统带来的影响。对他而言，写作就等同于阅读，阅读中的文本，往往又转化为他写作中的一部分。例如，在他自己创作的文本之中，我们常常可见但丁、卡夫卡、叔本华、庄子，以及《红楼梦》与《堂吉诃德》等作品。然而，与此同时，博尔赫斯又不仅是文学传统的追随者，事实上他把传统变作了创新以及对传统进行重组的源泉。例如，《吉诃德的作者皮埃尔·梅纳尔》这一短篇，无不是在借用《堂吉诃德》的基础上形成的一种颠覆与解构。在博尔赫斯的短篇小说《小径分叉的花园》中，《红楼梦》也自人物的口中出场，用以说明并抒发对于迷宫般平行交织的时空与人物的想象。[3]博尔赫斯本人更是曾经在《永恒与T.S.艾略特》（*La eternidad y T. S. Eliot*）一文中指出："一部新的艺术作品的出现会影响此前已有的作品。原有的理想秩序被新作品（当该作品确为新作品时）

---

[1] ［墨］奥克塔维奥·帕斯，刘习良译：《弓手、箭和靶子——论博尔赫斯》，《世界文学》1989年第1期。

[2] T. S. Eliot, "Tradition and the Individual Talent", Walter Jackson Bate, ed., *Criticism: The Major Texts*, New York: Harcourt, 1990, pp.525—529.

[3] 事实上，该短篇中余准（Yu Tsun）的名字的发音与《红楼梦》中"雨村"是一致的。

的介入而产生改变……过去会被现在改变，而现在则被过去引导。”[1]

毋庸置疑，东方对于博尔赫斯的阅读与写作也产生了不可忽视的影响。例如，佛教、庄子、《易经》时常显现于博尔赫斯的写作之中，他与阿丽西亚·胡拉多（Alicia Jurado）还曾专门合作撰写过一部《佛教导论》（*¿Qué es el Budismo?*）[2]，对佛教进行了整全而深入的介绍与探讨。对于博尔赫斯而言，东方绝非仅是另一种不同的文化以及异域风情的载体，而是去到一片陌生的土地，去那里栖居。东方除却是一种意识上的选择，更是一种有助于形成其诗学的技巧。东方，抑或是更多的异质文明，在事实上构成了一项博尔赫斯用以质疑、破坏确定性，以及质疑传统的逻各斯中心主义和阿根廷民族主义的工具。也正因为此，博尔赫斯得以成为拉丁美洲后现代写作的启发者，与此同时，他笔下的文本亦给福柯（Michel Foucault）与索亚（Edward W. Soja）等学者带来了关键性的启发。经由写作，他拒斥了原有的文学权力等级与秩序，并对阿根廷的文学系统进行了彻底的重组，从而建构了一种新的文学关系。在这一文学系统当中，他在一端放置的是阿根廷残存的高乔传统，这一传统的代表作是高乔史诗《马丁·菲耶罗》（*Martín Fierro*），另一端放置的则是远早于文学理论而诞生的互文性（intertextuality）。

[1] Jorge Luis Borges, “La eternidad y T. S. Eliot”, Sara Luisa del Carrill & Mercedes Rubio de Socchi, eds., *Textos recobrados* (*1931—1955*), Buenos Aires: Emecé, 2001, pp.49—52.

[2] Jorge Luis Borges & Alicia Jurado, *¿Qué es el Budismo?* , Buenos Aires: Editorial Columna, 1976.

至此，我们已然看视到了明清小说、东方乃至其他异质语际空间文化介入博尔赫斯的途径，以及这一介入与博尔赫斯的自身诗学建构之间所具有的联系。在这里，我们有必要进一步思考的是，这种对于异质文化空间的他者的看视与塑造，是否会出于距离的折射与现实之间存在着一定的偏差，这恰然是我们接下来要探讨的一个问题。如若对博尔赫斯所作的评论进行思考，我们将会发现，博尔赫斯在对明清小说的理解过程中，恰恰呈现的是一项阐释的“游戏”。

二、阐释的游戏——一位革新的诠释者

博尔赫斯曾经发表了多篇与明清小说相关的文学评论，从这些评论以及博尔赫斯在诸多场合的言说之中，我们可以看出，博尔赫斯对明清小说当中的不少作品皆秉持了自己的一套诠释。其中，与《红楼梦》密切关联的有收录于《文稿拾零》（*Textos Cautivos*）的《曹雪芹的〈红楼梦〉》（El Sueño del Aposento Rojo, de Tsao Hsue Kin）一文[1]。评论的篇幅不长，但确然有值得琢磨之处。

《红楼梦》第五回中叙述了贾宝玉神游太虚幻境的情节，在对这一回的评论中，博尔赫斯写道：“出乎意料，这是魔幻的一章。”[2]有趣的是，惯常很少有人采用“魔幻”（mágico）

---

[1] Jorge Luis Borges, “El sueño del aposento rojo, de Tsao Hsue Kin”, Enrique Sacerio-Garí & Emir Rodríguez Monegal, eds., *Textos cautivos: Ensayos y reseñas en El Hogar (1936—1939)*, Buenos Aires: Tusquets Editores, 1986, pp.187—189.

[2] 原文为“Así llegamos al capítulo quinto, inesperadamente mágico, ...”

一词来描绘与评判《红楼梦》这部作品。在这里，博尔赫斯并非拾人牙慧地采用前人对于这部作品的判断，而是如实地表述了他的直观感受——在他看来，这部作品确有令其深感魔幻之处。

首先，“梦境”是博尔赫斯认为《红楼梦》富含幻想的一项重要例证。在博尔赫斯的短篇小说与诗歌写作中，梦是一个反复出场的意象与场景，因为梦恰然构筑了在真实与虚拟之间穿梭与通汇的最佳工具，他本人深深着迷于这一梦的原型与幻想，在他于1985年作的最后一次讲座中[1]，他谈道：

> 现实与幻想的边界模糊了。我们不知道现实是真实的还是梦幻的。我们不知道宇宙是现实的还是幻想的。或许，整个世界都是一个梦，整个历史也是一个梦。那个梦可能不是任何人做的。那是一个梦，而历史是那个梦的一部分，此刻我是在座每一位的梦的一部分……[2]

这一对于梦的意象的反复把握，在某种程度上而言，或与博尔赫斯毕生对佛教的兴趣与钻研有着重要的联系，我们在此不对这一渊源做特别的展开，但毋庸置疑，在《红楼梦》里，

---

[1] Jorge Luis Borges, “La última conferencia de Borges”, *Cuadernos Hispanoamericanos* (539—540), 1995, pp.171—176.

[2] “No sabemos si la realidad es real o fantástica. No sabemos si el universo pertenece al género realista o fantástico. Posiblemente, todo el mundo es un sueño, toda la historia es un sueño. Ese sueño puede no ser soñado por nadie. Es un sueño que se sueña. La historia es parte de ese sueño y yo, en este momento, soy parte del sueño de cada uno de ustedes...”

"梦"作为整部小说的标题出场必然首先引发了博尔赫斯的注意，而贾宝玉梦游太虚幻境的情节更是令博尔赫斯深觉其魔幻。

在梦境之外，博尔赫斯认为在《红楼梦》中还存在大量的幻想。关于宁荣二府，他提道："我们好像在一幢拥有许多院子的房子里迷了路。"[1] 这一评判则让人不由联想到另一在博氏作品中最为常见的意象——迷宫。作为博尔赫斯虚构幻想的重要意象，迷宫寓示着世界的复杂性、不可知性及其带来的困惑不安之感。《红楼梦》中风月宝鉴的情节，则又恰然契合了博尔赫斯钟爱的另一意象——镜子，在博尔赫斯的隐喻体系之中，镜子不仅象征着无限的增殖、衍生与重复，还指涉着无尽的虚幻与空诞。

在对《红楼梦》的阅读之中，博尔赫斯发现了作品极富幻想的一面。很显然，博尔赫斯被这种幻想打动了，并择取了《红楼梦》中《贾宝玉梦游太虚幻境》与《风月宝鉴》两个选段，[2] 译成西班牙语，收录在其珍视的与他的挚友比奥伊（Adolfo Bioy Casares）和奥坎波（Silvia Ocampo）合编的《幻想文学集》（*Antología de Literatura Fantástica*）之中。[3] 从他将《红楼梦》特地选取两节收录于这本幻想文学集的举动可以看出，在博尔赫斯心目中《红楼梦》是一部充满幻想的作品，他更是

---

[1] Jorge Luis Borges, "El sueño del aposento rojo, de Tsao Hsue Kin", Enrique Sacerio-Garí & Emir Rodríguez Monegal, eds., *Textos cautivos: Ensayos y reseñas en El Hogar (1936—1939)*, Buenos Aires: Tusquets Editores, 1986, pp.187—189.

[2] 在博尔赫斯与比奥伊以及奥坎波合编的《幻想文学集》中一共收集了七十余个篇章或选段，其中亦包括博尔赫斯的短篇小说《特隆、乌克巴尔、奥比斯·特蒂乌斯》。

[3] Jorge Luis Borges, Adolfo Bioy Casares & Silvia Ocampo, *Antología de Literatura Fantástica*, Buenos Aires: Editorial Sudamericana, 1940.

把《风月宝鉴》与其钟爱的作家爱伦·坡以及卡夫卡作比。

除却《红楼梦》，还有诸多明清小说对博尔赫斯而言都是极富于幻想的，在《幻想文学集》的序言里，博尔赫斯与比奥伊写道：

> 如同恐惧一样古老，幻想小说先于人类的文字诞生。或许最早掌握这类文学的就是中国人。令人尊崇的《红楼梦》、情色的《金瓶梅》、现实主义的《水浒传》，以及哲学的书籍，都极其富于幻想与梦境。[1]

对于博尔赫斯针对明清小说所做出的诸多评论，学界不乏有人批判其认识与呈现的并非真正的中国文学，甚至以“有后殖民主义色彩”与“西方中心主义”来指责其对于诸多中国作品所生发的诠释与其所创造的中国形象。但是，我认为这种指责是不甚恰当的，恰然相反，如若结合诠释学的视域对博尔赫斯对明清小说的阐释进行剖析，博尔赫斯的解读非但无须承担以上的批判，而且完全具备其合法性。

值得补充的是，尽管诠释学并非一项专门关注文学文本阐释的哲学，特别是德国学派主要关注的乃是存在论视域下对意义进行理解的关键问题，但是，伽达默尔（Hans-Georg Gadamer）确然在《真理与方法》中专门对艺术经验进行了深入的剖析。他指出，艺术作品的本质只在于被再现的过程，只

[1] “Viejas como el miedo, las ficciones fantásticas son anteriores a las letras...Tal vez los primeros especialistas en el género fueron los chinos. El admirable Sueño del Aposento Rojo y hasta novelas eróticas y realistas como Kuin P'ing Mei y Sui Hu Chuan y hasta los libros de filosofía, son ricos en fantasmas y sueños.”

在于艺术作品的再现活动中，显然在其中得以再现的东西乃是它自身的本质存在。[1]文学文本无疑也是一种艺术作品的呈现形式，正如伽达默尔所述，文学作品的本质也在于其被再现的过程，也就是说，在其被阅读的过程之中。[2]这一观点与比较文学研究学者达姆罗什（David Damrosch）对于世界文学的阐述存在着诸多共通之处。在《什么是世界文学》（*What is World Literature*？）一书中，达姆罗什恰然也曾指出，世界文学是一种阅读方式（a mode of reading），也就是说，只有在被异质语际空间的读者阅读的过程之中，国族文学才得以成为世界文学。[3]事实上，对于文学作品而言，文本亦只有借助于阅读才得以成为文本。

在论述中，伽达默尔指出了文本的两层性质：第一是其原典性与原创性，即文本必须是一直为人们奉为真理的经典；第二是其开放性和发展性，也就是说，文本必须是经过长期不断的实践即理解与解释的著作。如果离开了解释，文本便不成其为文本，而人类文化的继续和发展也将中断。他进而提出了艺术作品的“游戏”理论，在他的言说之中，艺术作品的本质是游戏，其本质就是原作与阅读者的一种游戏。游戏是一个封闭的世界，然而同时又具备其敞开性。也就是说，文本同时具有封闭性与敞开性。艺术作品与它的观看者（阅读者）之间，生成了一种密切的互动关系，或者说，发生了视域融合。读者

[1] ［德］伽达默尔著，洪汉鼎译：《诠释学：真理与方法》（第1卷），北京：商务印书馆，2010年，第172页。

[2] 同上，第236页。

[3] David Damrosch, *What is World Literature*? Princeton: Princeton University Press, 2003, p.281.

的阅读过程亦是一个自我发现的过程，那么，诠释的途径便不具备唯一性，多种诠释也具备了其充足的合法性。

诠释学研究学者洪汉鼎指出："文本并非语言学上所谓传达作者意义的完成了的作品，而是不断要诠释和解读的未完成品或中间产品，经典并非属于过去时代的意义固定的卓越作品。"相反，文本"是其意义需要未来不断阐明的历史性和规范性统一的构成物，而诠释也不是一般科学所谓知识论的客观或中立解释，而是主体不断与文本周旋的经验和实践的参与"。[1]当博尔赫斯通过阅读而对《红楼梦》等明清小说发生理解的时候，他与明清小说之间也旋即生成了一种密切的互动关系，而理解正是作为主体的博尔赫斯与文本周旋的经验与实践参与进程。

沿着这一进路继续思考，那么，缘何在博尔赫斯的看视下，与明清小说紧密相连的语词是幻想而非其他呢？事实上，在博尔赫斯阅读与理解明清小说的过程中，毋庸置疑发生了阐释的游戏与视域的融合。博尔赫斯自身执迷于制造幻想，在非浪漫主义即现实主义的拉丁美洲，博尔赫斯在极大程度上推进了幻想文学的发展。正如文学理论家托多洛夫（Tzvetan Todorov）所论述的："幻想存在于悬而未决之中。一旦人们选择了这样或者那样的答案，就不再是幻想作品，而是相近的另外一种体裁——志怪或者神话了。"[2]真实与虚拟二者之间交错且悬而未决的幻想，与博尔赫斯的整体创作理念之间形成了密

[1] 洪汉鼎：《文本、经典与诠释——中西方经典诠释比较》，《深圳大学学报（人文社会科学版）》2015年第32卷，第19页。

[2] Tzvetan Todorov, *The Fantastic—A structural approach to a literary genry*, New York: Cornell University Press, 2004, p.33.

不可分的联系。与此同时，幻想也构筑了对于现实进行解构的最佳路径。例如，博尔赫斯最为得意的作品之一《南方》（*El Sur*），不正是虚拟与现实令人犹疑难分的幻想艺术的一项凝练式总结吗？

如伽达默尔（2007）所言，诠释学可以把陌生的东西变成熟悉的东西，它并非只是批判地消除或者非批判地复制陌生的东西，而是用自己的概念把陌生的东西置于自己的视域中并使它重新起作用。正如翻译会让他者的真理相对于自身而得到保存，从而使陌生的因素和自身的因素在一种新的形态中相互交流。正是在诠释的进程之中，博尔赫斯把明清小说文本之中陌生的因素与其自身的因素进行了汇通，因此，我们也便不难理解为何博尔赫斯看到了作品中极富幻想的一面，而这也绝不应该简单地被冠之以过度诠释之名。

与此同时，我们不由也会回想起艾柯（Umberto Eco）对后现代语境下的诠释危机与过度诠释的忧虑。艾柯认为，正确的诠释应当产生于读者意图与文本意图（而非作者意图）的辩证关系。[1] 当我们在文本意图的视域下进行看视博尔赫斯对于明清小说文本的诠释时，能够发现的是，实际上他对于小说中的幻想所生发的诠释是可以从文本中寻觅到充足的依据的，因而其诠释仍然具备有效性。事实上，针对《红楼梦》中存在的幻想叙事及美学，国内学界也有诸多学者基于文本的线索予以了详细的分析，在此便不再赘述。

除了对《红楼梦》专门撰写过评论，博尔赫斯亦发表过两

---

[1] ［意］翁贝托·艾柯等著，斯特凡·科里尼编，王宇根译：《诠释与过度诠释》，北京：生活·读书·新知三联书店，2005年。

篇关于《水浒传》与《聊斋》的评论，分别为《施耐庵〈梁山泊好汉〉》[1]与《〈聊斋〉译序》[2]。博尔赫斯对于《水浒传》的最初认知同样来源于翟理斯，他曾经提道："翟理斯所写的、流传极广的《中国文学史》用一页的篇幅写这件事……"然而，库恩的德译本《水浒传》使得他真正接近这部小说。在阅读之后博尔赫斯提出了自己的一项独创的见解：《水浒传》是中国的"流浪汉小说"（novela picaresca）并"在有些方面超过了它们"，并且，他评价这部中国小说"对超自然的和魔幻方面的描写能令人信服"。将《聊斋志异》与《一千零一夜》作比，同样也是博尔赫斯的观点[3]，在为《聊斋志异》书写的序言之中，他写道：

> 这是梦幻的王国，或者更确切地说，是梦魇的画廊和迷宫。死者复活；拜访我们的陌生人顷刻间变成一只老虎；颇为可爱的姑娘竟是一张青面魔鬼的画皮。一架梯子在天空消失，另一架在井中沉没，因为那里是刽子手、可恶的法官以及师爷们的居室。……使人依稀看到一个世界上最古老的文化，同时也看到一种与荒诞的虚构的异乎寻常的接近。

---

[1] Jorge Luis Borges, "Die Raueber vom Liang Schan Moor, de Shi Nai An." Enrique Sacerio-Garí & Emir Rodríguez Monegal, eds., *Textos cautivos: Ensayos y reseñas en El Hogar (1936—1939)*, Buenos Aires: Tusquets Editores, 1986, pp.257—258.

[2] Pu Sung-Ling, *El invitado tigre*, *trans.*, Jorge Luis Borges & Isabel Cardon, Madrid: Ediciones Siruela, 1985.

[3] 博尔赫斯把《聊斋志异》与《一千零一夜》作比的这一思路实际最初源自翟理斯在《聊斋志异》英译本序言中的评论。

在博尔赫斯的眼中,《聊斋志异》无疑也是一部极具幻想色彩的文学作品，他与伊莎贝尔·卡尔多纳（Isabel Cardona）合作将《聊斋志异》译为西班牙语[1]，这一译本中选取了十六篇单篇故事，外加前文提及过的《红楼梦》中的两节选段。[2]此外，在《幻想文学集》之中，博尔赫斯与比奥伊还选取了吴承恩在《西游记》中书写的与魏征相关的片段。在这一片段中，魏征经由其梦境斩杀孽龙的情节，对博尔赫斯而言也是极富幻想的篇章。

回到对于文本诠释的思考上来，伽达默尔曾经指出，所谓理解某一文本总是指把这一文本运用到我们身上。并且，所谓解释正在于：让我们自己的前概念发生作用，从而使文本的意思真正为我们表述出来。[3]依照伽达默尔的观点，任何文本的理解和解释都是一种过去与现在的中介，陌生性与熟悉性的中介。这也正如他所说的“文本表述了一件事情，但文本之所以能表述一件事情，归根到底是解释者的功劳。文本和解释者双方对此都出了一份力量”。[4]因此，我们不应当把文本所具有的意义等同于一种一成不变的固定的观点，这种观点向企图理解的人只提出这样一个问题，即对方怎么能持有这样一种荒唐的意见。也正因为如此，在我们看来，博尔赫斯基于其自身视角与创作理念而对明清小说开展的解读事实上完

[1] 该译本从翟理斯1880年版的英译本转译而来。

[2] Pu Songling, *El invitado tigre*, *trans.*, Jorge Luis Borges & Isabel Cardona, Madrid: Siruela, 1985.

[3] [德]伽达默尔著，洪汉鼎译:《诠释学:真理与方法》(第1卷)，北京:商务印书馆，2010年，第400—401页。

[4] 同上，第391—392页。

全具备其合法性。

综上所述，在明清小说借助于翻译介入至西班牙语世界的历程之中，博尔赫斯无疑是一位重要的阅读者与诠释者。与此同时，对于其自身而言，栖身于边缘的博尔赫斯遭遇了异质语言文化并在此基础上建构了自我的诗学。作为一个世界主义者，其超地方动力与对于幻想的执迷，某种程度上决定性地导向了博尔赫斯对于明清小说的阐释。这一阐释与其整体创作理念是密不可分的。也恰然是凭借其革新的诠释，博尔赫斯能够有能力重构一种文学过去且对文学传统进行重塑，从而建构一种新的文学关系并形成令人启迪的新的文学。

Margin, the Other and Fusion: On Borges' Reception and Interpretation of Ming-Qing Novels

Abstract: A number of Ming-Qing novels came into Borges' sight through their translations in English, German and French. As a reader and writer perched on the "margin", he constructed his own poetics and reconstructed the Argentine literary tradition by virtue of the language and culture in the heterogeneous intertextual space. In the fusion of horizons, Borges has his own interpretations and creative ideas on such novels. If examined from the perspective of hermeneutics in conjunction with Gadamer's analysis of artistic experience, Borges' interpretation is fully justified. In this process of interpretation, the texts of the aforesaid novels interact with Borges' overall concept of "fantastic literature" in a creative way.

Keywords: Ming-Qing novels; the Other; margin; fantastic literature; fusion of horizons

论新加坡“胡姬花”的翻译功能及其社会文化属性 *

崔峰　黄馨仪 **

摘要：“胡姬花”作为新加坡国花，其花卉名称属于新加坡华语特色的专有名称，有着丰富的文化历史渊源。“胡姬”是英文“Orchid”的音译，在翻译过程中涉及了多种不同因素，如译词跟社会文化属性的相互关系、读者对象及译入语环境的需求等等。那么，译者为何摒弃“兰花”惯译不用？新加坡沿用“胡姬花”名称的原因何在？本文将通过分析政治及社会意识形态、诗学形态对译词的操纵以及对译词社会文化属性的改写，探讨译者在翻译过程中的目标、译词的社会功能，以及音译形式的意图，从而观察译词“胡姬”的产生过程。本文认为，“兰花”的联想与文化内涵不适用于新加坡

---

* 本成果得到南京信息工程大学教育部高校国别与区域研究备案中心（新加坡研究中心）的资助。

** 崔峰，南京信息工程大学新加坡研究中心（Centre for Singapore Studies, Nanjing University of Information Science & Technology）兼职研究员，新加坡南洋理工大学人文学院中文系博士、Senior Lecturer（副高）、MTI 课程副主任，南洋理工大学 Main PhD Supervisor，香港中文大学翻译研究中心荣誉副研究员，北京交通大学兼职教授。主要研究领域为翻译史、比较文学、中外文学关系等。

黄馨仪，毕业于新加坡南洋理工大学中文系，修读翻译副修课程。

语境里的“胡姬花”，故而译者选择创造新译词以符合译入语的文化语境。

关键词：胡姬；兰花；社会文化属性；改写

前言

新加坡是一个多元种族、多元文化的移民社会，族群包括了华人、马来人、印度人及欧亚人，其中华人占总人口的四分之三。翻译作为跨文化交流的桥梁，让不同族群的思想得以沟通。可以说，翻译需要完成的不仅是语言层面的转换，同时还有语言背后承载的文化内涵。

新加坡华语中不乏因翻译而产生的特有词语[1]，如：建国一代（Pioneer Generation）、胡姬（Orchid）、乐龄（elderly）、公积金（Central Provident Fund）、拥车证（Certificate of Entitlement）等。“这些词语都是在特定的社会历史条件下产生的，在人们的语文生活中具有不容低估的语用价值。”[2] 这些新加坡本土自创的新词语反映了新加坡独特的社会文化风貌，让人们通过借助这些特有词语进一步认识新加坡。其中，保留至今的“胡姬”译词颇富创意，深具本地色彩和文化特色。本文选用新加坡华语中广泛使用的特有词汇“胡姬花”为研究对象，分析译词的诞生与文化功能，了解新加坡赋予国花译名的

[1] 特有词语是同中国普通话词汇相比较而言，只有新加坡才有的词语。

[2] 汪惠迪：《新加坡华语特有词语探微》，[新加坡]周清海：《新加坡华语词汇与语法》，新加坡：南洋理工大学中华语言文化中心，玲子传媒私人有限公司，2002年，第27页。

丰富内涵和特殊含义，探讨“胡姬花”在新加坡社会环境中所发挥的价值与功能，从而探悉新加坡保留后来出现的“胡姬花”译名的原因。

一、研究对象

国花作为一个国家的象征，能够促进国民的文化和身份认同，加强民族凝聚力及自豪感，发挥团结国民精神的积极作用。通过对国花的研究，可以对一个国家的历史文化底蕴产生更深一层的认知。1981年4月15日，Vanda Miss Joaquim被选为新加坡国花。[1]它属于Orchid（兰花）一科，新加坡华文称这种花卉为“胡姬花”，其原始译名“兰花”则鲜为使用。它是第一个在新加坡培植出的交配品种，由亚美尼亚裔新加坡人艾妮丝·卓锦（Agnes Joaquim）女士于1893年培植而成。此花在地处热带的新加坡非常适合生长，普遍种植。

陆俭明认为：“新加坡华语可以有自己的发展，可以有自己的词汇，甚至可以按照汉字的六书原则，制造自己的新字。”[2]他将“新加坡华语”定义为“新加坡华人的共同语，与中国普通话是一脉相承的，基本是一致的，都以北京语为标准音，以北方话为基础方言。但无论在语音、词汇或语法上，二

[1] 《花形优美·花色绮丽·常年开花　卓锦·万达兰当选国花》,《南洋商报》(新加坡)1981年4月16日，第3版。

[2] 陆俭明:《不一定要受规范化的限制　新加坡华语可以有它本身的发展》,《联合早报》(新加坡)1995年4月8日，第3版。

者又有区别”。[1] 这些差异体现了新加坡华语的特色，使新加坡华语变得多姿多彩。“胡姬花”系新加坡华语中特有词语的典型例子，与中国普通话的“兰花”异形同义，形成汉语的变体。作为社区词[2]，“胡姬花”这一花卉名称在新加坡华人圈中广为人知。该词已成为新加坡本土文化的象征，彰显出新加坡的语言特色。

1981年7月下旬，在庆祝国花活动周中，新加坡园艺专家王俊杰做了题为《国花与文化》的演讲，从中可以瞥见 Vanda Miss Joaquim 成为新加坡国花的象征意义：

> ［它］容貌清丽而端庄，超群却流露谦和，象征新加坡人的气质。国花有一姣美的唇片和五个萼片瓣片。唇片四绽，象征四大民族和马来语、英语、华语、泰米尔语四种语文平等。中间的蕊柱，雌雄合体，象征幸福的根源。它由下面相对的侧裂片拱扶着，象征和谐、同甘苦、共荣辱。唇片后方有一个袋形角，中藏蜜汁，象征财富汇流聚积的处所。把蕊柱上的花粉盖掀开，内有两个花块，犹如金眼，象征高瞻远瞩。其茎上攀，象征向上、向善。一朵谢了，一朵又开，象征国家民族的命脉源远流长，具有无穷的信心和希望。[3]

---

[1] 陆俭明：《新加坡华语规范化的问题》，《联合早报》（新加坡）1995年6月16日，第19版。

[2] 社区词指反映本社区的社会制度，社会的政治、经济、文化的词语。

[3] 凌彰：《新加坡的国花》，《世界知识》1981年第22期，第20—21页。

图1

由此可见，新加坡在建国后的第16年遴选国花，显然是想凭借一种特别花卉作为国人的标志，建构国家认同、巩固立国基础，并培育国人乡土观念与爱国意识。而Vanda Miss Joaquim生命力顽强，其花形和结构具有特别寓意，象征了新加坡人刻苦耐劳、勇敢奋斗的精神（见图1），它成为国花系题中应有之义。

“胡姬”一词产生于1948年，是由新加坡南洋美术专科学校（简称南洋美专，即南洋艺术学院前身）创校校长林学大在中华美术会年展，为出品一幅《胡姬》画作偶然取用的标题。[1]结果反响良好，华文报都使用“胡姬”一名，从此风行，至今已有七十余年的历史。值得研究的是，“Orchid”的译词“兰花”早已存在，译者为何摒弃惯译不用，选择创造新译词？“胡姬”的社会属性相较于“兰花”又有何不同之处？可以说，国花名

[1] ［新加坡］林万菁:《“胡姬”是佳译应保留》,《联合早报》(新加坡)1999年10月22日，第20版。

称的翻译不仅是不同语言的互换，更与译者主体性、社会大众接受情况息息相关。

根据《全球华语大词典》，“胡姬”指“胡姬花，用于新马印尼等地”。而“胡姬花”则指“兰花。主要指洋兰，不同于中国兰花（国兰）。用于新马印尼等地”。[1] 汪惠迪曾提到“胡姬”的翻译策略：“‘胡姬’是英语 Orchid 的音译，‘胡姬花’是在音译之后加了个类名。”[2]《牛津高阶英汉双解词典》（第8版）记录了“Orchid”的语义，该名词有“兰科植物；兰花”之义。[3] 既然新加坡胡姬花不等同于中国兰花，“Orchid”也无胡姬花之义，下文将分析在新加坡语境里胡姬花与兰花的区别，并探讨新加坡胡姬花如何在兰花的基础之上被赋予了新意义，并与英文的“Orchid”形成对等词。在新加坡语境里，没有沿用兰花中国语境里的特色，而沿用胡姬花的原意是什么？

二、关于“Orchid”的翻译

（一）“Orchid”最初的翻译——兰花

新加坡随处可见到色彩艳丽、品种繁多的胡姬花。新加坡植物园内景点就包括国家胡姬园，但鲜为人知的是胡姬花原先

[1] 李宇明:《全球华语大词典》，北京：商务印书馆，2016年，第637页。

[2] 汪惠迪:《新加坡华语特有词语探微》，见周清海《新加坡华语词汇与语法》，新加坡：南洋理工大学中华语言文化中心，玲子传媒私人有限公司，2002年9月，第67页。

[3] ［英］霍恩比:《牛津高阶英汉双解词典》（第8版），北京：商务印书馆，2014年，第1448页。

的译名是兰花。“兰花”原译名于1950年后，在新加坡逐渐被“胡姬花”专名取而代之，并沿用至今。

“Orchid”英文名词比“兰花”和“胡姬花”率先登载在新加坡报章上。在1865年的一则名为“Unreserved Sale”的广告中，提到了“...and a lot of Choice Flower Plants and Orchids”。[1]“Orchid”一词有“兰科植物”和“兰花”之义，清楚体现了“Orchid”的译词离不开“兰”这个关键字。《现代汉语词典》（第5版）收录的“兰花”指“多年生草本植物，种类很多，叶子丛生，条形，花有多种颜色，气味芳香，供观赏。花可制香料。俗称兰草”。[2]以上词典义说明了兰花是具观赏价值的兰科植物总称。语言的特征是“语言跟语言所表达的事物的关系，完全是任意的，完全是约定俗成的关系”。[3]译出语“Orchid”和译入语“兰花”的转换是人们认知上联想的指称对象和语义。

译词“兰花”在1923年的新加坡报章《逃厅长贪婪至此》[4]中首次出现，报道了一名厅长潜逃时窃取了四十六盆素心兰花。从一个侧面反映了兰花当时颇受新加坡人的喜爱，被视为名贵高尚、有利可图的上品。

兰花历史悠久，可以追溯到先秦时期。[5]春秋时期，孔子曾感叹“芝兰生幽谷，不以无人而不芳，君子修道立德，不为

---

[1] Pallunjee Eduljee, “Unreserved Sale”, *The Straits Times* (Singapore), 1865, November 4, Advertisements Column 2, p.2.

[2] 《现代汉语词典》(第五版), 北京：商务印书馆, 2005年, 第809页。

[3] 赵元任：《语言问题》, 台湾：商务印书馆, 1959年, 第3页。

[4] 《逃厅长贪婪至此》,《南洋商报》(新加坡) 1923年9月22日, 第11版。

[5] 苏宁：《兰花历史与文化研究》,《中国林业科学研究院》2014年第1期, 第16页。

穷困而改节”,[1] 以兰花比喻自己的道德操守。这为中国儒家的“修身、齐家、平天下”理念奠定了基础,[2] 也奠定了兰花深厚的文化内涵。

“Orchid”在中文语境里除了它的概念意义(conceptual meaning)[3], 也被赋予了丰富含义。首先,兰花象征君子高雅坚贞的品德。[4] 有“花中君子”美名的中国兰花具有素淡清香、朴实无华的特点,因此人们将它比作君子的崇高品质,成为人们精神境界的象征。人们通过兰花表现自己志行高洁、淡泊名利的节操,或抒发怀才不遇、壮志未酬的感慨。其次,兰花由君子品格发展成一种爱国象征。[5] 爱国诗人屈原把兰作为佩物,[6] 兰花是他洁身自好、不同流合污的表现。《离骚》:“余既滋兰之九畹兮,又树蕙之百亩。”[7] 屈原以兰蕙比喻人才,暗指培育的贤才变质,通过寄情于兰,抒发他满怀的爱国热情及忧国忧民的情怀。最后,兰花是爱情、吉祥的象征。[8]《诗经·郑风·溱洧》:“溱与洧,方涣涣兮。士与女,方秉兰兮。”[9] 道出了男女手执兰花,谈情说爱,相约出游的场景。兰花因此成为爱

[1] 苏宁:《兰花历史与文化研究》,《中国林业科学研究院》2014年第1期,第7页。

[2] 周建忠:《兰花的文化内涵与民族的文化传统(上)》,《廉政文化研究》2011年第2期,第8页。

[3] 概念意义等同于指称意义,是杰弗里·利奇(Geoffrey Leech)提出的语言学概念。指语言交流的中心意义,在翻译时必须要传达的意义。

[4] 苏宁:《兰花历史与文化研究》,《中国林业科学研究院》2014年第1期,第64页。

[5] 同上。

[6] 同上。

[7] 同上。

[8] 同上,第65页。

[9] 同上。

情之花。《左传》里“燕姞梦兰”[1]的典故，讲述了郑穆公母亲梦见家祖赐予她兰花，而怀孕得子。兰花因此也是吉兆之花。

值得一提的是，“Orchid”在西方毫无“君子”之义。在18世纪，“Orchid”在西方具传奇和神秘色彩。[2]到了19世纪，“Orchid”还与富贵、权利有所关联，也包含性欲的语义。[3]

以上兰花的寓意都属于语言学家杰弗里·利奇（Geoffrey Leech）所说的内涵意义（connotative meaning）[4]，其各种含义都把兰花与人融为一体，形成了极富特色的中国兰花文化，并反映在“兰花”译名里。“兰花”的语义多样化，译者却于1948年通过音译法，使用“胡姬”一词来翻译“Orchid”。而新加坡华文报于1950年正式引用这个词汇，说明新加坡赋予胡姬花另一个新的生命意义。胡姬花在新加坡的地位崇高，不同于中国兰花，两者不能相提并论。

（二）“Orchid”在新加坡语境里的翻译——胡姬花

新加坡“胡姬花”与中国“兰花”看似异名同实，但实质上是有区别的。新加坡胡姬花在兰花的基础之上，发展出它在新加坡语境里的独特意义，成为新加坡特色的专有词汇。

首先，《全球华语大词典》[5]和《时代新加坡特有词语词

---

[1] 苏宁：《兰花历史与文化研究》，《中国林业科学研究院》2014年第1期，第64页。

[2] 同上，第22页。

[3] 同上。

[4] “内涵意义”是语言学的概念。指一个词语除了它的纯概念意义的内容，凭借附在词语上的所指内容而具有一种交际价值。内涵意义随着社会文化的变化而改变。

[5] 李宇明：《全球华语大词典》，北京：商务印书馆，2016年，第637页。

典》[1] 里的“胡姬”释义都陈述了新加坡的胡姬主要指洋兰，跟中国兰花（国兰）不一样。“兰花广义上是兰科花卉的总称，目前栽培的兰花有中国兰和洋兰之分，中国兰又称国兰，是指兰科兰属的少数地生兰，为多年生草本植物。”[2] 国兰大多属于生长在泥土里的地生兰，指如春兰、蕙兰、建兰、墨兰和寒兰等传统意义上的兰花，都是在中国具有悠久栽培历史的兰花品种。“‘洋兰’这一名词，是指除中国兰蕙以外，在地球圈里的热带与亚热带地区的兰科植物的统称。”[3] 洋兰大多属于生在树木与岩石上的附生兰，主要包括卡特兰、蝴蝶兰、大花蕙兰、万代兰、文心兰、石斛兰等。与国兰相比，洋兰种类繁多，而且花形大、花多、色彩艳丽又耐久。[4] 以上种种都阐明了新加坡兰花不同于中国兰花，因此取名为胡姬，以区别于产自中国等东方世界的兰花。

第一个使用“胡姬”一词的是南洋美专校长林学大。他在1948年独具匠心地将“胡姬”旧语新用，来比喻洋兰。译名不但具有中文美学的特色，又音近意幽，获得大众接受，并沿用至今。根据《辞海》，“胡”指“中国古代对北方和西方各族的泛称，如称匈奴为‘胡’”，[5] 亦泛指外国或外族的东

[1] 汪惠迪：《时代新加坡特有词语词典》，新加坡：联邦出版社，1999年，第178页。

[2] 段催：《中国兰栽培管理注意事项》，《林业与生态》2017年第1期，第33页。

[3] 张立强：《洋兰栽培技术》，香港：万里机构·得利书局，2004年，第3页。

[4] 李小康、白天明、王志毅、王华：《洋兰引种栽培、展示及应用》，《种业导刊》2015年第9期，第23页。

[5] 《大辞海：“胡”说文解字》，http://dacihai.com.cn/search_index.html?_st=1&keyWord=%E8%83%A1，访问于2018年12月11日。

西，如胡椒、胡瓜、胡琴、胡笳。[1]“姬”是“古代对妇女的美称”。[2]“胡姬”则是“汉唐时期对于非汉族妇女的称呼”。[3]因此，新加坡“胡姬花”可以理解为美丽的外国之花，有别于中国国兰。“况且南洋曾是番邦，与西域有异曲同工之妙。‘胡姬’更能突出这种在番邦里土生土长的花的诗意。”[4]“胡”和“姬”赋予“胡姬”译词的翻译功能贴切地说明了新加坡胡姬花是在异地绽放的艳花。

而“胡姬花”这一译名最早出现于1950年的新加坡报章《总督发表在英印象感觉新国会犹如吾人之家庭》中，文中提道：“……总督最后提及英联邦国会协会新加坡分会赠予新国会之胡姬花事，谓国会桌上装饰此花尚属创举云云。”[5]由此可知悉胡姬花在政治外交上所扮演的角色——它被新加坡视为国家礼仪里高贵典雅的装饰摆设品，胡姬花的政治功能从新加坡还未独立前就已确立，在当时就已在新加坡拥有崇高的国家礼仪花卉地位。而如今，胡姬花是新加坡与他国建立友好邦交的一种政治维系方式。

“胡姬花外交”体现了新加坡与众不同的外交政策，以培植混种胡姬花献给贵宾来体现新加坡的软实力（soft power），帮助新加坡塑造和谐正面、亲切友好的国际形象。由于混种胡

[1] 《汉典:“胡”基本字义》, http://www.zdic.net/z/21/js/80E1.htm，访问于2018年12月11日。

[2] 《汉典:“姬”基本字义》, http://www.zdic.net/z/18/js/59EC.htm，访问于2018年12月11日。

[3] 《大辞海:“胡姬”说文解字》, http://dacihai.com.cn/search_index.html?_st=1&keyWord=%E8%83%A1%E5%A7%AC，访问于2018年12月11日。

[4] 黄意会:《胡姬》,《联合早报》（新加坡）1999年10月28日，第46版。

[5] 《总督发表在英印象感觉新国会犹如吾人之家庭》,《南洋商报》（新加坡）1950年11月3日，第5版。

姬花的培植漫长，从授粉到开花一般需要二至六年，新加坡胡姬花的命名仪式是给予贵宾最高礼遇的一种表现。每一株以贵宾名字命名的胡姬花不仅仅是邦交友谊的象征，更是新加坡尊重、重视贵宾及致力于巩固两国之间良好关系的标志。[1] 目前已正式注册的贵宾胡姬花约有200种，如“撒切尔夫人石斛兰”“曼德拉蝴蝶梵兰”“威廉凯特万代兰”等。胡姬花作为无声的外交大使，体现了新加坡与他国的友谊，也彰显了双边友好关系。

同时，胡姬花也成为新加坡多元文化遗产的象征，它代表了新加坡各族群之间的和睦关系。新加坡文化部于1981年特地举办“国花周”，通过种种以国花为主题的活动，让国人对胡姬花有更进一步的了解，期许胡姬花也在日常生活中发挥它的作用：如使胡姬花广泛出现在街边花卉丛，以及纸钞硬币、国庆佳节或国家大事的旗帜、彩旗和装饰上等。从而加深胡姬花在国人心目中的位置，促进国家和身份认同。

概言之，“胡姬花”这个译词在新加坡被赋予了新的生命意义。这也是新加坡社会沿用胡姬花译名，而没有保留原来兰花译名的原因。“胡姬”具有本地色彩和文化特色，成为时代的印记。因此，胡姬花作为本地兰花的专用名称，也更凸显新加坡本土语言的特色。

三、“胡姬”译词的诞生

“胡姬花”名称替代本地兰花曾记录在《我在美专卅一

---

[1] Sheralyn Tay, “A flower of friendship,” *Experience Singapore*, no. 39 (2011), p.9.

图2：林学大《胡姬》，1948年[1]

年》[2]一文中，时任南洋美专教职员的施香沱提及林学大校长在中华美术会年展上，为出品一幅画作所赐的标题。于是华文报都竞相采用“胡姬”名称，从此风行。据相关资料[3]和《胡姬》作品（见图2）的年份显示，时任新加坡中华美术研究会会长的林学大[4]参加的是1948年10月份的中华美术研究会第8届常年美展，由此可推断“胡姬”一词是他于1948年翻译的，如前文所述。而华文报的正式引用是1950年。

翻译作为复杂的人类沟通交流行为，有各种各样的因素交织在一起，译者并非只做简单的语言文字对比。林学大在翻

[1] 《传承与开拓——新、中两国艺术交流展：林学大及林友权美术作品展》，新加坡：南洋艺术学院，2011年，第110页。

[2] 施香沱：《香沱丛稿》，新加坡：万里书局，1989年，第11—12页。

[3] 陈雪虹：《记华人美展印象》，《南洋商报》（新加坡）1948年10月10日，第13版。

[4] 《中华美术研究会，会史》，https://soca.org.sg/about/history.html，访问于2019年1月21日。

译“Orchid”时，还需考虑到译词跟社会文化属性的相互关系、读者对象及译入语环境的需求等等。翻译目的由多方面的因素决定，其中影响译者翻译行为的有其本身的翻译动机以及他所身处的时代与社会文化环境。

首先，我们来观察译者的主观翻译倾向。林学大当年描绘兰花的《胡姬》作品是赠予音乐教育家黄晚成的，“胡姬”的寓意是将她“暗喻为异地绽放的名花”。[1] 林学大不用原有译词而选择创造新译词，用意是以花喻人，表现了译者自身的立场。林学大曾于1937年向黄晚成赠送他的书法作品，[2] 可见两人早在30年代就已认识。1946年，南洋美专复办时，林学大为校歌填词，黄晚成谱曲，[3] 两人又因校歌而再次接触，交情深厚。从《胡姬》画作落款“晚成琴师留念。戊子冬孟，学大写赠”，也足以看出林学大对这份友情的珍视。“每作必有所感，有感必有寄情”，[4] 林学大以画作寄予他和黄晚成的情谊，有感而发地为本地兰花另取新名称。“兰花”原译名无法表达他心中所想，因此他特为赠给好友的绘画提了一个别有一番韵味的标题。由于黄晚成对新加坡的音乐领域贡献卓著，林学大就以富有南洋色彩的“胡姬”二字为标题，隐喻对她的贡献给予崇高的赞誉。他翻译“Orchid”的过程发挥了译者的主观能动性，采取并非忠实、对等的翻译技巧，而达到

[1] 吕采芷:《华人艺术的在地性与普遍性——以林学大为中心的考察》,《艺术学研究》2017年第20期，第24页。

[2] 《怡悦集：名书画家赠黄晚成册页》，新加坡：南洋艺术学院图书馆，2008年，第26—27页。

[3] 《传承与开拓——新、中两国艺术交流展：林学大及林友权美术作品展》，新加坡：南洋艺术学院，2011年，第161页。

[4] 同上，第61页。

他所需要的翻译目的。

其次，译者为了适应所身处的时代与社会环境的需要，主观翻译倾向与时代社会环境相结合。林学大为了逃避中国战乱于1936、1937年移民高潮期间南下新加坡。[1]近代新加坡是以华人为主体的移民社会，因此中国的每个重大事件都搅动着华人移民的情绪。1937年，卢沟桥事变后，中国抗日战争全面爆发。这唤起了世界华侨社会强烈的爱国主义热潮，华人移民抗日情绪高涨，抗日救亡运动的声浪达到高潮，他们的认同意识也为此更倾向中国。南来新华侨的林学大毋庸置疑也关注中国政局的演变，心系祖国兴亡。他在战争期间积极支援祖国抗战，除了参与捐画筹赈难民，[2]“在各种抗敌或援助行动委员会中作为美术界或华校界的代表”，[3]他也帮助华侨抗敌总部征集抗敌宣传画。[4]新加坡沦陷时，华人保护乡土积极抗日，展现热爱祖国的情怀。光复后的1948年6月，英国殖民地政府宣布新加坡和马来亚进入紧急状态。新加坡当时局势不安，再加上中国移民所身处的国家政府不能令他们感到信赖依靠，自然令远离故国的中国移民更加心系故土，对祖国有着特别殷切的眷念。这时期的爱国之心、思念祖国之情都具有指导性，促使林学大将“Orchid”译作具有时代色彩又具有鲜明中国文化特色的“胡姬”。“胡姬”颇具诗意、别出心裁，译名的处理

[1] 《传承与开拓——新、中两国艺术交流展：林学大及林友权美术作品展》，新加坡：南洋艺术学院，2011年，第158页。

[2] 帅民风：《马来西亚华人美术史研究》，北京：中国社会科学出版社，2013年，第111—112页。

[3] 《传承与开拓——新、中两国艺术交流展：林学大及林友权美术作品展》，新加坡：南洋艺术学院，2011年，第22页。

[4] 同上，第161页。

可谓给广大漂洋过海到异国他乡的中国移民一丝心灵慰藉，符合当时的社会需求。由于译者受其生活时代与社会环境的影响，他热爱祖国的倾向就潜意识地反映到了翻译作品中。

以上案例分析表明了译者在翻译时所具有的主体性特征，以及时代环境对译者翻译行为所产生的影响。下文将从翻译的过程、结果及形式探析林学大翻译目的所包含的三个层面——过程中的目标、译词的功能、形式的意图。

四、过程目标、译词功能与形式意图——林学大的翻译目的

（一）翻译的过程——过程中的目标

1. 文化内涵的传真

语言是文化的载体，具有深刻的文化内涵，翻译也因此扮演着文化交流的功能。如上文所言，“Orchid”在西方具传奇和神秘色彩，还与富贵、权利有所关联，也包含性欲的语义。在西方文学里，有诸多以“Orchid”来描述美女和女性的光鲜亮丽及社会的领导地位[1]，甚至是财富和地位的象征[2]。“Orchid”的代表品种为卡特兰、蝴蝶兰和万代兰，[3]都属于洋兰。林学大的《胡姬》画作是对洋兰的忠实写生，与“Orchid”

[1] 苏宁：《兰花历史与文化研究》，《中国林业科学研究院》2014年第1期，第33页。

[2] 同上，第34页。

[3] 同上，第23—25页。

一样属于兰科花卉里的洋兰品种，有异于国兰，因而在翻译过程中，林学大为了将“Orchid”的文化内涵传真到译词中，就另给洋兰取了新译名。

正如傅雷所言：“东方人与西方人之思想方式有基本分歧，我人重综合，重归纳，重暗示，重含蓄；西方人则重分析，细微曲折，挖掘惟恐不尽，描写惟恐不周。”[1] 这说明了东西方人在思维表达上存在根本差异，而语言作为交际工具就受到了思维模式的制约。译者采用富有联想意义的文化符号来作新译词，突出“Orchid”的文化含义，更能体现东方思维注重语言象征性和暗示性的特征。“中国古诗中含有大量的经典意象，大多数意象具有深厚的文化底蕴。”[2] 这些文化意象随着时间的推移和长期使用，具有特定的意义和文化内涵。中国诗人讲究含蓄，往往借助意象表达自己的思想感情。林学大“叛逆性”地译作“胡姬”，正是通过古典诗歌里的文化意象，唤起人们的联想，达到文化信息传真的目的。他的翻译灵感来自李白《少年行》之二的诗句：“五陵年少金市东，银鞍白马度春风。落花踏尽游何处？笑入胡姬酒肆中。”诗中的“胡姬”，“意指胡人美女，中国唐代在西域人酒店中卖酒的女郎”。[3]“取这一名称的原意，是因为它念起来接近英语的‘orchid’，并且也令人联想到唐诗中所描写的异国女郎”。[4] 胡姬是西域异族女

[1] 傅雷：《傅雷文集 · 书信卷》，北京：当代世界出版社，2006年，第718页。

[2] 王卫霞：《古诗英译中文化意象的传递》，《重庆科技学院学报（社会科学版）》2010年第16期，第105页。

[3] ［新加坡］李喜梅：《南洋花木青》，新加坡：八方文化创作室，2017年，第43页。

[4] 《传承与开拓——新、中两国艺术交流展：林学大及林友权美术作品展》，新加坡：南洋艺术学院，2011年，第26页。

性的意象，早期“姬”字用来称呼美貌女子，后来引申出身份地位较尊贵的侍妾含义。汉代以后，“姬”等同泛称的“妾”，也指有才艺的歌女或舞女，与“妓”相当。在唐代前期，“姬”是对貌美又多才多艺的妾或女子的美称，之后则指代有美貌有才艺的妓。[1] 据以上分析可知，“姬”字蕴涵女子容貌动人也赋才艺之意。译者借“胡姬”一词暗指来自异国的黄晚成，赞美她的美貌及音乐技艺的高超。这符合了中文作为暗示性语言的特征。

“Orchid”与“胡姬”在中西文化环境中所包容的文化内涵并不完全对应，但其文化信息却非常相似。首先，“Orchid”与“姬”都有美女的意义。其次，“姬”有妓的含义。古时的姬除了歌舞娱人，也提供性服务。这与“Orchid”的性象征有所关联。再次，古时的胡姬在酒肆里歌舞侍酒，代表享乐主义，成为奢华的象征。 这与“Orchid”的富贵、财富含义挂钩。最后，早期的“姬”字有身份地位较高贵的意义。这与“Orchid”的权利与地位象征有着密切的联系。因此，林学大把“Orchid”译成颇有含蓄美的“胡姬”引起人们优美神秘的遐想，对源语的文化内涵进行了有效呈现，达到了文化内涵传真的意图。

2. 适应读者的接受能力

若需传达“胡姬”新译名的文化内涵，译者就需要考虑传播对象是否有共同的文化背景和文化认知。林学大确定的传播对象包括了主要对象——《胡姬》作品的受赠者黄晚成，以及

[1] 邹淑琴:《唐诗中的胡姬之“姬”》,《新疆大学学报(哲学·人文社会科学版)》2013年第41卷第4期，第58—61页。

次要对象——中华美术研究会第8届常年美展的参与人士与艺术爱好者。

黄晚成与林学大同是中国移民，有共同的学识背景，同具深厚的中国文化根基。修读过艺术教育系的黄晚成具有高度的审美鉴赏力。[1] 如前所述，林学大和黄晚成交情甚深，早在20世纪30年代就已结识对方。因此，依林学大对黄晚成多年的了解，自会认为黄晚成丰厚的审美和文化底蕴，联想、理解及接受他想传递的“胡姬”含义应不是难事。

再来看次要传播对象，即参展人士与艺术爱好者。中华美术研究会由一群在中国受过教育的南来艺术人才创办，每年举行年展，意在推动文化活动，推展美术。[2] 这一群体文化根底深厚，“胡姬”译词在他们看来传神达意、简单明了，便于他们在其认知范围内有效理解和吸收“胡姬”的文化内涵。“胡姬”这一唯美又颇具艺术感的译名容易使读者产生兴致，激发求索的动力，主动去了解其背后的相关文化知识，理解“胡姬”负载的文化意蕴。

曾在南洋美专任教、后担任新加坡中华美术研究会会长的施香沱（1906—1990）回忆道：“当他标题的时候，吴得先先生（林故校长老师，时兼美专华文课）和我都在座，吴先生说不若以‘胡苣’较好，苣香草也。但我却赞同‘胡姬’的命名极有诗意，而且和花的娇艳轻盈非常相称。”[3] 这说明译入语读

[1] “TFCSEA@NAFA，黄晚成简历”，http://tfcsea.nafa.edu.sg/artist_biography.aspx?id=72，访问于2019年2月12日。

[2] 《中华美术研究会，抚今追昔话中华》，https://soca.org.sg/about.html，访问于2019年2月12日。

[3] 施香沱：《香沱丛稿》，新加坡：万里书局，1989年，第11—12页。

者对“胡姬”新译词都各有一番见解。虽然未必能让所有读者接受，但也能引起一些读者的共鸣。林学大正是以共鸣者的反应作为出发点进行翻译，充分考虑到他们的接受心理和文化习惯。

3. 维护和传播本域文化

“在跨文化翻译过程中，保持本域文化特色和优势地位，向外推广和传播本域文化，是很多爱国人士追求的目标。”[1] 如前所言，林学大在“二战”期间以他自己的方式赈济祖国，表现了爱国主义精神。因此，可以说有着自觉的跨文化传播意识的林学大，以翻译作为文化传播的手段，向人们传递博大精深的中华文明。这也与他创办南洋美专的宗旨，即“传达祖国文化”[2] 相契合。

在中国接受教育的林学大是一位地地道道的中国知识分子，继承了优秀的中国传统文化，其身边朋友或与其有过接触的人均评价他是一位博览群书的知识分子和学人。[3] 为了保存与发扬中国传统文化，林学大为他的艺术品命名为“胡姬”，其富有中国地域特色的译名有助于让更多人认识“胡姬”的文学形象和意蕴，让新加坡华人社会接受和吸收中国文化。怀有强烈社会意识的林学大不仅秉承中国文化精神，还推动中华文化在海外地区的觉醒与重生。

[1] 李建军:《文化翻译论》, 上海: 复旦大学出版社, 2010年, 第139页。

[2] 钟瑜:《南洋美术之父——林学大在马华美术史上的定位》,《美术研究》2012年第2期, 第82页。

[3] Bridget Tracy Tan, Justin Loke, *Lim Hak Tai*: *Quintessential Nanyang*, Singapore: Nanyang Academy of Fine Arts, 2009, p.5.

（二）翻译的结果——译词的功能

译者的主体性决定了译词发挥的社会功用。如前文所言，林学大在翻译过程中的目标是弘扬中华文化，译词功能因此与文化传播有关。林学大另给“兰花”取新的名称，制造了新颖效果，陌生化的“胡姬”译词也更吸引读者。这引起读者对中华文化的兴趣，让他们主动去学习和了解文化内涵，文化推广效果影响深远。美展也构建了一个合适的社会环境和传播基础来传扬中华文化，促进新加坡华人对“胡姬”译词更深层的认知。

译词产生后通过媒介的传播被读者所熟知和运用，以此实现翻译的社会功能。根据新加坡国家图书馆资料库“NewspaperSG”对《南洋商报》和《星洲日报》的统计，“胡姬”和“胡姬花”一词在报章中使用的次数分别在1948年和1950年后都有逐渐上升的趋势，可见“胡姬”译词当时在新加坡逐渐传播开来，并为人们所接纳。到了1981年，“胡姬”和“胡姬花”词语的使用率更是达到前所未有的最高词频，各自有676次和286次高频。这与胡姬花膺选为国花有关，记者和学者们因而争相大量使用这两个词语，广泛宣传了新加坡国花“胡姬花”。

在翻译过程中，目标文本面向译入语文化，并且由译入语文化来最终决定译本的适宜性。[1]“胡姬”译词在“二战”后

[1] ［德］Hans J. Vermeer, “Skopos and Commission in translational action”（Andrew Chesterman, Trans.），［美］Lawrence Venuti. *The Translation Studies Reader*, London: Routledge, 2000, p.224；［德］汉斯·弗米尔著，刘霁译：《翻译行为中的目的与委任》；谢天振：《当代国外翻译理论导读》，天津：南开大学出版社，2008年，第160页。

的社会动荡时期应运而生，迎合了当时的社会需要，让人们寄托思乡之情。“胡姬”一词在新加坡传播初期，迎来了中华人民共和国的成立。英殖民政府对出入境限制严格，并发布法令，禁止回访中国的华人重返新加坡，[1]从而限制了新加坡华人与中国大陆的联系。因此，“胡姬”译词在新加坡的语境中又起到振作鼓舞向往回归故国的中国移民在海外发光发热的内涵。

新加坡时至今日还在沿用这个词汇，这足以见证“胡姬”在经过了七十余年长时间人文的考验洗礼，依然适用于新加坡社会，所以该词在新加坡语境里历久不衰。人民心理上欣然认同了这个词，因此能促成社会大众的使用并传播开来。“胡姬”译名除了在新加坡流传下来，也应用于马来西亚、印尼等地，成为一个约定俗成的词语，因此带有强烈的南洋文化印记。

（三）翻译的形式——形式的意图

译者翻译目的也指翻译形式的意义。[2]“胡姬”的翻译方法是从“Orchid”音译来的。译者音译的用途有几种解释。其一，林学大当时身处东西文化交汇、多民族融合的南洋地区，他倡导“创造融合东西艺术，反映多民族多文化的‘南洋美术’，在‘西洋’和‘传统’之间重新创立独自的表现”。[3]这

[1] ［英］藤布尔著，欧阳敏译：《新加坡史》，上海：东方出版中心，2013年，第331页。

[2] ［德］Hans J. Vermeer, “Skopos and Commission in translational action” (Andrew Chesterman, Trans.), Lawrence Venuti. *The Translation Studies Reader*, London: Routledge, 2000, p.224；［德］汉斯·弗米尔著，刘霁译：《翻译行为中的目的与委任》，谢天振：《当代国外翻译理论导读》，天津：南开大学出版社，2008年，第162页。

[3] 《传承与开拓——新、中两国艺术交流展：林学大及林友权美术作品展》，新加坡：南洋艺术学院，2011年，第44页。

为他给画作提名的形式奠定了思想基础。“胡姬”就是介于“Orchid”和“兰花”之间的创新译法，音译的词语融汇中西，不仅照顾到了源语发音，还顾及了目的语的文化内涵。

其二，由于画作是在美展上展出，颇具前瞻性的林学大或许考虑到在文学审美上，唯美的标题可以吸引人们注意，让人们对译词感兴趣从而欣赏作品。基于这个原因，他发挥个人主体性，音译成很有艺术感的“胡姬”一词，达到审美效果，也体现出本土文化色彩。

其三，“兰花”属于称指文化[1]的物质名词，起指示性作用，其文化内涵并不能完全指称新加坡胡姬花。对于缺乏对应的称指性文化事物，音译的“胡姬”保留了源语文化的特色，也更能体现其文化底蕴。形式美的“胡姬”有助于译词的文化传播。为了达到翻译目的，译者灵活采取翻译策略使译作能够在译入语环境中实现功能效果。[2]林学大正是为了取得其广义的功能效果，因而采用音译法翻译“Orchid”。

音译作为一种翻译技巧，讲究准确性，并遵循约定俗成、注意联想、音义结合的原则。[3]“Orchid”和“胡姬”音近，能引起普通读者的联想。言外之意便是在异地绽放的艳花，表达了物质概念的本质特征，让读者一目了然。从音义结合的原则来说，“胡姬”保留了原来的异国情调，也表达了词语的

[1] 称指文化是指那些仅用于对事物名称和概念进行指示的文化。称指文化主要是以文化词的形式呈现的，包括物质名词、专有名词等概念性词语。

[2] ［英］Jeremy Munday, *Introducing Translation Studies*: *Theories and Applications*, London: Routledge, 2001, p.79.

[3] 况新华:《音译的原则》,《江西社会科学》2002年第11期，第89—90页。

指称意义，[1] 使人联想到婀娜多姿、风情万种的西域民族女性，从而恰如其分地表达了译者对黄晚成的赞扬。

综上所述，“胡姬”译名体现了译者翻译目的、译者主体性、审美功能以及译词跟社会文化属性的相互关系等。

五、结论

1999年9月，关于“胡姬花”是否应当规范为“兰花”的议题在新加坡《联合早报》上展开了一场长达约两个月的大讨论。各方对“胡姬”名称褒贬不一，纷纷提出自己对该词的看法。

支持保留“胡姬”名称的一派指出，本地胡姬花给人的认知和传统意义上的兰花不同。“君子兰给人一种优雅和清淡的感觉，而胡姬则给人开放、热情，又不失高雅的形象。”[2] 他们也认为：“‘兰’字虽然幽香、高雅，却不能贴切地形容这生长在热带岛国、色彩艳丽、经得起狂风暴雨、常年花开不断、又能剪枝运送海外、插在花瓶上一两个星期不谢、生命力比起中国兰花还强的本地‘胡姬花’。”[3] 林万菁更是认为“‘胡姬花’的命名，是前辈心血的结晶，有文化历史价值”，保留“胡姬”就是保留文化史料，传承历史文化，意义深长。[4] 由于改写的

[1] 况新华：《音译的原则》，《江西社会科学》2002年第11期，第90页。

[2] 卉卉：《“胡姬”富形象美》，《联合早报》（新加坡）1999年11月1日，第12版。

[3] 卢治明：《胡姬花比兰花富有本土意义》，《联合早报》（新加坡）1999年10月16日，第33版。

[4] ［新加坡］林万菁：《“胡姬”是佳译应保留》，《联合早报》（新加坡）1999年10月22日，第20版。

译词“胡姬”比“兰花”更适合称为新加坡著名花卉，学者们认为没有必要将胡姬花改为兰花。

反对保留“胡姬”名称的一派则指出：“在我们华人的世界里，便只有兰花，只是不知何故，我们这一南方的小岛国竟会选择音译其英文名而把它改名为胡姬花。”他们对新加坡称兰花为胡姬花，而非其传统名称极为不理解，认为“该把那‘怪名’彻底地更换掉”，以避免混淆用语者以及为了下一代的教育着想。[1] 持有这一观点的学者们认为兰花不适于改译，应当把名称改回兰花，借此呼应当年的使用正确华语浪潮。

这场讨论没有结论，但支持保留“胡姬”名称的一派在数目上远胜反对的一派。由此可见，大多数新加坡人已接受“胡姬”这个创造性翻译的名词，普遍认为不应舍弃原来约定俗成且有广泛群众基础的词汇。

在很多华人地区，“Orchid”的相对应名称是“兰花”。然而，新加坡却没有使用原本已存在的名称，而是延用林学大创造的“胡姬”译词，表现出其中的改写因素。就其语言层面而言，“胡姬”传达了“Orchid”的语义，但“胡”的词义是“Orchid”里没有的。原词和译词并没有完全对等，也体现了其改写的成分。虽然原词和译词不对等，但在新加坡社会文化环境下，“胡姬”译词获得了人们的接纳与认可，甚至取代了“兰花”。随着译词的流传，之后也出现了“胡姬花”一词，一同指代英语的 Orchid。

“二战”后，新加坡华族经历了由认同祖国到认同新加坡

[1] 张耀斌：《胡姬花就是“兰花”》，《联合早报》（新加坡）1999年9月22日，第20版。

的心路历程，在一定阶段必然牵扯到“复合”认同的复杂状况。[1]“所谓‘复合’认同是指在历史、人种、民族、阶级、政治、经济、文化等某些方面认同于某一个国家，而在另一些方面认同于另一个国家。”[2] 简言之，20世纪40年代，社会意识形态是制约翻译的主要因素。

林学大通过改写将“Orchid”译为“胡姬”有据可循。他常用本土题材入画，本地兰花也是其经常描绘之物。[3] 这就把取材于现实的洋兰等同于“胡姬”。“胡”和“洋”都有外国的意思，说明中国以外的新加坡。而“姬”用来形容美丽的花卉，也可以是对人的美称。“胡姬”便比喻在异地的新加坡依然绽放光彩的黄晚成，也把Orchid的语义更具体地指向兰花范畴里的洋兰，富有诗意地再现了新加坡与中国兰花的区别。在翻译的过程中，意识形态规定着改写者采用的基本策略。为了配合当时社会的意识形态，林学大“一方面尽力维护认同母国文化之权，同时也尊重并接受移居地和现代社会共通的潮流和文化观”。[4] 以中国化的词语“胡姬”置换新加坡的“兰花”，反映了文化的交融，体现了他兼容并包的态度。林学大相信：“艺术是社会意识形态之反映。”[5] 翻译对林学大来说，是艺术的再创作，也反映社会意识形态。他在社会意识形态的操纵下进行改写，以迎合社会的价值取向。

---

[1] 薛君度、曹云华:《战后东南亚华人社会变迁》，北京：中国华侨出版社，1999年，第145页。

[2] 同上，第146页。

[3]《传承与开拓——新、中两国艺术交流展：林学大及林友权美术作品展》，新加坡：南洋艺术学院，2011年，第26页。

[4] 同上，第53页。

[5] 同上，第61页。

同时，翻译也受诗学形态的限制。对于艺术创作来说，作品命名至关重要，影响人们对作品内涵的赏析。为了让作品给读者留下深刻印象，林学大赋予标题时，掌控着诗学形态，遴选了“胡姬”这个合适且创意的标题，以迎合人们的审美观念，也让作品内容产生美感功效。画作描绘的是花，但林学大省略了“花”这个字眼，正是由于他艺术创作的中心思想是以花喻人，而不是意指物质的花。

另一方面，根据杨松年对“新马华文文学”的分期，1945年至1949年是马华文艺独特性主张时期。[1] 凌佐指出：“马华文艺工作者，要站在马来亚人民的立场去从事创作，要求创造马来亚人民文艺，要求马华文艺的独特形式，它不能是翻版的中国文艺，它更不能是侨民文艺。”[2] 马华文艺独特性的提倡强调创作应忠于现实，语言也着重人民性和民族性。这论争的结论是马华文艺的本土化。学者们普遍认为马华文艺有独特性，反映本地现实生活，不应绝对排斥中国题材，后者有助于马来亚文艺的拓展。林学大或许受到诗学形态影响，巧妙地把“Orchid”译为“胡姬”，在保持音似的基础上，进化了明显的本土化改造，再现了新加坡兰花的与众不同，使“胡姬”具有了新加坡社会语境下的文化内涵。林学大在翻译过程中所采取的策略，体现了强烈的意识形态和诗学导向。

“胡姬”在中国文化里有其文学价值，译者身为文化界名流地位崇高，得以借助译词向新加坡华人传达中国传统文化知

[1] ［新加坡］杨松年：《战前新马文学本地意识的形成与发展》，新加坡：新加坡国立大学中文系、八方文化企业公司，2001年，第4页。

[2] ［新加坡］黄孟文、徐迺翔：《新加坡华文文学史初稿》，新加坡：新加坡国立大学中文系、八方文化企业公司，2002年，第92页。

识，起到文化交流的作用。当时新加坡的艺坛尚未蓬勃发展，“胡姬”译词向人们推广和传播中国文化，也推动艺术发展。林学大标新立异的心态，促使他用中国古诗中具有深厚文化底蕴的“胡姬”意象来为新加坡语境里的兰花命名。译词在诗学形态的操纵下发挥其特定的文化社会功用。

1948年，“胡姬”译词的创造是为了迎合中国移民的认同倾向。“胡姬”的文化属性开始在社会意识形态的影响下被改写。传播初期，英殖民政府实施限制中国移民入境的禁令也影响了对译词的操纵。“胡姬”比喻当时在新加坡谋生的中国移民，在异地也能绽放光芒，译词与时代、社会产生共鸣。从译词的创造到这段时期，可看出译词在特定的社会文化语境中受政治及社会意识形态的影响所产生的社会文化属性。如今，“胡姬”作为新加坡国花，在政治意识形态的操控下发挥文化社会功用。“胡姬”成为新加坡独有的“商标”，向外国游客宣传及塑造本国的良好形象，促进旅游业开发。同时，政府也通过“胡姬”一词向国民灌输团结的国家社会意识，以建构国家认同。“胡姬”作为新加坡的外交大使，更肩负着与他国建立友好邦交的崇高使命。正如勒菲弗尔所言：“翻译不仅仅是语言层次上的转换，它更是译者对原作所进行的文化层面上的改写。”[1] 译者的改写让“胡姬”译词在新加坡社会赋予了新的生命，产生了其特定的功能及价值，为新加坡保留“胡姬”译名的原因提供了解释。

---

[1] ［比利时］André Lefevere, *Translation, Rewriting and the Manipulation of Literary Fame*, Shanghai: Shanghai Foreign Language Education Press, 2004，出版前言。

A Study on the Functionalism and Socio-cultural Attributes of Singapore "Hu Ji Hua" in Translation

Abstract: As Singapore's national flower, "Hu Ji Hua" is a unique name of "Singapore Chinese" characteristics, that has rich cultural and historical origins of its own. "Hu Ji" is the transliteration of the English word "Orchid", and this translation process was affected by different factors, such as the interrelation between the translated term and its socio-cultural attributes, target audience and the needs of the target language environment etc. Why did the translator leave out the traditional translated term "Lan Hua"? And why does Singapore continue to use the name "Hu Ji Hua"? This paper will examine the creation process of the translated term "Hu Ji" by analysing the influence of political and social ideology and poetics within Singapore's social context on the translated term and how they rewrite its socio-cultural attributes. Also, through exploring the translator's goals in the process of translation, the functions of the translated term as well as the intentions of the transliteration form, give further insights on the creation of "Hu Ji". This paper addresses the view that the associations and cultural connotations of "Lan Hua" are not applicable to "Hu Ji Hua" in Singapore's context, thus the translator chose to create a new translated term to tailor to the cultural context of the target language society.

Keywords: Hu Ji; Lan Hua; Socio-cultural attributes; rewriting

翻译与跨学科研究

《中国报学史》外报译名与史实译介补正 *

王海　孙一赫 **

摘要：戈公振《中国报学史》的外报译名与史实译介错误流传至今，成为现当代新闻学著述关于在华外报译名与史实讹传的典型。书中具体错误包括外文单词拼写及印刷错误、外报译名错误和史实译介错误。究其原因，戈公振先生对近代在华外报史实认知缺失且整理不全面、语言知识缺少和专业意识不成熟导致了误译问题。从分析—合成翻译观来看，学术专著的翻译要求译者对历史负责、对语言文化负责、对翻译文本负责、对专业负责，在分析和合成过程中承担自己作为翻译主体的责任，做到译文正确和译作专业。对《中国报学史》外报译名、史实陈述错误进行订正，有助于对报刊译名和新闻史研究提供借鉴。

关键词：《中国报学史》；在华外报；译名；史实订误

---

* 本文为广东外语外贸大学“在华英文报刊汉学习得文献翻译与研究（19JDZD04）”基地重大成果。

** 王海，广东外语外贸大学教授，博士生导师，研究方向：翻译与跨文化研究、汉学翻译、新闻史。孙一赫，广东外语外贸大学高级翻译学院博士研究生，研究方向：文学翻译与跨文化研究。

戈公振（1890—1935）撰述的《中国报学史》于1927年11月由上海商务印书馆初版后，至今重印出版20余个版本，其中的外文拼写与印刷错误、外报译名与史实错误不断得以订正，但并没有得到系统解决。对《中国报学史》外报译名与史实译介的错误进行补正，有利于深入而细致地研究报刊译名的规律，为报刊术语翻译话题的研究提供借鉴。

一、《中国报学史》在华外报译名与史实错误

《中国报学史》首次确立了中国报刊史的学术地位，奠定了报刊史与新闻史的研究基础和论述框架。1925年夏至1926年6月，戈公振在上海国民大学、南方大学、复旦大学授课讲稿基础上写成《中国报学史》。系统整理中国报刊事业的发展沿革是一项开创性的繁杂工作，由于种种历史条件的限制，《中国报学史》不可避免地存在若干史实差错。张慧撰文“《中国报学史》史实错误研究”系统研究杨瑾琤、宁树藩、方汉奇、王凤超的文章“《中国报学史》史实订误”，其中列举《中国报学史》的156处（实为164处）事实错误和非事实错误，根据其讹误内容划分其错误的类型，包括时间错误、人名错误、报刊名错误、地点错误、错别字、综合错误（多处错误）、其他错误，并统计其数量，尝试挖掘错误背后的原因和历史、社会背景，以及戈公振的新闻思想和观念认知。

截至20世纪初，在华英文、葡文、日文、德文、法文、俄文等外报没有统一的中文译名。戈公振在撰写《中国报学史》过程中曾经把外文报名和中文译名一一对应，而未对在华外报

变迁与各语种外报发展规律进行系统的细分化研究，难以在短期内浏览和阅读这些外文报刊，撰写书稿时外文报刊译名及出版信息误译漏译的情况比较严重。本文参阅在华英文报刊及其出版栏目和其他文献，对照《中国报学史》在华外报论述，甄别和比较分析外报译名及讹误信息，纠正报刊史实译介信息并剖析其错译漏译之原因，完善和补充已有在华外报史实译介订正的不足及其衍生的新问题，进而总结报刊译名的规律。

二、《中国报学史》外报译名与史实错误的分析与订正

近代中国报业史的发展脉络错综复杂：官报一民报、京报一外报一本土新型报刊、传教士报刊一外商报刊一外国政府报刊、在华基督教报刊一天主教报刊等宗教报刊、西方各国在华新闻业等，几条脉络交叉。戈公振《中国报学史》论述外文报刊时只是按照报刊语种罗列澳门、广州、香港、上海、汉口等地的报刊，未对各语种外报的历史沿革进行梳理，造成大量的翻译错误并流传至今，这些错误突出集中在第三章报刊的错误译名及史实译介。本文在前人研究基础上，系统研究在华外文报刊及其史实，查证《中国报学史》的外文拼写与印刷错误29处，外报译名错误45处，史实译介错误66处。

（一）外文拼写与印刷错误

外文拼写及印刷错误主要表现为单词拼写错误、标音符号

缺失和书写错误，如表1所示。单词拼写错误常为拼写错误和字母大小写错误："恺撒大帝"的英文名应为"Julius Caesar"而非"Julius Casær"；"报纸"的法语对应词应为"Courrie"或"Messager"，而非"Couriur"和"Mesager"；《大西洋国》（*Ta-Ssi-Yang-Kuo*）的四个英文字母"T""S""Y""K"均为大写字母，但《中国报学史》中对应报刊名称为*Ta-ssi-yang-Kuo*。标音符号缺失体现在俄语中，报纸应为"Газéта"，字母"e"上带有重音符号，但是原书所载为"Газема"；"现实"一词的德语对应词应为"Aktua1ität"，字母"a"上标有分音符，但原书记录为"Aktua1itat"。

书写错误是指对语言的书写系统不熟悉造成的翻译错误。书写体系是语言撰写的基础，语言由于自身性质的不同以及历史文化因素在书写体系上出现差异，即便是采用同一种书写体系的语言，在具体的书写中也会存在偏差。译者必须掌握和了解语言的书写体系，确保翻译的正确性。"我国之所谓报……法国之Journal，Nouvelle，Couriur，Mesager，意国之Jiornale，俄国之Газета"，意大利语中没有J，K，W，X，Y这五个字母，这些字母为借来语，戈公振的翻译从根本上不成立，报纸在意大利语中的对应词应为"giornale"，戈公振不通意大利语和相应的书写体系，导致误译。

表1：《中国报学史》外文拼写与印刷错误

序号	章节/页码	原文	史实订误及依据（长依据改成论述）
1	第一章 第一页 第二页	我国之所谓报……法国之Journal，Nouvelle，Couriur，Mesager，意国之Jiornale，俄国之Газета	"Couriur"应为"Courrier"； "Mesager"应为"Messager"； "Jiornale"应为"giornale"； "Газема"应为"Газéта"

续表

序号	章节 / 页码	原文	史实订误及依据（长依据改成论述）
2	第一章第四页	布润和波将报纸之定期性（periodicity）仅作为广义的须刊性（Faitgesetzte Erscheinung），为报纸之构成要素	“Faitgesetzte” 应作 “Fortgesetzte”
3	第一章第十页	在用时宜性（Zeitgemassigkeit）之处，均用现实（Aktua1itat）。	“Zeitgemassigkeit” 应为 “Zeitgemäassigkeit”；“Aktua1itat” 应为 “Aktua1ität”
4	第一章第十二页	故凯萨大帝（Julius Casær）之《每日纪闻》（Daily Acts or Acta Diurna），报告每日发生之事情……	“Julius Casær” 应为 “Julius Caesar”
5	第三章第四页	《东西洋考每月统记传》（原名 Eastern Western Monthly Magazine），自道光十三年起至十七年止（一八三三年至一八三七年），凡四卷。……后由郭实腊（Charles Gutzlaff）主持，迁至新加坡。至道光十七年，又让与在华传播实用知识会	“Charles Gutzlaff” 应为 “Karl Friedrich August Gützlaff”
6	第三章第十页	《德臣报》（Paily Press）	《德臣报》的英文名称为 “The China Mail”，Daily Press 是《孖刺报》，且正确书写形式并非戈公振所写 “Paily”
7	第三章第十页	英人美查（F. Majer）之《申报》	“F. Majer” 应为 “Ernest. Major”
8	第三章第十八页	Chronica de Macao（译意《澳门钞报》）发刊于一八三四年十月十二日。一八三八年停刊	“Chronica de Macao” 应为 “Chronica de Macau”
9	第三章第十八页	Ta-ssi-yang-Kuo（译音《大西洋国》）发刊于一八三六年十月八日	“Ta-ssi-yang-Kuo” 应为 “Ta-Ssi-Yang-Kuo”
10	第三章第十八页	O Verdadiers Patrial（译意《真爱国者》）发刊于一八三八年	“O Verdadiers Patrial（译意《真爱国者》）” 应为 “O Verdadeiro Pátriota（译意《真正爱国者》）”

续表

序号	章节/页码	原文	史实订误及依据（长依据改成论述）
11	第三章第十八页	The Boletim Official de Governo de Macao（译意《澳门政府公报》）发刊于一八三九年一月九日	“The Boletim Official de Governo de Macao”应为“The Boletim Official do Governo de Macau”
12	第三章第二十页	Daily Press（旧译《德臣报》）发刊于一八五七年十月一日，……发行兼编辑为英国人茹兕（Ges. M. Ryden）	“Ges. M. Ryden”应为“George M. Ryder”，他是美国人
13	第三章第二十一页	其中如梅雅士（W. F. Mazers）之《华人发明火药史》，笪伟德（Abbe Armond David）之《中国博物志》，布润珠（Emill Bretschueider）之《马可波罗（Marco Polo）事略》，与鲍乃迪（Archimandrite Palladius）之《中古时代亚洲中部地志》等篇，均极有价值	“梅雅士（W. F. Mazers）”应为“梅辉立（William Frederick Mayers，1831—1878）”；“笪伟德（Abbe Armond David）”应为“谭微道（Jean Pierre Armond David，1826—1900）”；“布润珠（Emill Bretschueider）”应为“贝勒（Emill Vasil' ievitch Bretschneider，1833—1901）”
14	第三章第二十二页	Mesney's Chinese Miscellany（原名《华英会通》）发刊于一八九五年，为梅思来（William Mesney）所创办，未数年停刊	“Mesney's Chinese Miscellany”应为“Mesny's Chinese Miscellany”
15	第三章第二十五页	La Nowvelliste de Shanghai（译意《上海报界》）发刊于一八七〇年十二月五日	“Nowvelliste”应为“Nouvelliste”
16	第三章第二十五页	L' cho de Shanghai（译意《上海回声报》）发刊于一八八五年 L' cho de Chine（译意《中法汇报》）发刊于一八九五年……	“L' cho”应作“L' Echo”
17	第三章第二十五页	Le Journal de Pèkin（原名《北京新闻》）	“Pèkin”应为“Pékin”
18	第三章第二十六页	Der Ostasiatische Lloyed（原名《德文新报》）发刊于一八六六年	“Lloyed”应作“Lloyd”

续表

序号	章节 / 页码	原文	史实订误及依据（长依据改成论述）
19	第三章第二十六页	Русское спово（译意《俄声报》）属于皇室一派，但无势力	“Русское спово”应为“Русское слово”
20	第三章第二十六页	Мопва（译意《风闻报》）销售甚少	“Мопва”应为“Молва”
21	第三章第二十六页	Экономический бюппетень КВжл(《中东路经济周刊》）为中东路职员所编辑，偏重学术方面	“Экономический бюппетень КВжл”应为“Экономический Бюллетень КВЖД”
22	第三章第四十六页	汤若望（Johann Adam Schall Von Bell）	“Johann Adam Schall Von Bell”应为“Johann Adam Schall von Bell”
23	第三章第四十六页	裨治文（Elizah Coleman）等之地志	“Elizah Coleman”应为“Elijah Coleman Bridgman”
24	第四章第四十三页	《国民日日报》……由外人高茂尔（A. Somell）出面	“A. Somell”应为“A. Comell”
25	第六章第七十五页	斯系聘布立登（Roswell S. Brittan）为主任	“布立登（Roswell S. Brittan）”应为“白瑞华（Roswell S. Britton）”
26	第六章第八十七页	莱比锡（Leipzig）大学及门占（Muenchen）大学之新闻研究所……	“门占（Muenchen）”应为“慕尼黑（München）”
27	附录（旧作《华文报纸第一种》）	搜集社会发生之事件，以一定时期印行者，自西历一六一五年起，创于德国之《政府报》（Frankfurter Journal），而踵行于欧美各国	“Frankfurter Journal” 应为“Das Frankfurter”
28	附录（旧作《华文报纸第一种》）	……除后数号由马礼逊、麦都斯（W. H. Meadhurst）及梁亚发执笔外，余均出自米怜一人之手	“W. H. Meadhurst”应为“W. H. Medhurst”
29	附录《东西洋考每月统纪传》	……旁注“爱汉者纂”，则教士 K. F. A. Gutslaff 自谓也	“K. F. A. Gutslaff”应为“K. F. A. Gutzlaff”

（二）外报译名错误与订正

外报译名错误包括外文报刊中译名错误与在华中文报刊的英译错误，前者大多体现在语音系统和语法系统上，后者则主要体现为词汇错误。

1. 外文报刊中译名错误与订正

戈公振《中国报学史》的外文报刊中译名错误主要表现在对源语的语音和语法的误解。语音是语言的首要特性，每种语言的发音系统均有所不同，译者在翻译时，特别在音译时必须以源语的发音体系为基础，绝不能按照母语发音或者他语发音任意翻译，造成误译和翻译偏差。在表2第5条“其中较得要领者，以布乃雅（Bleyer），哈润登（Harrington）与弗润开宝（Frankemberg）为最”中，戈公振音译英文名称。结合英语语音体系，“Bleyer”中第一个音节“Ble”并没有“乃（nai）”的发音，其发音更类似于汉语中的“莱”，最后音节“yer”中的“er”与“雅（ya）”并不一致，应为汉语的“儿或尔”，由此正确的翻译是“布莱尔”，同理，“Harrington”应为“哈林顿”，“Frankemberg”为“弗兰肯贝格/弗兰肯伯格”。按照新华社人名地名翻译标准，上述三处人名译为“布莱尔”“哈林顿”“弗兰肯贝格/弗兰肯伯格”，外文音译必须尊重源语的发音体系和约定俗成的规范。

对语言的语法结构认识不足导致语法误译。语言由词汇组成，而这一组成过程需要语法的参与。因此，译者必须熟悉和了解语言的语法结构，才能保证译文的准确。如表2第10条所示：“A Abelha da Chine（译意《蜜蜂华报》）发刊于一八二二年（道光元年）九月十二日。”戈公振采用字对字的直译法，这样的翻译虽然实现了意义上的对等，原文的每个词在译文中都有对应，但 A Abelha da China 是葡萄牙语，结构为“冠词 + 名词 + 介词 + 名词”，其中“da”是介词，没有实际的意义，却表达了所属关系，前名词所属于后名词，但这样的结构在汉语中并不存在。汉语使用“的”表达所属关系，与葡萄牙语中的语序相反，因此正确的翻译为“中国（的）蜜蜂报”，不是“蜜蜂华报”。据李长森考证：“《中国蜜蜂报》是澳门第一份报纸，也是中国领土上的第一份外文报纸……从发刊第一期就表现出明确的政治性……”[1]

表2：外文报刊中译名错误与订正

序号	章节 / 页码	原文	史实订误及依据
1	第一章第三页	又如毕修（Bűcher）以经济家之见解……	“毕修（Bűcher）”应为“比歇尔（Bűcher）”
2	第一章第三页	如班禄客（Belloc）之见解……	“班禄客（Belloc）”应为“贝洛克（Belloc）”
3	第一章第十二页	故凯萨大帝（Julius Casær）之《每日纪闻》（Daily Acts or Acta Diurna），报告每日发生之事情……	“Julius Casær”应为“Julius Caesar”；“Daily Acts”应为“Daily Events”
4	第一章第十三页	又如一九〇一年在刚萨司（Kansas）创刊之 Daily Capital，将星期日之宗教演说……	“Kansas（刚萨司）”应为“堪萨斯”
5	第一章第十七页	其中较得要领者，以布乃雅（Bleyer），哈润登（Harrington）与弗润开宝（Frankemberg）为最	“布乃雅（Bleyer）”应为“维拉德 · G. 布莱雅（Willard Grosvenor Bleyer, 1873—1935）”；“哈润登（Harrington）”应为“哈林顿（Harrington）”；“弗润开宝（Frankemberg）”应为“弗兰肯贝格 / 弗兰肯伯格（Frankenberg）”
6	第三章第五页	《香港新闻》为《孖剌报》（China Mail）之副刊	《孖剌报》的英文名称为 Daily Press，《德臣报》的英文名称为 China Mail

[1] 李长森：《近代澳门外报史稿》，广州：广东人民出版社，2010年，第66—67页。

续表

序号	章节 / 页码	原文	史实订误及依据
7	第三章 第六页	美查司（Chalmers）为主笔	“美查司（Chalmers）”应为“湛约翰（John Chalmers）”
8	第三章 第七页	《小孩月报》（Child' s Paper），于光绪元年（一八七五年）出版于上海，为范约翰（J. M. W. Farnham）所编辑。……至民国四年改名《开风报》，但出五期即止	1874年2月至10月，嘉约翰博士（John Glasgow Kerr）在广州出版宗教性月刊《小孩月报》（The Child' s Paper/The Child's Monthly Messenger）。1875年5月5日，该报在上海复刊，范约翰（J. M. W. Farnham）接办，改名《小孩月报志异》（The Child's Paper, 1875—1915），由上海基督教清心书馆发行；1874年2月，李承恩夫人（Mrs. Nathan J. Plumb）和徐高志夫人（Mrs. Hubbard）在福州创办方言月刊《小孩月报》（The Children' s News，1874—？）。两家《小孩月报》均是美国长老会书局（American Presbyterian Mission Press）出版《小孩月报》（The Child's Paper, 1852—1897）之中国版
9	第三章 第十页	《德臣报》（Paily Press）	《德臣报》的英文名称应为China Mail。
10	第三章 第十八页	A Abelha da Chine（译意《蜜蜂华报》）发刊于一八二二年（道光元年）九月十二日	“A Abelha da China”应译为“《中国蜜蜂报》”
11	第三章 第十八页	O Macaista Imparcial（译意《帝国澳门人》）发刊于一八三六年六月九日。一八三八年为政府所封禁	“O Macaista Imparcial”应为“O Macaísta Imparcial”，应译为《澳门土生公正报》
12	第三章 第十九页	Canton Register（译意《广东记录》）发刊于一八二七年十一月八日，……系马德生（James Matheson）所创办	“Canton Register（译意《广东记录》）”应为“The Canton Register（译意《广东记录报》）”；该报由美国人伍德（W. W. Wood）创办，后由怡和洋行老板马德生（James Matheson）承办

续表

序号	章节/页码	原文	史实订误及依据
13	第三章第十九页	Canton Press（译意《广东报》）发刊于一八三五年九月十二日，每周一册	“The Canton Press”应译为“《广州新闻报》”
14	第三章第十九页	The Canton Miscellany（译意《广东杂志》）发刊于一八三一年	“The Canton Miscellany”应译为“《广东杂文报》”
15	第三章第十九页	China Mail（旧译《孖剌报》）发刊于一八四五年二月二十日	“China Mail”应译为“《德臣报》”
16	第三章第十九页	Hongkong Gazette（译意《香港钞报》）发刊于一八四一年五月一日，为马礼逊等所创办。次年并入The Friend of China	“Hongkong Gazette”应译为“《香港公报》”，创办人为马儒翰（Jr. Robert Morrison）；后并入《中国之友》（The Friend of China），于1842年3月24日以The Friend of China and Hongkong Gazette的报名出版发行
17	第三章第十九页	The Friend of China（译意《中国之友》）发刊于一八四二年三月十七日，系半周刊。执笔之知名者，为马礼逊、华德（James White）、卡尔（Jorr Carr）、笪润特（William Tarrant）等	“马礼逊”应为“马儒翰”，“华德（James White）”应为“怀特”，“卡尔（Jorr Carr）”应为“凯尔”
18	第三章第二十页	Daily Press（旧译《德臣报》）发刊于一八五七年十月一日，……发行兼编辑为英国人茹兜（Ges. M. Ryden）	“Daily Press”应译为“《孖剌报》”或“《孖剌西报》”；“Ges. M. Ryden”应为“George M. Ryder”，是美国人
19	第三章第二十页	Dixions Hongkong Recorder（译意《狄兴氏香港纪载》）发刊于一八五〇年六月十七日，于一八五九年一月十四日停刊，简称The Hongkong Recorder	“Dixions Hongkong Recorder”应译为“《香港德臣杂项记录》”

续表

序号	章节 / 页码	原文	史实订误及依据
20	第三章第二十一页	其中如梅雅士（W. F. Mazers）之《华人发明火药史》，笪伟德（Abbe Armond David）之《中国博物志》，布润珠（Emill Bretschueider）之《马可波罗 Marco Polo）事略》，与鲍乃迪（Archimandrite Palladius）之《中古时代亚洲中部地志》等篇，均极有价值	"梅雅士（W. F. Mazers）" 应为 "梅辉立（William Frederick Mayers，1831—1878）"；"笪伟德（Abbe Armond David）" 应为 "谭微道（Jean Pierre Armond David，1826—1900）"；"布润珠（Emill Bretschueider）" 应为 "贝勒（Emill Vasil' ievitch Bretschneider，1833—1901）"
21	第三章第二十一页	The Shanghai Courier（译意《上海差报》）	"《上海差报》" 应为 "《晋源报》"
22	第三章第二十一页	李德尔（R. W. Little）	"李德尔（R. W. Little）" 应为 "立德禄（Robert William Little，1840—1906）"
23	第三章第二十二页	Notes and Queries on the Far East（译意《远东释疑》）发刊于一八六七年，每季一册，为当时在华学者伟烈亚力等所组织，泛论中国历史宗教语言等及批评关于远东之书籍，至一八七二年，易名 China Review，每二月一册，至一九二〇年，又易名 The New China Review，至一九二三年，又易名 China Journal of Science and Art（原名《中国科学美术杂志》）每月一册；由苏万岁（C. Sowersy）编辑	"Notes and Queries on the Far East（译意《远东释疑》）" 应为 "Notes and Queries : on China and Japan（《中日释疑》）"；"伟烈亚力" 应为 "丹尼斯（N. B. Dennys）"；"易名 China Review" 应为 "易名 The China Review or，Notes and Queries on the Far East（《中国评论》）"；"至一九二三年，又易名 China Journal of Science and Art（原名《中国科学美术杂志》）每月一册；由苏万岁（C. Sowersy）编辑" 应为 "1923 年，英国遣华传教士苏珂仁（Arthur de Carle Sowersy，1885—1954）创办《中国科学美术杂志》（The China Journal of Science and Arts），后更名为 The China Journal"，中国科学美术杂志》（The China Journal of Science and Arts）为一种独立报刊，并非《中国评论》续刊

续表

序号	章节/页码	原文	史实订误及依据
24	第三章第二十二页	Mesney's Chinese Miscellany（原名《华英会通》）发刊于一八九五年，为梅思来（William Mesney）所创办，未数年停刊	“梅思来（William Mesney）”应为“麦士尼（William Mesny，1842—1919）”
25	第三章第二十二页	The Shanghai Mercury（原名《文汇报》）为上海重要晚报之一，系英人开乐凯（J. D. Clark）、布纳凯、李围登（C. Rivington）等，于一八七九年四月十七日创办	“《文汇报》”应为“《文汇晚报》”；“李围登（C. Rivington）”应为“李闱登（C. Rivington）”
26	第三章第二十二页	Commonwealth（译意《共和政报》）为《上海通信》之主笔茹波特（J. P. Robert）、马尔（John Morne）所创办，但六星期后即停刊	“茹波特（J. P. Robert）”应为“罗伯特（J. P. Robert）”；“马尔（John Morne）”应为“约翰·莫内（John Morne）”
27	第三章第二十三页	Weekly Review of the Far East（原名《密勒氏评论报》）为美国人所创办	《密勒氏评论报》（Millard's Review of the Far East）创刊于1917年6月9日，后更名为The Weekly Review of the Far East，1923年6月起更名为The China Weekly Review
28	第五章第二十页	闻之埃及都丹（Tutankhamen）王陵之发现……	“Tutankhamen”应译为“图坦卡门”
29	第六章第四十页；第六章第七十一页	如《伦敦时报》（Times）销售不及《每日邮报》（Daily Mail），而声价则远过之。 ……则有北岩所有之《伦敦时报》（Times）与《每日邮报》（Daily Mail）等	“Times”应译为“《泰晤士报》”
30	第六章第四十五页，第五十页	在十四世纪之初叶，纸之材料极少，乃由西班牙或大马色（Damascus）输入欧洲。 ……西历七九三年又设厂于巴格达（Bagdad）及大马色（Damascus）……	“大马色”应为“大马士革”

续表

序号	章节/页码	原文	史实订误及依据
31	第六章第四十六页	……由幼发拉底河(Euphrates)与倭尔加河(Volga)达于太平洋	“倭尔加河”应为“伏尔加河”
32	第六章第四十六页	阿拉伯人侵入欧洲时，造纸术遂传入西班牙之萨铁弗(Xativa)，时西历一一五〇年	“萨铁弗(Xativa)”应为“哈蒂瓦(Xátiva)”
33	第六章第四十六页	同时十字军亦由小亚细亚传其艺术于意大利之孟泰芬(Montefano)与威尼斯(Venice)，时西历一二七六年	“Montefano”应译为“蒙特法诺”
34	第六章第七十一页	……一为法国之合法(Havas)此专对外宣传者也	“合法(Havas)”应为“哈瓦斯(Havas)”
35	第六章第七十一页	虽报纸之利用，为铁血宰相毕士麦(Bismark)所深悉而曾行之……	“毕士麦(Bismark)”应为“俾斯麦(Bismark)”
36	第六章第七十五页	斯系聘布立登(Roswell S. Brittan)为主任	“布立登(Roswell S. Brittan)”应为“白瑞华(Roswell S. Britton)”
37	第六章第八十五页	又如第二十九类公司中之美孚煤油公司(Standard Oil Co.)……	“Standard Oil Co.”应译为“美孚石油公司”
38	第六章第八十七页	莱比锡(Leipzig)大学及门占(Muenchen)大学之新闻研究所……	“门占(Muenchen)”应为“慕尼黑(München)”

2. 在华中文外报的英译名错误与订正

在华中文外报的英译名错误以词汇错误最为明显。对词汇的意义和使用不熟悉导致词汇的误译。语言由词汇组成，译者必须了解语言和不同语境中具体词汇的含义和使用方式。如表3第2条所示，“继《察世俗每月统记传》而起者，为《特选撮要》(原名Monthly Magazine)，发刊于巴达维亚

（Batavia）”。“magazine”意为“杂志”，与《特选撮要》报纸的属性相悖。另据表3第5条，“《中外新报》（原名：Chinese and Foreign Gazette） …… ”。“Gazette” 指“a newspaper or official journal”，一般译为“公报”，但《中外新报》并非政府所办，与“gazette”的内涵不一致。戈公振对英语词汇的理解不当导致误译。

表3：在华中文外报的英译名错误

序号	章节/页码	原文	史实订误及依据
1	第三章第一页	若在我国而寻求所谓现代的报纸，则自以马六甲（Malacca）所出之《察世俗每月统记传》（原名 Chinese Monthly Magazine）为最早……	“《察世俗每月统记传》”应为“A General Monthly Record”
2	第三章第四页	继《察世俗每月统记传》而起者，为《特选撮要》（原名 Monthly Magazine），发刊于巴达维亚（Batavia）	“《特选撮要》”英文名称应为“A Monthly Record of Important Selections”
3	第三章第四页	《东西洋考每月统记传》（原名 Eastern Western Monthly Magazine），自道光十三年起至十七年止（一八三三年至一八三七年），凡四卷。……后由郭实腊（Charles Gutzlaff）主持，迁至新加坡。至道光十七年，又让与在华传播实用知识会	“《东西洋考每月统记传》”英文名称应为“Inquiry of the Eastern and Western Oceans”。“Charles Gutzlaff” 应为“Karl Friedrich August Gützlaff”
4	第三章第五页	《遐迩贯珍》（原名 Chinese Serial），自咸丰三年起（一八五三年），每月发行于香港，每册自十二页至二十四页	“《遐迩贯珍》”音译为“Hsia-Erh Kuan-chen”
5	第三章第五页	《中外新报》（原名：Chinese and Foreign Gazette），为半月刊于咸丰四年（一八五四年）发刊于宁波	“《中外新报》”的英文名称应为“Sino-Foreign News”

续表

序号	章节/页码	原文	史实订误及依据
6	第三章第六页	《教会新闻》自同治七年（一八六八年），每周发行于上海。……此报既专言宗教，则销路自不能畅。故出至三百期时，即易名《万国公报》（原名 Chinese Globe Magazine），每月发行，兼言政教……然至光绪三十年（西历一九〇四年）始停刊……	“《教会新闻》”应为“《教会新报》（The News of the Churches）”，1868年9月5日创刊于上海，初名《中国教会新报》，1872年8月31日第二〇一卷改名《教会新报》；《教会新报》定位报道地理、历史、政治、宗教、科学、艺术、工业与西方文明进步等百科知识。1874年8月29日，《教会新报》发行至300期时，报刊发行量愈增，遂改版并易名为《万国公报》（Chinese Globe Magazine）
7	第三章第七页	《小孩月报》（Child' s Paper），于光绪元年（一八七五年）出版于上海，为范约翰（J. M. W. Farnham）所编辑。……至民国四年改名《开风报》，但出五期即止	1874年2月至10月，嘉约翰博士（John Glasgow Kerr）在广州出版宗教性月刊《小孩月报》（The Child's Paper/The Child's Monthly Messenger）。1875年5月5日，该报在上海复刊，范约翰（J. M. W. Farnham）接办，改名《小孩月报志异》（The Child' s Paper, 1875—1915），由上海基督教清心书馆发行；1874年2月，李承恩夫人（Mrs. Nathan J. Plumb）和徐高志夫人（Mrs. Hubbard）在福州创办方言月刊《小孩月报》（The Children' s News, 1874—？）。两家《小孩月报》均是美国长老会书局（American Presbyterian Mission Press）出版《小孩月报》（The Child's Paper, 1852—1897）之中国版

（三）史实译介错误

史实译介错误包含史实错误与信息遗漏两类，史实错误表现在对报刊的出版及停刊时间记录错误、特定名称及相关信息记录错误，以及其他错误。时间记录错误是对报刊出版、停办以及重大事件的时间记载不符合历史事实，如《每日纪闻》的发刊时间不是“纪元前六年”，而是“纪元前五十九年”；《东西洋考每月统记传》的停刊时间为“一八三八年”，不是“一八三七年”；“美查有限公司”的改组和《申报》作为该公司经营的事业之一的时间是光绪十五年九月（1889年10月），并非“光绪十四年”。

特定名称及相关信息记录错误包括报刊相关人物的名称以及人物的国籍、职业等信息记录错误和特定名称记录错误，前者如《申报》的创办者并非“美查（F. Majer）”，而是“美查（Ernest. Major）”，英文名记录与历史不符；Daily Press 的创始人兼编辑应为“美国人 George M. Ryder”，不是“英国人 Ges. M. Ryden”，人物名称及国籍不符合史实；《中国丛报》（*The Chinese Repository*，1832—1851）的创办人应为美国谴华传教士裨治文（E. C. Bridgman），而非美国医生柏克（Peter Parker），人物名称及职业信息记录有误；马礼逊教徒名为“梁发”，而非“蔡高”，所创书院名为“英华”而非“华英”，人名及校名错误。其他错误包括：米怜未曾在《察世俗每月统记传》第二期或者第三卷中讲述其办报主旨，“米怜曾自述办报之智趣”违背了史实，特定人物行为记录与历史不符；《六合丛谈》只是在日本翻印，并不是“迁至日本”，报刊行为记录与历史不符。

信息遗漏表现为《格致汇编》在光绪七年十二月（1882年1月）出版至第四年第十二卷停刊，后在光绪十六年（1890）春复刊，改为季刊，并于光绪十八年（1892）冬出版至第七年第四卷，停刊日期不详，戈公振则记载“《中西闻见录》，于同治十年（一八七二年）七月发刊于北京。……光绪二年（一八七六年），易名《格致汇编》，……后由月刊改为季刊，至光绪十六年（一八九〇年）始终止”，省略了报刊停刊的时间，容易造成读者错误的认知。

表4：《中国报学史》外报史实译介勘误（表格的依据）

序号	章节/页码	原文	史实订误及依据
1	第一章第二十一页	凡稍研究报纸之共通历史者，必知有所谓口头报纸（spoken newspaper），手写报纸，木板印刷报纸，与活版印刷报纸之四类	“口头报纸（spoken newspaper）”的英文应为“oral newspaper”
2	第二章第二页	西历纪元前六年，罗马凯萨大帝所刊之《每日纪闻》乃共和政府之公报	“纪元前六年”应为“纪元前五十九年”
3	第三章第一页	若在我国而寻求所谓现代的报纸，则自以马六甲（Malacca）所出之《察世俗每月统记传》（原名Chinese Monthly Magazine）为最早……	“《察世俗每月统记传》”应为“A General Monthly Record”
4	第三章第二页	嘉庆十八年，伦敦布道会又派米怜东来为之助。次年，马礼逊亦收得刻工蔡高为教徒，此为我国人崇信基督教新教之始。马礼逊知官厅侦之严，恐再蹈前辙，乃遣二人同往马六甲设立印刷所，印刷书报，并创办华英书院	“蔡高”应为“梁发”；“华英书院”应为“英华书院”

续表

序号	章节/页码	原文	史实订误及依据
5	第三章第三页	每逢粤省县试府试与乡试时，由梁亚发携往考棚，与宗教书籍一同分送；余则借友人游历船舶之便利。销售于南洋群岛、暹罗、交址支那各地华侨荟萃之区	梁亚发（梁发）往考棚分送《察世俗每月统记传》的史实有待考证；《察世俗每月统记传》为免费分送的非卖品，米怜在报刊“告贴”中说：“凡属呷地各方之唐人，愿读察世俗之书者，请每月初一二三等日，打发人来到弟之寓所受之。若在葫芦、槟榔、安南、暹罗、咖留吧、廖里龙牙、丁几宜、单丹、万丹等处各地之唐人，有愿看此书者，请于船到呷地之时，或寄信与弟知道，或请船上的朋友来弟寓所自取，弟即均为奉送也。”
6	第三章第三页；附录（旧作《华文报纸第一种》）	其第二期中，米怜曾自述办报之智趣如下…… 此报所载，大半为宗教事，其第三卷中，有一文言及办报主旨，较有研究之价值，爰由《Chinese Repository》逐译如下……	米怜未曾在《察世俗每月统记传》第二期或者第三卷中讲述其办报主旨。米怜著《基督教在华最初十年之回顾》（A Retrospect of the First ten years of the Protestant Mission to China，1819）与《中国丛报》（The Chinese Repository, Vol.II）曾转载米怜有关其办报主旨的文章
7	第三章第四页	《东西洋考每月统记传》（原名Eastern Western Monthly Magazine），自道光十三年起至十七年止（一八三三年至一八三七年），凡四卷。……后由郭实腊（Charles Gutzlaff）主持，迁至新加坡。至道光十七年，又让与在华传播实用知识会	“《东西洋考每月统记传》”英文名称应为“Inquiry of the Eastern and Western Oceans”。 “Charles Gutzlaff”应为“Karl Friedrich August Gützlaff”。 “十七年”应为“十八年”，“一八三七年”应为“一八三八年”，“在华传播实用知识会”应为“在华实用知识传播会”。 该刊创刊时由郭实腊主持，1835年7月休刊后让与在华实用知识传播会，而未能出版，1837年2月迁往新加坡复刊。在华实用知识传播会任命中文秘书郭实腊和英文秘书马儒翰为编辑，后来麦都思加盟编辑部。郭实腊和马儒翰从广州把稿子寄往新加坡，麦都思编好付印

续表

序号	章节 / 页码	原文	史实订误及依据
8	第三章第五页	《中外新报》，为半月刊，于咸丰四年（一八五四年）发刊于宁波……至一八六〇年停刊	“一八六〇年”应为“一八六一年”
9	第三章第五页	《六合丛谈》，于咸丰七年（一八五七年）发刊于上海。……次年，迁至日本	《六合丛谈》迁往日本之史实有误，系在日本翻印
10	第三章第六页	《中外杂志》，于同治元年（一八六二年）发刊于上海。……至同治七年（一八六八年）停刊	《中外杂志》创刊六个月即停刊
11	第三章第六页	《教会新闻》自同治七年（一八六八年），每周发行于上海。……此报既专言宗教，则销路自不能畅。故出至三百期时，即易名《万国公报》（原名 Chinese Globe Magazine），每月发行，兼言政教……然至光绪三十年（西历一九〇四年）始停刊……	“《教会新闻》”应为“《教会新报》（The News of the Churches）”，1868年9月5日创刊于上海，初名《中国教会新报》，1872年8月31日第二〇一卷改名《教会新报》;《教会新报》定位报道地理、历史、政治、宗教、科学、艺术、工业与西方文明进步等百科知识。1874年8月29日，《教会新报》发行至300期时，报刊发行量愈增，遂改版并易名为《万国公报》（Chinese Globe Magazine）
12	第三章第六页	光绪十七年（一八九一年），又增出《中西教会报》，为专言宗教之姊妹刊。惟亦因销路不畅，未几即废	《中西教会报》于1893年12月停刊，1895年1月即复刊，成为广学会的刊物。1912年1月改名《教会公报》，1917年2月停刊
13	第三章第七页	《中西闻见录》，于同治十年（一八七二年）七月发刊于北京。……光绪二年（一八七六年），易名《格致汇编》，……后由月刊改为季刊，至光绪十六年（一八九〇年）始终止	《中西闻见录》于同治十一年（1872）八月发刊于北京。《格致汇编》初为月刊，光绪七年十二月（1882年1月）出版至第四年第十二卷停刊。光绪十六年（1890）春复刊，改为季刊。《格致汇编》于光绪十八年（1892）冬出版至第七年第四卷，停刊日期不详

续表

序号	章节/页码	原文	史实订误及依据
14	第三章第七页	《小孩月报》(Child's Paper),于光绪元年(一八七五年)出版于上海,为范约翰(J. M. W. Farnham)所编辑。……至民国四年改名《开风报》,但出五期即止	1874年2月至10月,嘉约翰博士(John Glasgow Kerr)在广州出版宗教性月刊《小孩月报》(The Child's Paper/The Child's Monthly Messenger)。1875年5月5日,该报在上海复刊,范约翰(J. M. W. Farnham)接办,改名《小孩月报志异》(The Child's Paper, 1875—1915),由上海基督教清心书馆发行;1874年2月,李承恩夫人(Mrs. Nathan J. Plumb)和徐高志夫人(Mrs. Hubbard)在福州创办方言月刊《小孩月报》(The Children's News, 1874—?)。两家《小孩月报》均是美国长老会书局(American Presbyterian Mission Press)出版《小孩月报》(The Child's Paper, 1852—1897)之中国版
15	第三章第七页	《益闻录》自光绪四年起(一八七八年)发行于上海	"光绪四年"应为"光绪五年","一八七八年"应为"一八七九年"
16	第三章第七页	《益闻录》……与《格致新闻》合并	"《格致新闻》"应为"《格致新报》"
17	第三章第八页	《图画新报》	"《图画新报》"应为"《画图新报》"
18	第三章第八页	《亚东时报》,……始为旬刊,继改为半月刊	"始为旬刊,继改为半月刊"改为"始为月刊,光绪二十五年四月(1899年5月)从第七号改为半月刊"
19	第三章第八页	《大同报》自光绪三十二年(一九〇六年),至民国六年止,每周发行	《大同报》于光绪三十年正月十四日(1904年2月29日)创刊。初为周刊,自1915年1月起改为月刊
20	第三章第十页	香港之《孖剌报》,于民国前五十四年(咸丰八年)即西历一八五八年,由伍廷芳提议,增出中文晚报,名曰《中外新报》……即延伍氏主其事	伍廷芳生于1842年,年仅16岁不足以提议创办《中外新报》并主持办报

续表

序号	章节 / 页码	原文	史实订误及依据
21	第三章第十一页	中文日报之现存者，当以《华字日报》为最早。该报创刊于同治三四年间，……动议者为该报主笔陈霭亭，而其戚伍廷芳、何启实助成之	何启生于1858年，《华字日报》创刊之年他仅有6岁，不可能帮助陈霭亭办报。这里的史实有待考证
22	第三章第十二页	《上海新报》发刊于同治元年正月（一八六二年），为《字林报》（North China Daily News）之中文版，……每二月出一纸……由伍德（Wood）林乐知等编辑，……迨《申报》出版，该报亦改为日刊……于是上海最早之《上海新报》，遂自动停刊	《上海新报》于咸丰十一年十月（1861年11月）下旬创刊，周刊，从1862年5月7日起改为每周三刊，逢周二、四、六出版。华美基（Marquis Lafayetee Wood）、傅兰雅、林乐知相继担任主编。《申报》创刊后三个月，《上海新报》改为日报。"《中国报学史》史实订误"文将"伍德（Wood）"改为"华美德（M. F. Wood）"
23	第三章第十二页	光绪十四年，美查忽动故国之思，乃添招外股，改为美查有限公司	光绪十五年九月（1889年10月），美查将其所经营的事业改组为"美查有限公司"，将《申报》作为该公司经营的事业之一
24	第三章第十二页	光绪三十二年，公司以申报馆营业不振，及江苏药水厂待款扩充，由申报馆买办席裕福（子佩）借款接办，名义则犹属之外人	1909年（宣统元年）5月31日，席裕福以七万五千元（银圆）购进《申报》，并在当天与美查公司签订买卖合同
25	第三章第十三页	《沪报》……创刊于光绪八年（一八八三年）四月二日	"一八八三年"应为"一八八二年"
26	第三章第十四页	《闽报》于光绪二十三年十二月，发刊于福州，为日人报纸在华之第一种	《闽报》并非日本人在华第一种报刊
27	第三章第十四页	《盛京时报》于光绪三十二年十月，发刊于奉天	"十月"应为"七月十三日（1906年9月1日）"

续表

序号	章节/页码	原文	史实订误及依据
28	第三章第十四页第十五页	民国八年十一月发刊之《关东报》，与民国十年七月发刊之《满洲报》	“十一月”应为“十二月”；“民国十年七月”应为“民国十一年七月二十四日”
29	第三章第十五页	《铁岭每日新闻》	《铁岭每日新闻》为日文报纸，而非日本人在华创办的中文报纸
30	第三章第十五页	《大北日报》	“《大北日报》”应为“《大北新报》”
31	第三章第十八页	Chronica de Macao（译意《澳门钞报》）发刊于一八三四年十月十二日。一八三八年停刊	“Chronica de Macao”应为“Chronica de Macau”，又译为“《澳门杂论》”；“一八三八年”应为“一八三七年”
32	第三章第十八页	Ta-ssi-yang-Kuo（译音《大西洋国》）发刊于一八三六年十月八日	“Ta-ssi-yang-Kuo”应为“Ta-Ssi-Yang-Kuo”；《大西洋国》创刊于1863年，于1866年终刊
33	第三章第十八页	《海国图志》所载之《夷情备采》，大率译自上述各报，所谓《澳门月报》似即Chronica de Macao之译文也	从1839年7月到1841年底，林则徐的翻译班子从《广州记录报》（The Canton Register，1827—1844）、《广州周报》（The Canton Press，1835—1844）、《新加坡自由报》（The Singapore Free Press and Mercantile Advertiser，1835—1942）、《中国丛报》（The Chinese Repository，1832—1851）等涉华英文报刊中选取中国、茶叶、军事、鸦片等方面的新闻加以摘译或者翻译改写，汇集成册即《澳门月报》，供朝廷和大臣阅览，史称“《澳门新闻纸》”。其中部分译文被魏源收入《海国图志》中，署名“林则徐译”。当时Chronica de Macau已停刊
34	第三章第十九页	Canton Register（译意《广东记录》）发刊于一八二七年十一月八日，……系马德生（James Matheson）所创办	“Canton Register（译意《广东记录》）”应为“The Canton Register（译意《广东记录报》）”；该报由美国人伍德（W. W. Wood）创办，后由怡和洋行老板马德生（James Matheson）承办

续表

序号	章节/页码	原文	史实订误及依据
35	第三章第十九页	Canton Press（译意《广东报》）发刊于一八三五年九月十二日，每周一册	“The Canton Press”应译为“《广州新闻报》”，创刊于1835年11月12日。
36	第三章第十九页	Chinese Repository（译意《中国文库》）发刊于一八三二年五月，为美国医生柏克（Peter Parker）所创办	《中国丛报》（The Chinese Repository，1832—1851）的创办人为美国谴华传教士裨治文（E. C. Bridgman）
37	第三章第十九页	Hongkong Gazette（译意《香港钞报》）发刊于一八四一年五月一日，为马礼逊等所创办。次年并入The Friend of China	“Hongkong Gazette”应译为“《香港公报》”，创办人为马儒翰（Jr. Robert Morrison）；后并入《中国之友》（The Friend of China），于1842年3月24日以The Friend of China and Hongkong Gazette的报名出版发行
38	第三章第二十页	Daily Press（旧译《德臣报》）发刊于一八五七年十月一日，……发行兼编辑为英国人茹兜（Ges. M. Ryden）	“Daily Press”应译为“《孖剌报》”或“《孖剌西报》”；“Ges. M. Ryden”应为“George M. Ryder”，他是美国人
39	第三章第二十页	The Hongkong Government Gazette（译意《香港政府公报》）发刊于一八五三年九月二十四日，每周一册	The Hongkong Government Gazette（译意《香港政府公报》）发刊于1841年，疑为1841年5月1日马儒翰创办之Hongkong Gazette（译意《香港钞报》）的重复统计
40	第三章第二十二页	Notes and Queries on the Far East（译意《远东释疑》）发刊于一八六七年，每季一册，为当时在华学者伟烈亚力等所组织，泛论中国历史宗教语言等及批评关于远东之书籍，至一八七二年，易名China Review，每二月一册，至一九二〇年，又易名The New China Review，至一	“Notes and Queries on the Far East（译意《远东释疑》）”应为“Notes and Queries：On China and Japan（《中日释疑》）”；“伟烈亚力”应为“丹尼斯”（N. B. Dennys）；“易名China Review”应为“易名The China Review or，Notes and Queries on the Far East（《中国评论》）”；“至一九二三年，又易名China Journal of Science and Art（原名《中国科学美术杂志》）每月一册；由苏万岁（C. Sowersy）编辑”应为“1923年，英

续表

序号	章节 / 页码	原文	史实订误及依据
		九二三年，又易名 China Journal of Science and Art（原名《中国科学美术杂志》）每月一册；由苏万岁（C. Sowersy）编辑	国遣华传教士苏珂仁（Arthur de Carle Sowersy，1885—1954）创办《中国科学美术杂志》（The China Journal of Science and Arts），后更名为 The China Journal"，《中国科学美术杂志》（The China Journal of Science and Arts）为一种独立报刊，并非《中国评论》续刊
41	第三章第二十二页	……《上海通信》……每月一册，至一八七四年，为《上海差报》所并	《上海通信》每逢美国商船到上海后出版，不定期出版。1869年停刊，转卖于《上海差报》
42	第三章第二十二页	Shanghai Times（原名《泰晤士报》）为英人所创办，带亲日之彩色	上海《泰晤士报》（Shanghai Times）由美国人包尔（Frank B. Boll）创办。该报维护美国利益，曾接受清廷江苏官方的津贴，1914年归英国人所有。在日俄战争期间，该报发表系列亲俄文章，从1907年前后开始接受日本政府津贴并转向亲日立场
43	第三章第二十四页	China Times（译意《中国时报》）发刊于一九〇一年正月二十一日	1901年，高文在北京创办华北第一家外文日报《益闻报》（The China Times）（《近代来华外国人名辞典》第94—95页“John Richard Cowen［1867—1929］高文”条）；《中国时报》）创刊于1886年11月
44	第三章第二十七页	《天津日报》（一九一一年）	《天津日报》于1910年1月1日创刊
45	第三章第二十七页	《奉天新报》（一九一七年）。《奉天每日新闻》（一九二〇年）	“《奉天新报》”应为“《奉天新闻》”。《奉天每日新闻》于1918年7月1日创刊
46	第三章第二十七页	《大陆日日新闻》（一九二二年）	《大陆日日新闻》于1909年6月1日创刊
47	第三章第二十七页	《满洲新报》（一九〇九年）	《满洲新报》于1908年2月11日创刊
48	第三章第二十七页	《铁岭时报》（一九〇九年）	《铁岭时报》于1911年8月1日创刊

续表

序号	章节/页码	原文	史实订误及依据
49	第三章第二十七页	《开原时报》(一九一九年)	"《开原时报》"应为"《开原新报》"
50	第三章第二十八页	《长春日报》(一九一〇年)	《长春日报》于1909年1月1日创刊
51	第三章第二十八页	《辽东新报》(一九〇六年)	《辽东新报》于1905年10月25日创刊
52	第三章第二十八页	《满洲日日新闻》(一九〇九年)、《满洲商业新报》(一九一七年)	《满洲日日新闻》于1907年11月3日创刊;《满洲商业新报》原名《大连经济日报》于1917年12月4日创刊,1923年改为本名
53	第三章第二十八页	《抚顺新闻》(一九一八年)	"《抚顺新闻》"应作"《抚顺新报》",创刊于1921年2月14日
54	第三章第二十八页	《辽阳每日新闻》(一九〇九年)	"《辽阳每日新闻》"应为"《辽安每日新闻》",创刊于1908年3月10日
55	第三章第二十九页	《间岛新报》(一九一八年)。	《间岛新报》创刊于1921年10月1日
56	第三章第二十九页	《青岛新报》(一九二五年)	《青岛新报》创刊于1915年1月15日
57	第三章第二十九页	《上海每日新闻》(一九一八年)	《上海每日新闻》原名《上海经济日报》,创刊于1918年11月,1924年2月改为本名
58	第三章第二十九页	《汉口日报》(一九〇八年)	《汉口日报》创刊于1907年8月1日
59	第三章第二十九页	《福州时报》(一九二四年)半周刊	《福州时报》创刊于1918年5月
60	第三章第三十页	《香港日报》(一九一〇年)	《香港日报》创刊于1909年9月1日
61	第六章第七十五页	斯系聘布立登(Roswell S. Brittan)为主任	"布立登(Roswell S. Brittan)"应为"白瑞华(Roswell S. Britton)"
62	第六章第八十五页	又如第二十九类公司中之美孚煤油公司(Standard Oil Co.)……	"Standard Oil Co.应译为"美孚石油公司"
63	第六章第八十七页	莱比锡(Leipzig)大学及门占(Muenchen)大学之新闻研究所……	"门占(Muenchen)"应为"慕尼黑(München)"

续表

序号	章节 / 页码	原文	史实订误及依据
64	附录（旧作《华文报纸第一种》）	搜集社会发生之事件，以一定时期印行者，自西历一六一五年起，创于德国之《政府报》（Frankfurter Journal），而踵行于欧美各国	“《政府报》”应为“《放府报》”；“Frankfurter Journal” 应为“Das Frankfurter”。在《放府报》之前，德国已经出版 Relatio Historica（1583年）、Avisa（约1590年）、Relation（1609年）等报刊
65	附录（旧作《华文报纸第一种》）	先是一八〇七年（嘉庆十二年），英国教士马礼逊（J. R. Morrison）东来澳门，此为基督教新教与我国发生关系之始	“马礼逊（J. R. Morrison）”应为“马礼逊（Robert Morrison）”。马礼逊次子马儒翰英文名为 J. R. Morrison
66	附录：旧金山唐人新闻纸	旧金山唐人新闻纸…… 此为华侨日报最早之一种，……观于由 Bocrdns（？）and Cordon Proprietors 主人未士奇顿具名发行，想非由华人组织，其启事之译文如下	该报第一号登载启事原文，而启事本为中文，而非“译文”；该报每周出版一张，并非日报

《中国报学史》中存在大量的外报史实译介错误。究其原因，乃是戈公振本人在撰写和翻译在华外报词语过程中忽略相关的外报史实、外国语文化背景知识缺失导致误读。

1. 史实缺失导致错译

编者与译者作为创作和翻译的主体，必须了解相关的历史信息，尊重历史，为读者展现真实、可信的历史素材。戈公振认为，“若在我国而寻求所谓现代的报纸，则自以马六甲（Malacca）所出之《察世俗每月统记传》（原名 Chinese

Monthly Magazine)" [1]，而根据白瑞华（Roswell S. Britton）撰述《中国报纸（1800—1912）》（*The Chinese Periodical Press*：1800—1912）《察世俗每月统记传》的英文译名应为"A General Monthly Record（Ch'a-s-sh Mei-yueh T'ung-chi-ch'uan）" [2]。戈公振缺少相关史料，仅按照自己的理解，把新闻的属性作为标题，造成误译。

《中国报学史》还存在史料混乱、"张冠李戴"的问题。戈公振记载"Daily Press（旧译《德臣报》）发刊于一八五七年十月一日，……发行兼编辑为英国人茹兜（Ges. M. Ryden）"。但根据史料记载，Daily Press 应译为"《孖剌报》"或"《孖剌西报》"，《德臣报》的译名应为"China Daily"，戈公振未对相关史料进行系统梳理，没有深入理解两个报纸的属性和发行记录，弄混两报译名。

2. 语言与文化背景知识缺失导致误读

在语言转换的翻译活动中，语言符号及其文本是最重要的载体。翻译是"用其他语言来解释语言符号"的过程 [3]，是"把一种语言（源语）的文本材料替换为另一种语言（译入语）中对等的文本材料"的行为。[4] 而语言符号及其文本产生于特定的文化背景，"语言既是文化的一部分，也反映文化并表达文

---

[1] 戈公振：《中国报学史》，上海：商务印书馆，1927年，第三章第一页。

[2] Roswell S. Britton, *The Chinese Periodical Press, 1800—1912*, Taipei：Ch'eng-wen Publishing Company, 1966, p.18.

[3] Roman Jakobson, "On Linguistic Aspects of Translation", Lawrence Venuti ed., *The Translation Studies Reader*, New York：Routledge, 2012, pp.156—161.

[4] Catford John, *A Linguistic Theory of Translation*：*An Essay in Applied Linguistics*, Oxford：Oxford University Press, 1965, p.20.

化”。[1]“语言作为一个符号系统，它的各个层面（特别是词汇层面和成语层面）都反映、记录并保持着民族文化信息。”[2] 因此，语言和文化是翻译最基本的因素，也是译者的基本素养。

外报翻译须尊重源语译语和相应文化的基本规范，深入到相关的语言语境和文化背景。戈公振“当时没有出国……自学外语，成为我国全面掌握世界新闻学研究现状（可以阅读日文、德文、英文著作）的第一人”。[3] 但是，戈公振没有经历系统的外语专业学习，在强调用词准确的写作和翻译能力上略显不足。《中国报学史》收录的外报及其涉及的外语远远超过戈公振的外语能力，这让仅凭自学外语的戈公振不足以充分理解外国文化背景和传统，对《中国报学史》相关外报译名及其史实译介造成误译漏译甚至误读。

译者对相关语言的文化背景不熟悉易造成翻译错误。文化也是翻译过程的重要因素，语言的形成离不开特定的文化背景，语言从文化中产生，体现文化的特性，不了解文化背景，译者无法了解语言的形成背景和精髓，无法进行恰当的语言转换。在“又如一九〇一年在刚萨司（Kansas）创刊之 Daily Capital，将星期日之宗教演说……”案例中，戈公振将“Kansas”音译为“刚萨司”。Kansas 是美国的堪萨斯州，戈公振不了解美国的地理文化，没有经过考证而音译专有文化名词，造成误译。

---

[1] 杨仕章：《文化翻译学》，北京：商务印书馆，2020年，第45页。

[2] Catford John, *A Linguistic Theory of Translation: An Essay in Applied Linguistics*, Oxford: Oxford University Press, 1965, p.20.

[3] 蔡斐：《戈公振新闻思想研究》，北京：中国传媒大学出版社，2017年，第92页。

3. 专业规范不成熟引发翻译失误

学术专著的翻译要求译文必须可靠，并受到该专业学术共同体的认可，某些情况下还应引领学术界的风向。《中国报学史》作为新闻史学奠基之作，其译本专业性包含翻译专业性和新闻学专业性两个层面。翻译专业性要求译者遵循翻译学的基本原理和规范，根据翻译目的选择适当的翻译方法，秉持对翻译、对原文、对读者、对艺术负责的专业态度，产出忠实、通顺、艺术的译作；新闻学专业性则要求译者遵守新闻学专业的基本规范，符合学术共同体对于译作的翻译期待，体现新闻学的专业精神和专业特性。戈公振所处的时代令其无法形成明确、系统、科学的翻译学专业意识，误译在所难免。近代中国新闻学（报学）发轫于西方，20世纪二三十年代《中国报学史》初版之际，中国报刊事业、新闻学教育与研究虽然取得长足进步，但新闻学尚未形成系统的学科理论和规范体系及其本土化的概念界定。戈公振对于新闻（报学）的观点几乎完全来源于新闻编写的实践及其后期的海外实地考察，出现专业性规范问题引发的翻译失误在所难免。

第一，《中国报学史》没有遵守翻译学专业规范及其翻译方法，译者在多处译文处误用音译法。音译法是一种以音代义的翻译方法，译者直接按照文本在源语中的读音翻译，这样的方法常导致意义的丧失。因此，翻译具有特定意义和指向的词汇时要慎用。Roswell S. Brittan 的中文名为“白瑞华”[1]，而非“布立登”，直接采用音译法而忽略白瑞华本人作为汉学家和报刊史学家的文化背景，让读者不知所云。

[1] 王海:《白瑞华眼中的中国近代本土报纸》,《国际新闻界》2009年第10期，第123页。

第二，《中国报学史》中出现对意译法的误用。意译法虽然根据原文的大意来翻译，但常导致原文的形式和完整意义的丢失，因此必须结合具体需要和语境而谨慎使用。在“继《察世俗每月统记传》而起者，为《特选撮要》(原名 Monthly Magazine)，发刊于巴达维亚(Batavia)”案例中，戈公振对《特选撮要》英译时仅在新闻标题中体现了报刊的发行周期“monthly(每月)”，且误用“magazine(杂志)”来指代报刊的媒介属性 periodicals，但《特选撮要》每个字都有特定的含义，“特选”说明报刊登载的是经过认真挑选的信息，“撮要”强调信息的重要性。意译法指导下“A Monthly Record of Important Selections”之报名译文应该忠诚于报刊的办刊宗旨和特色。

第三，《中国报学史》在对待新闻学专业规范上存在不严谨的问题，这与当时中国新闻学(报学)发展不成熟、体系不健全有关。具体表现在报刊定位混乱与语境不符。报名通常是报刊报道和传播范围、目标读者、报刊定位和宗旨等内涵的高度浓缩，在翻译尚无约定俗成之报刊名称时须结合新闻学专业知识仔细推敲，否则报名译法甚至专著的专业性和可信度便会遭到质疑。在“The Canton Miscellany(译意《广东杂志》)发刊于一八三一年”的表述中，The Canton Miscellany 并不是杂志，而是报纸，报名中的 miscellany 意指报刊内容丰富，包含多个领域，体现了报刊的定位。而从“杂志”(magazine/magasin)的词源学[1]界定和英美杂志产业发展的历史沿革来

[1] Richard Campbell, Christopher R. Martin, Bettina Fabos, *Media and Culture: Mass Communication in a Digital Age*, New York: BEDFORD/ST.MARTIN'S, 2015, p.311.

看，杂志是其起源于报刊（periodicals）而有别于书籍、报纸产业且具有自身属性的媒介，“杂志是以刊载文章和评论为主的，多位作者撰写的不同题材的作品构成的定期发行的印刷品，通常有固定名称，按卷、期或年、月顺序编号，每期的开本、板式基本相同”[1]。尽管“世界初期的报纸和杂志是混同的……统称为‘报刊’，但从18世纪，报纸与杂志便开始明显分离，中国则至辛亥革命时期告别报与刊部分的时代”[2]，杂志和书籍、报纸产业在性质、内容、定位、采编笔法以及传播方法上存在差别。戈公振的翻译完全混淆了“杂志”与“报纸”的界限，容易对读者形成误导。

《中国报学史》对于《澳门土生公正报》（*O Macaista Imparcial*）的误译及其流传，成为其报名翻译不严谨的代表。戈公振认为，“O Macaista Imparcial（译意《帝国澳门人》）发刊于一八三六年六月九日。一八三八年为政府所封禁”，而根据《中国丛报》的记载，《澳门土生公正报》曾经刊登过有关宗教话题的论述：“有些读者可能希望我们对此加以谴责。而我们选择不予评论，虽然我们的沉默绝不代表着对于他们的赞同。我们认为，通过‘点亮’自己而不是成为辩论家就能够更好地定位报纸内容，因为其他报刊宣称其‘灯台和油料’是确实可靠的。在不久的将来，我们将从中受益。”[3] 这段论述充分说明《澳门土生公正报》独立办报的宗旨和理念。该报发刊

[1] Sammye Johnson, Patridia Prijatel, *The Magazine from Cover to Cover: Inside a Dynamic Industry*, Oxford: Oxford University Press, 2006, p.23.

[2] 程曼丽、乔云霞编:《新闻传播学辞典》, 北京: 新华出版社, 2013年, 第54页。

[3] 张西平:《中国丛报》第5卷, 桂林: 广西师范大学出版社, 2008年, 第152—153页。

词明确指出："该报不与任何党派发生关系，只尊重法律"[1]，说明报刊不具备任何政治属性。中外报刊史上，任何标榜独立办报的报纸名称与创刊号上都不会出现"帝国"之类的字眼。

三、《中国报学史》外报译名与史实补正的翻译学启示

诸多主客观原因导致戈公振《中国报学史》出现若干报刊译名与史实译介失误，而这些错误翻译由于戈公振《中国报学史》在新闻学界的权威地位得以讹传至今。当然，考虑时代因素，我们绝不应该将问题完全归咎于戈公振，但应该以此为例，从分析一合成的翻译观视域下审视《中国报学史》报名翻译与史实译介的问题，反思学术著作的翻译话题。

在众多关于语言转换的翻译行为及其翻译过程或原则的界定中，翻译活动可以表述为译者对翻译文本的分析一合成过程。在1877年5月10日至24日召开的在华基督新教传教士上海大会上，美国长老会（American Presbyterian Mission）派驻上海的传教士陆佩（J. S. Roberts）提交论文：《外语译成中文的原则》（Principles of Translation into Chinese）。陆佩认为，外语翻译成中文的过程就是基于两种语言体系之下，译者对两种语言中习惯语加以转换的两次脑力活动——"分析（analysis）"与"合成（synthesis）"。为此，外语译成中文时译者须遵循既定的翻译原则及其从属翻译规范——译者须透

[1] 张西平：《中国丛报》第5卷，桂林：广西师范大学出版社，2008年，第152—153页。

彻分析和充分理解源语文本及其词汇的内涵，这是用译语词汇合成译本的基础；翻译就是改写、解释或评论，译者须尽可能完整地按照译语之语言习惯表达某个概念或思想；考虑词汇、短语、句子甚至语篇的实际运用与同源特征的翻译原则等。

（一）分析活动：史实与专业意识

在分析—合成翻译观及其翻译原则的视域下，反思《中国报学史》报刊译名与史实译介的翻译问题，译者和研究者第一要务须掌握在华不同语种外报的办报规律及其代表性报刊的史实，尤其需要系统研读记载在华外国人有关中国社会状况及其汉学研究成果的主要外文报刊和报刊史学著述。在掌握报刊史学的基本概念与报刊名称的常用词汇基础上，分析翻译文本中出现的报刊名称及其史实，然后遵循翻译原则进行译语的合成。这样就不同程度地避免将“O Macaista Imparcial”（《澳门土生公正报》）误译为“《帝国澳门人》”，而把“《察世俗每月统记传》”误译为“Chinese Monthly Magazine”等翻译失误。

其次，译者还须具备专业意识，以专业的视角分析原文，充分理解原文的专业属性，了解翻译目的，确保译作的准确和专业。这需要译者具备专业基本知识和意识体系，了解专业的发展历程，“通古知今”，让译作能够传承专业发展脉络，同时满足当代专业学界的需求，打破专业的时空之“隔”。如此，译者能够根据专业规范和要求选择恰当的词汇和翻译方法，准确地完成翻译工作。避免将新闻学中属性为 periodical 的“《察世俗每月统记传》”误译成“Chinese Monthly Magazine”。

（二）合成活动：语言与翻译能力

翻译的合成活动是翻译最重要的一环，是决定译作成功与否的关键。翻译合成活动中涉及语言的转换和翻译行为两类，要求译者在两类活动中充分发挥“主体性”[1]，必须“主导翻译过程”[2]，要对语言文化负责、对翻译负责，必须忠实于原文、忠实于源语、忠实于源文化、忠实于翻译，准确并恰当地选择翻译方法，完成翻译工作。

译者必须尊重翻译过程所涉及的语言和文化背景，严格按照语言和文化的规范完成翻译任务，尊重语言的读音、词汇、语法、行文格式以及文化特色，结合恰当的翻译方法产出准确的译文，避免出现将“Bleyer”译为“布乃雅”，将“口头报纸”译成“spoken newspaper”，将“A Abelha da China”译为“蜜蜂华报”，将“Kansas”译成“刚萨斯”的错误。

译者必须具备专业知识和素养，让译作能够满足读者的需求，对翻译负责。这要求译者具备必要的翻译素养，了解翻译的体系和概念，具有正确的翻译意识，从而能够以专业译者的身份和科学翻译学的视角正确恰当地选择翻译方法，娴熟地使用翻译技巧，完成翻译任务，避免使用音译法将“Roswell S. Britton”错译成“布莱登”，或误用意译法将“《特选撮要》”译为“Monthly Magazine”。

[1] 许钧、穆雷：《翻译学概论》，南京：译林出版社，2009年，第190页。

[2] 胡庚申：《从“译者中心”到“译者责任”》，《中国翻译》2014年第1期，第29页。

四、小结

《中国报学史》在外报译名中存在史实译介错误、报刊翻译错误以及单词拼写和印刷错误三类问题。究其原因，戈公振本人在编写过程中存在对史料的收集整理与引用的片面和缺失、语言文化背景知识不足、翻译学与新闻学专业意识不足等问题，导致在翻译中无法正确呈现史料、准确翻译史料，从而保证译文满足专业需求。译者在翻译中发挥重要的主体作用，绝不是完全被动地照搬和重复原文的信息，更不能讹传错误信息；译者并不是进行单纯的语言转换，而应该秉持对历史、原作、语言文化、读者、专业学术负责的态度，做好"审核"与"协调"工作，实现"译文正确"和"译作专业"。

Corrections of the Errors in Translation and Historical Facts of Foreign Periodicals of *History of Chinese Journalism*

Abstract: *History of Chinese Journalism* written by Gou Gong Cheng demonstrates a great number of mis-translation cases in the titles and historical facts about China-based foreign periodicals, which have been passed down and have become a typical example of the translation of titles and historical facts of foreign periodicals in China. The specific errors in the book include spelling and printing errors, errors in the translation of historical facts and errors in the translation of titles of foreign newspapers. Gou Gong Cheng lacked historical facts and the complete arrangement, language and cultural knowledge, and professional awareness, which finally led to his mistranslation. From the perspective of analysis-synthesis translation mode, the translation of academic monographs requires the translator to be responsible for history, language and culture, translation, and professionalism, and to assume responsibility for himself as the subject of translation in the two processes so as to ensure that the translation is correct, accurate and professional. Correcting the mistranslations in *History of Chinese Journalism* and its historical errors on the representation of historical facts will help to provide reference for the history of journalism and translation studies.

Keywords: Gou Gong Cheng; *History of Chinese Journalism*; China-Based foreign periodicals; English Translation of periodical titles; Corrections of historical mis-translations

“阴影”与“油泥”
——国际法权威在19世纪中国的译介与重塑*

杨焯**

摘要：光是人们认识世界的一种媒介，也可以隐喻国际法规则中的权威来源。18—19世纪的中国，以乾隆皇帝为代表的权贵们曾经不能接受人物肖像画中光影对照法造成的“阴影”，将其误认为“油泥”。妥协之下，意籍画家郎世宁由此走了一条中西结合的绘画道路。与此相似，将《万国公法》（1864）和《公法便览》（1878）等国际法文本系统引介到中国之际，以美国传教士丁韪良为首的翻译团队对国际法权威来源的描写做出从立体化到平面化的处理，降低规则复杂度的同时突出了规则的权威性，如同去掉绘画中的“阴影”，以更为目标读者接受。本研究借用了社会科学研究方法中的语料库工具对《万国公法》和《公法便览》的中英文本进行了文本发掘，并结合历史语

* 本文是教育部人文社会科学研究青年基金项目“《密勒氏评论报》涉华法律史料整理、翻译与研究”（19YJC820064）和国家司法部科研项目“中华法律学术的域外影响”（17SFB3008）的阶段性研究成果。感谢王宏志教授对本文初稿提出的宝贵意见。

** 杨焯，华东政法大学外语学院副教授，香港理工大学翻译学博士，华东政法大学法学博士后。研究方向：法律翻译、翻译史。

境予以分析和解释，意图通过“阴影”与“油泥”的隐喻叙事探寻法律、翻译与历史研究结合的新路。

关键词：《巴罗中国行记》；丁韪良；国际法；翻译史

随同马戛尔尼使团使华的约翰·巴罗（John Barrow，1764—1848）发现，中国人在绘画方面“不能描出很多的物体的正确轮廓，不能运用适当的明、暗对照显现物体的原状”。[1] 前来参观英皇陛下画像的一位中国大臣就指着画中鼻子的大阴影说：“可惜脸上被油泥给弄坏了。”[2] 这一看法与乾隆皇帝“语出一辙”，因为皇帝认为“目光的缺陷不能作为让自然物体的临摹也出现缺陷的理由”。[3] 也是受到中国这种审美倾向的影响，在宫廷享有盛誉的意大利传教士郎世宁（Giuseppe Castaglione，1688—1766）所绘的人物肖像画就“没有阴影、前景，也没有距离，使人物凸现……不像欧洲的画

---

[1] 译文参考约翰·巴罗：《巴罗中国行纪》，乔治·马戛尔尼、约翰·巴罗著，何高济、何毓宁译：《马戛尔尼使团使华观感》，北京：商务印书馆，2019年。下同。其英文表述为：“（With regard to painting, they can be considered in no other light than as miserable daubers,）being unable to pencil out a correct outline of many objects, to give body to the fame by the application of proper lights and shadows（, and to lay on the nice shades of color, so as to resemble the tints of nature）。”（John Barrow, *Travels in China: Containing Descriptions, Observations and Comparisons, Made and Collected in the Course of a Short Residence at the Imperial Palace of Yuen-Min-Yuen*, Cambridge: Cambridge University Press, 2010, p.323）

[2] “[I]t was great pity it should have been spoiled by the dirt upon the face.”（ibid., p.325）

[3] “[T]he imperfections of the eye afforded no reason why the objects of nature should also be copied as imperfect.”（ibid., p. 325）

有大片投影，而且远体几不可见”。[1]

绘画是以主观再现客观世界的一种手段，承载了人们想象之中关于“自我”和“他者”关系的预设。葛兆光曾指出：“被描述的任何一个图像，不仅涉及‘它’，就是面前的具体空间物像，而且关涉到‘我’，就是描述者的位置、距离、方位，甚至关涉到描述者历史形成的观看方式。”[2] 以地图为例，葛兆光谈道：“人画出来的地图在某种意义上，既是以‘我’为中心的主观视图，又是以‘它’为基础的客观视图”[3]，“在被人们如此这般地描绘了以后，地图就变成了主观叙述，有了凸显和隐没，有了选择和淘汰。在描述者的观看、想象、回忆、描述中，携带了人的感觉甚至观念”。[4]

与地图类似，人物肖像画中画师对主要人体面部器官（如鼻子）的描摹是用绘画语言重构观察者与其观察到的世界之间的关系。国际法著作本质上同样是以主观再现客观，亦定义自

---

[1] “they seemed to be struck against the paper, having neither shadow or foreground, nor distance, to give them any relief... Castaglinone... was expressly directly by the Emperor to paint..., and not like those of Europe, with broad masses of shade and the distant objects scarcely visible.”（ibid, p.324）西洋绘画技巧带来外部冲击之前，中国传统的绘画技艺已经存在千年，肖像画可以追溯到商代早期，如长沙楚墓出土的《人物龙凤帛画》和《人物御龙帛画》。唐代有阎立本的《历代帝王像》《步辇图》等。明清时期，帝王像的创作趋于完备，写真画师能对人物的面部五官做细致描摹。特别是清代的帝王像，较明代更加繁复与华贵，人物写实性有所加强，与西方传教士画家入职宫廷有密切联系。但在中国的传统观念中，人们能接受景物的影子，如池边柳树倒影，却接受不了人物肖像的影子，不接受“光影”辅助下的观察结果。不仅皇帝接受不了有阴影的画，民间也把这样的画称为“阴阳脸”。

[2] 葛兆光：《宅兹中国：重建有关“中国”的历史论述》，北京：中华书局，2011年，第104—105页。

[3] 同上，第105页。

[4] 同上，第107页。

我和他者存在的一种叙述方式：对国际法事件、国际法概念以及国际秩序的刻画与描摹是国际法学者们记录和改写现实社会的一种手段；其产生源自国家主体在生存和发展中有必要产生边界，因此也有必要借用国际法著作，对国际法的概念进行叙述和传播。

在“阴影”与“油泥”这一对冲突的审美概念启发下，本研究拟借用该比喻，观察国际法权威塑造在19世纪国际法著作和译作中的叙述方式差异，继而将其置于历史语境下考查并解读[1]，希望对相关研究有所启发。

---

[1] 历史话语的语境化研究路径是很多学者都提倡的。如斯窦乐说过，历史档案不是“找回”历史知识和真相之所在，而是“生产”历史知识（和真相）之所在，并且，档案的结构、组织形式和信息分类，都反映了背后的知识体系和政治权力关系（Ann L. Stoler, “Colonial Archives and the Arts of Governance,” *Archival Science*, vol. 2 Issue 1-2［2002］, pp.87—110）。斯金纳也提出，要把“文本置于一个语境之中”去理解（［美］昆廷·斯金纳著，李强、张新刚编：《国家与自由：昆廷·斯金纳访华讲演录》，北京：北京大学出版社，2018年，第158页）。陈利则指出，对史料的收集、选择、解读和分析要进行综合细致的考虑，要在把握了史料多维度意义的基础上，将一个历史事件或现象分析透彻，领悟到它们在更大范围内的社会、经济、政治和文化意义（陈利：《史料文献与跨学科理论方法在中国法律史研究中的运用》，《法律和社会科学》2018年第1期，第25—41页）。在翻译学领域，屈文生提出了翻译的文化史研究进路，并指出王克非在20世纪末就富有远见地提出“翻译文化史”的论题（屈文生：《翻译史研究的面向与方法》，《外语教学与研究》2018年第6期，第830—836页），“翻译史研究本质上是文化史研究”（潘文国：《佛经翻译史三题——读陈寅恪〈金明馆丛稿〉札记》，《外语与翻译》2015年第1期，第5—10页）。王宏志同样偏向于描述性论述模式和文化史的研究路向，主张把个案放置回到历史的背景，否则便不能解释为什么原文与译文之间会有这样那样的相同和歧异（王宏志：《翻译与近代中国》，上海：复旦大学出版社，2014年，第8—10页）。在《丁译〈万国公法〉》（2015）一书中，笔者曾试图以社会学理论解释翻译策略的变化。但从阐释学角度来看，世界观带来的变化体现在翻译中，具体表现为以新历史主义确定一种解释路径。以隐喻叙事分析19世纪中西交汇之际国际法译作中事实和逻辑的再现，其论证或欠严谨，仍希借此对中西思想史的历时发展研究有所启发。

一、权威构建中的“光”与“影”

作为自然客体，“光”是我们认知世界的基础，具有使世间万物得以显现的性质。

在科学领域，“光”是人们进行观察所依赖的工具，光线辅助下，人所观察到的客观事实构成科学的基础。对地球上的观察者来说：“光源”（也就是太阳）恒久存在，只是位置会发生远近移动；“光线”作为客观存在的自然条件，亦因时因地变化；观察者自身所处的时空位置不同，对“光”的观察结果具有个体差异；其所观察到的“阴影”大小和位置反映了以上（关于远近、时空、主客体关系的）变化和差异。

在艺术领域，“光”与“影”的存在不仅使我们得以看清世界的形状，也是产生艺术的基本条件。西方艺术传统中，光线与影子也寓意了上帝的终极存在。上帝说，要有光。在《圣经》中，光被用来象征上帝、基督、真理及美德和救世主，亦在哲学、神学领域被上升到至高无上的高度。教堂之中建筑物的设计也利用光影引导人们寻求上帝。而根据绘画的操作程序，为了逐渐消失点的存在，光源总是有方向的，或偏左或偏右，因此有了“阴影”。[1]画作中的“阴影”也以固定的形式认可了（画家）个人对“光”的感知，展示出主观认识与客观现实的结合成果，正如上述所说的“地图”。

“阴影”突出了“光”，由此引导人类寻找上帝，也辅助人们观察世间真相。与之相似，国际法著作以“公正”“平

---

[1] 最有代表性的西洋油画作品，如《戴珍珠耳环的少女》，就充分捕捉和应用了光影的奇妙。相比之下，正面平视的肖像特别少见，不具有代表性。

等”“主权”概念等为核心要义，既以道德原则（“光”）为号召，也通过记录分析国际法冲突事件，将抽象的道德原则具体化和程序化（神圣的“光”在世间投下了“影”），呈现出个人观察和思考的结果（“光影对照”）。具体而言，国际法起源于两河流域和尼罗河畔奴隶制国家，在16和17世纪，其广泛流行的自然法传统往往基于一种形而上学的观点，即道义层面上的国际法适用于所有民众及所有国家。这是“积极人类学”思想，也是神学思想的体现[1]，如同“神圣之光”普照世间。19世纪开始，根据霍布斯的论述，国家逐渐接近个人主体的自治状态，解决原始国家间混乱状态的方案是双方签署代表国家权威的协定，国家开始具有“拟制人格”，成为集体权威的象征。因为国家权威建立在契约之上，其权力和执行效力需要得到认可，主权国家有权随时发动战争，亦有权采用谈判、贸易、创立国际法原则等方式，现有的自然法原则逐渐用双方签署的条约和惯例替代[2]，“契约主义”的传统由此发展而来。这一阶段，当国家间关系从偶发发展到频繁，原始的国际法规则发展为较为完备的交往及礼仪规范，更开始以法庭判决和国际法著作的形式得到维护和巩固，其传播也需要国际法学者通过著述和教

---

[1] 那个时期，博丹对主权进行了理论上的阐述，把主权界定为君主的私有物。到了18世纪，“1789年的法国大革命将博丹的理论扫地出门，法律在充满疑点的社会契约理论中为自己找到了正当性根据”（[法]狄骥著，郑戈译：《公法的变迁》，北京：中国法制出版社，2010年，第9页），“革命将君主的主权替换为民族国家的主权”（同上，第15页），从此，在主权国家理论中，将国家视为一个人格主体成为必要（同上，第34页）。

[2] 霍布斯的“消极人类学”以及对人类自然状态的假设进一步构成现代国家主义和个人主义的理论基础。（Richard Tuck, *The Rights of war and Peace: Political Thought and the International Order from Grotius to Kant*, Oxford: Oxford University Press, 1999, p.16.）

育完成，因为“道德原则”需要受到教育的个体认可和遵守，以防止其被国内政治势力扭曲利用[1]，这种过程可以被看作国际法权威的“主体化”，也可以说是“世俗化”。[2]

相比之下，中国传统的国际法概念雏形脱胎自春秋战国时期，相关秩序已经形成并流传多年，其对国际法的叙述和想象，相较西方国际法传统，差异如何？以美国传教士丁韪良（William Alexander Parsons Martin，1827—1916）翻译完成的《万国公法》（1864）和《公法便览》（1878）的原作和译

[1] 正如吴尔玺（T. D. Woolsey, 1801—1889）在《国际法引介》（*Introduction to the Study of International Law*）（1871）跋章中提到的：“每个受过教育的人都应该熟悉国际法，只要他是一个负责任的公民；因为有一种危险，即党派的观点会使我们在这一科学中的学说有所扭曲，除非它得到大量聪明人的支持；因为行政部门如果不受控制，将会试图为我们解释国际法。……当欧洲的最高行政人员通过掌握外交关系积累了权力，国家因此可能会卷入违背其意愿的战争。阻止邪恶必须依靠受过国际正义原则教育的人（如果有的话）。”（And, again, every educated person ought to become acquainted with international law, because he is a responsible member of the body politic; because there is danger that party views will make our doctrine in this science fluctuating, unless it is upheld by large numbers of intelligent persons; and because the executive, if not controlled, will be tempted to assume the province of interpreting international law for us... we ought to remember that the supreme executives in Europe have amassed power by having diplomatic relations in their hands, that thus the nation may become involved in war against its will, and that the prevention of evils must lie, if there be any, with the men who have been educated in the principles of international justice. ）（Theodore Dwight Woolsey, *Introduction to the Study of International Law: designed as an aid in teaching, and in historical studies*, New York: John F. Trow, 1871, pp.355—356.）译文由笔者提供。

[2] 从宗教意义上曾经认为国际法规则适用于所有国家，到在现实层面承认各个国家为独立主体，承认契约法则的必要性，国际法的终极权威经历了从“自然法”到“实在法”，从“传统权威”到“现代权威”，从“神圣化”到“世俗化”的转变。

本[1]为考察对象，借助绘画的隐喻叙事，下文拟探讨具有现代意义的国际法权威在19世纪的中国如何被译介和重塑。

二、权威塑造中被抹去的“油泥”

“翻”在中国古代最初的意思是纺织物背面的图案。翻译国际法著作，如同在原作的背面再次创作出画作。对比译作中相对原作扭曲或隐藏的再现方式，可以看到两种世界经验和认知方式的差异。

兴起于意大利文艺复兴时期的明暗对照法（chiaroscuro）就是通过将背景处理成大面积的暗色条，突出画面中被光照射的部分，由此形成光与影、虚与实的紧张和对立的节奏关系，得以勾勒出作品的立体感。但在郎世宁创作的《平安春信图》中，他巧妙地借用了中国传统“写真”画技法描绘乾隆皇帝弘历年轻时画像，减弱光线亮度，从而避免了中国人所忌讳的阴阳脸。——和奉旨成命的画师郎世宁相似，19世纪将国际法系统译介到中国的同文馆教习丁韪良也是传教士，有借绘画和翻译活动宣传宗教的动机。他们的目标客户为帝制统治下的权

[1] 现代国际法概念的系统引入始于1864年的《万国公法》，继而有《星轺指掌》（1876）、《公法便览》（1878）等书接续。前者由美国传教士丁韪良译自惠顿（Henry Wheaton，1785—1848）的著作*The Elements of International Law*（《国际法原理》）（1855），1864年8月30日在北京崇实馆由清政府出资刊刻。后者则译自吴尔玺的《国际法引介》（1871）一书，重点阐述了战争的性质、手段、宣战与停战等内容，由丁韪良率同文馆生汪凤藻、汪凤仪、左秉隆、德明等四人译出，贵荣、左秉隆审定而成。以《万国公法》和《公法便览》为代表的国际法译作由官方出版，标志中国政府与外部世界的交往出现转折点，既是清政府主动输入西方法学的正式开始，又是被动构建国家法体系历程的开端。

贵阶层，故而客户评价对于绘画和翻译策略的形成具有关键作用。他们的创作均有底本（如肖像人物或者原文文本）可依，其观察和描绘的结果融合了客观事实与主观判断。甚至连创作过程都很相似，他们都得到中国助手的协助，工作模式为中西合作。

《万国公法》的源语文本《国际法原理》（*The Elements of International Law*，1855）同样以对比描摹的方式体现了道义的神圣和规则的世俗：其开宗明义即以上帝的意志也就是“道义”为感召；序中一再提及多次再版的事实，证明其传播和影响力；文本内容大部分是对真实案例和约定规则的记录；文本风格体现为理性论辩，对法律原则有较为充分的推理过程；逻辑论证过程中也允许观点对立，如某些适用规则会有但书部分予以补充；副文本由篇幅超过正文的序、跋、附录和脚注组成，甚至包括国会法案的背书。[1]总体而言，其法律权威是在“光”（正义原则的感召）和“影”（真实案例、逻辑推理以及被普世认可）的对比下建构完成的。

重述国际法著作的时候，《万国公法》等译作却采用了模糊时间概念、淡化政府与国家机构角色、置换国际法主体以及隐去观察者身份等叙述方式，在一定程度上解构和变更了原作中的权威来源，使得规则体现出单一和平面的特点，如同擦去

[1] 1855年版的封面内页正中位置有“依据国会法案，由凯瑟琳·惠顿（Catherine Wheaton）在马萨诸塞州区法院书记办公室录入”字样。1866年的版本中此句得以保留。且扉页中出现了三次“根据国会法案录入”，时间分别为1855年、1863年以及1866年，即表示从1855年版，即丁韪良翻译的这个版本开始，此书的每次再版都得到了国会法案的批准和支持。相关副文本分析详见杨焯《丁译〈万国公法〉研究》第五章。

画中会被中国观者所不喜的“油泥”[1]。

1. 模糊时间概念，突出规则永恒感

西方古典油画是立体的，而东方工笔画几乎是平面的。两种画法的差异在于一种是写实油画，是焦点透视，如同静止站在一个地方，把看到的东西细化。画里的时间和空间好比瞬间凝固的世界。“焦点透视法是一种科学方法，用这种方法画出来的话会产生像照片一样的纵深感。而中国画是散点透视。没有消失点，是一种相对主观的透视方法，不受瞬间视觉记忆的限制，画的是印象里的世界。”[2]

《国际法原理》(英文)中对规则的描写与透视法相似：有固定的时间场域；有观察者；记录的时候，忠实于记录者的观察。《国际法原理》一书不断再版。每一版都会清晰说明其与前一版的不同，同时增加最新国际交往事件的脚注，以此来推广国际法规则，扩大影响力。每一次出版都真实呈现特定光线和特定时间中的观察结果，其对国际事件的叙述具有在场性，承认时间的流动感。

《万国公法》中，具体国际交涉事件发生时间的表述大多被模糊化，法律的动态发展过程被压缩和简化，具体如下例所

[1] 需要指出，以下论述中将文本英译中发生的变化解释为擦除“油泥”，或有以果推因、过度泛化(over generalization)的倾向。文本变动的真实原因，除了译者团队为迎合读者/观者进行的主观操纵，也可能受到当时目标语言为文言文，表达方式局限，且在国际法词汇选择上存在文化限制(culture limit)的影响。本研究在此仅提供对当时国际法著作翻译一般规范(norm)的描写，并非确定的法则(law)。

[2] 无为月印：《深度剖析：郎世宁的画究竟是油画还是国画》，载2019年6月25日今日头条，https://www.toutiao.com/article/6706103620229661198/，2020年11月访问。

示（下划线均为笔者所加）[1]：

例［1］：The attempts of Mehemet Ali，after the destruction of the Mamelukes，to convert his title as a prince-vassal into absolute independence of the Sultan，and even to extend his sway over other adjoining provinces of the empire，produced the convention concluded at London the 15th July，1840，between four of the great European powers，—Austria，Great Britain，Prussia，and Russia，—to which the Ottoman Porte acceded.

为此，英、奥、普、俄四大国公使会于伦敦而定章程，土国亦允其议。[2]

例［2］：By the treaties of the 30th November，1831，and 22d May，1833，between France and Great Britain.

于一千八百三十三年，英法二国立约。[3]

例［3］：Thus the internal sovereignty of the United States of America was complete from the time they

[1] 以下译例系从笔者自行建立的电子双语语料库中以人工检索的方式得到。因类似译例数量浩繁，具体统计数据和出现概率此处恕不具。但其整体上简化趋势明显，详细论述见杨焯：《丁译〈万国公法〉研究》，第100—133页。

[2] ［美］惠顿著，丁韪良等译：《万国公法》，崇实馆，1864年，第一卷第二章第十三节。因笔者已建成《万国公法》和《公法便览》两书的双语数据库，相关语料从中检索析出，恕不标注原始页码，仅说明章节出处。下同。

[3] 同上，第一卷第二章第六节。

declared themselves "free, sovereign, and independent States," on the 4th of July, 1776.

即如美国之合邦，于一千七百七十六年间出诰云："以后必自主、自立，不再服英国。"[1]

例［1］原文信息量较大，既包括了签约的具体时间地点，还叙述了订约的缘起。中文表述之中，其对应的全部信息被浓缩成一句话，签约时间则完全略去。例［2］则将不同的历史事件合并（请注意其中的 treaties 是复数，意味着不同时间段，两国至少签订了两份协议），其简化为一份，与事实有所不符。对于较为重大的历史事件，如例［3］中美国独立（"合邦"），译文中即使重述了事件发生年份，其建国的月份日期也被隐去了。

模糊甚至扭曲时间节点，简略概况历史事件，这些表述将使得叙述主体在历史坐标轴之中的观察点和记录点不复存在，而读者无从考据，失去质疑的可能性，从而对于规则只有接受。[2] 这种叙述模式也减少了事物变化流动性，突出了规则的永恒感和权威性。

2. 淡化政府机构角色，强调帝制统领

狄骥（Leon Duguit，1859—1928）指出："国家的行政事务是在由行政长官组成的行政法院的制约下来举行的。考虑到

[1] ［美］惠顿著，丁韪良等译：《万国公法》，第一卷第二章第六节。

[2] 笔者发现，对于多层论证结构的简化使得"原作的法律教科书这一功能被极大程度地淡化，其完备的推理逻辑亦没有再现"，也使得译作具有"'律例'般的制约效果"。（杨焯：《丁译〈万国公法〉研究》，第131页）本文延续了以上思考，且认为国际法权威再现的时候，对时间记录的模糊化也会带来相似的文本功能变化。

政府运作的必要条件，它们提供了必要的独立性和公正性方面的保障。它们协调着国家的利益与公民个人的利益。通过这种方式，所有的行政事务都变成了一种法律事务，并且受到法院的制约。正是通过这样一种机制，现代国家才能变成德国人所称的‘法治国（Rechtstaat）’。”[1] 当理性取代上帝作为最终的权威来源，“法律便从上帝的手中被移交到了人的手中。这一过程被称为法的世俗化或理性化的过程［……］主要指法的程序化和系统化”[2]，也就是前文中所提到的“阴影”来源。

《万国公法》中，行政和立法机构专有名词被译出的频次不高[3]，更多情况下，国家行政和司法机构的名称会被简化甚至完全省略，如government（政府）一词，在《万国公法》和《公法便览》中始终没有形成对应的固定表达[4]。选取代表性的例证如下：

例［4］:（To these observations of the learned and accurate Merlin it may be added，that ）the inviolability of a public minister in this case depends upon the same principle with that of his sovereign，coming into the territory of a friendly State by the permission，express

[1] ［法］狄骥著，郑戈译:《公法的变迁》，北京：中国法制出版社，2010年，第132页。

[2] 於兴中:《法治东西》，北京：法律出版社，2015年，第29页。

[3] 已经成型的对应译法有court：法院、爵房，government：政府，party：政党，parliament/congress：国会，president：首领，senate/the Senate：长老院，等等。

[4] 以government（s）为关键词在上述两个语料库中进行检索，发现该词在《万国公法》语料库中出现269次（需要说明，该语料库英文部分仅收录与译文对应的原文，非完整全文。详见杨焯《丁译〈万国公法〉研究》第二章），在《公法便览》语料库中出现230处，绝大多数情况下未被翻译。

or implied, of the local government. Both are equally entitled to the protection of that government, against every act of violence and every species of restraint, inconsistent with their sacred character.

他国使臣过疆，无论明许默许，俱当保护。其不可或犯者，与遣之之君亲自过疆同例。盖同其君身之尊也，是宜保护以免扰害、阻止。不但明许者当如是行，即默许者亦皆当如是行也。[1]

例［5］: They are to be approved and admitted by the local sovereign, and, if guilty of illegal or improper conduct, are liable to have the exequatur, which is granted them, withdrawn, and may be punished by the laws of the State where they reside, or sent back to their own country, at the discretion of the government which they have offended.

故必须所往国君准行方可办事。若有横逆不道之举，准行之凭即可收回，或照律审断，或送交其国，均从地主之便。[2]

例［6］: For the purpose of giving effect to this exemption, they must be provided with passports from their own government, attesting their official character.

---

[1] ［美］惠顿著，丁韪良等译:《万国公法》，第三卷第一章第二十节。

[2] 同上，第三卷第一章第二十二节。

（国使遣人赍发公文，或去或来，其人其书皆不可阻拿。经过友邦之疆，无论何故不得待查问，）但当随带本国牌票，以昭信守。[1]

例［7］: Two answers were given by the Dutch government to the demand of the stipulated succors :

后荷兰行文辨其故有二：[2]

例［8］: The Danish government issued an ordinance retaliating this seizure

丹国即不许己民还债于英。[3]

例［9］: In 1782, the French government once more united with these Cantons and the court of Sardinia in mediating between the aristocratic and democratic parties ; ...

于一千七百八十二年，二邦与法兰西、萨尔的尼复主持于其间。[4]

例［10］: A distinction is made between the ship, which is held bound by the character imposed upon it by the authority of the government from which all the

[1] ［美］惠顿著，丁韪良等译:《万国公法》，第三卷第一章第十九节。

[2] 同上，第三卷第二章第十五节。

[3] 同上，第四卷第一章第十二节。

[4] 同上，第一卷第二章第十三节。

documents issue, and the goods, whose character has no such dependence upon the authority of the State.

盖船与货有别，船系国权赐与牌照，即从其国得名而不能脱免。[1]

例［4］中的“当”和“宜”体现出了规则实施的必要性，但是没有具体指明负责实施的主体——“政府”。例［5］之中，则含糊地以“地主”这一概念代替。例［6］中关于“政府”的表达，则更为大而化之地用“某国”来替代，将“牌票（passport）”的颁证机构“政府”简略地概况为该国本身。例［7］—例［10］译文所展示出来的，是政府即国家（“邦”），政府权力等同于国家权力。

事实上，“国”几乎可以译为所有的具体机构或组织，“法庭”“政党”通常都以“国”替代了。如以下的例［11］就不区分权威来源是“法庭”（court）还是“政府”（government），一致泛化表述为“某国”：

例［11］: But had the French court conducted itself with good faith, and maintained an impartial neutrality between the two belligerent parties, it may be doubted whether the treaty of commerce, or even the eventual alliance between France and the United States, could have furnished any just ground for a declaration of war against the former by the British government.

---

[1] ［美］惠顿著，丁韪良等译:《万国公法》，第四卷第一章第二十三节。

然使法国行事有信，置身局外，守中不偏，其后虽与美国立约通商，会盟相助，未必即启英国交战之端。[1]

例［12］和例［13］中的“讨”“赐”“派授全权钦差”等表述模糊了君主制与宪政制的差别，译文文本中“政府施政”这一行政程序被“皇帝治理”的概念取代。

例［12］：He advises person so situated，on their actual removal，to make application to government for a special pass.

人民之住外国者，遇有战事，务必力讨特赐牌照以便出疆。[2]

例［13］：But，in practice，the full powers given by the government of the United States to their plenipotentiaries always expressly reserve the ratification of the treaties concluded by them，by the President，with the advice and consent of the Senate.

美国派授全权钦差未尝不注明，必俟首领与长老院同议，加用印信，此已明言而免争竞者也。[3]

[1] ［美］惠顿著，丁韪良等译：《万国公法》，第一卷第二章第十节。

[2] 同上，第四卷第一章第十七节。

[3] 同上，第三卷第二章第六节。

总体而言，译作中行政和司法机构多被省略和模糊化，立法机构则被简化为“施政者”也就是皇权本身，上级机构和下级机构的隶属关系亦未能完全再现。中国话语体系中缺乏对应的官场机构和职位表述，译者虽有不得已而为之的苦衷，在客观翻译效果方面，权威实施过程被抽象化和简化，国际法著作中能够保证“正义”实施的程序和体制未能再现，责任机制被压抑，而皇帝全面和绝对的威权被强化。“光”还在，“影子”不见了。

3. 置换国际法主体，以“天”代替“万国”

巴罗曾赞叹，中国人“确系仔细的临摹者，【…… 】甚至计算一条鱼有多少鳞片，在画上显示出来”，但“它们缺乏适当明暗对照法产生的效果”。[1] 巴罗还提到，欧洲画家吉拉迪尼（Ghirrardini）曾用透视法画了一个大柱廊。中国人接近这幅画时，忍不住“用手触摸，好完全确定他们看见的都在一张纸面上”，“但他们仍固执说，在实际没有距离，也不能有任何距离的地方，要显出有距离，其违背天理莫过于此”。[2]

---

[1] “[W]e found them indeed such scrupulous copyists, as not only to draw the exact number of the petals, the stamina, pistilla of a flower, but also the very number of leaves, with the thorns or spots on the foot-stalk that supported it... but they want that effect which the proper application of light and shade never fails to produce.”（John Barrow, *Travels in China: Containing Descriptions, Observations and Comparisons, Made and Collected in the Course of a Short Residence at the Imperial Palace of Yuen-Min-Yuen*, p.327）

[2] “...on approaching the canvas and feeling with their hands, in order to be fully convinced that all they saw was on a flat surface, they persisted that nothing could be more unnatural than to represent distances, where there actually neither was, nor could be, any distance.”（Ibid., p.325）

结合前文所提到“目光的缺陷不能作为让自然物体的临摹也出现缺陷的理由”一语，中国人在绘画审美中执着于重现的“天理”可以被解读为“目光的缺陷”，即“观察者”天然地存在某种不足，为“人性”所固有；观察过程中这种不足（即“光线”带来的视觉干扰）应该被克服；“观察者”的任务是以“无缺陷”的标准临摹和再现“自然物体”，保证其“尽可能完美”：该任务具有神圣性，即“天理”所在。

由此可以看到“天”与“人”的矛盾对立关系，其悖论在于“人”的“完美”或者“不完美”存在不确定性：作为被动的观察对象，呈现在纸上的“人”应该是没有阴影的，是“完美”的；作为主动的观察者，因为肉眼可以观察到阴影，体现了“人”的“目光缺陷”，这又说明了“人”是不完美的。如何理解？——笔者认为：传统视域中国绘画的目的并非再现现实，而是再现一种完美想象；该完美想象源自对“终极权威”的追求；这种“完美想象”的权威高过个人认识和观察的真实性；“完美”的实现过程中，“人”的主观观察和客观记录实际上仅作为一种工具存在；“完美”性要求模糊时间地点，要求记录的规则亘古不变，以体现出“终极权威”。如此“人”与“终极权威”关系的原始设定，其实反映了传统中国理念之中“人”与“天”的关系。在“天”面前，万物如刍狗，众人似蝼蚁。因为“天理”高过一切，凡人应该克服自身弱点，服务于“天”，顺从于“天”，从而再现“天”的意志。[1]王日华在《中国古典思想：现代中国权力》中也提到：西方的主权国家不提伦理的概念，目的是为攫取更多的权力，在一个分裂的系统中施行霸权主义；而中国的政治哲学目的在于获得由天赋予的权威，由此创立天下一统的世界。[2]——在现代国际法秩序的译介过程中，"人"与"天"的关系再现了该一隐喻。

经检索《万国公法》和《公法便览》中"天下"的表述，笔者发现："天下"在《万国公法》中出现12次，在《公法便览》中出现33次；多数时候，"天下"对应的英语表达为 world/universe/universal，当 nation（国家）作为复数出现时，往往译为"天下"。如：

例［14］：It never was，however，intended as an union for the government of the world，or for the superintendence of the internal affairs of other States.

并非立盟以制天下，以监察他国内政。[3]

[1] 传统的中国经典之中，代表终极权威的是"天"，其代言人是"天子"，也就是"天的儿子"。虽然皇帝贵为"天子"，但是伍德指出，最终的权威所属者仍为"天"，其基本运行原则仍为"天理"。由此，皇帝的权力是受到一定限制的，他将遵循"天"的义理约束，促成天人合一的和谐。由此，"天下"体系构成了对于皇权的某种约制。（Alan Thomas Wood. *Limits to Autocracy*，*From Sung Neo-Confucianism to a Doctrine of Political Rights*，Honolulu：University of Hawaii Press，1995，pp.143—147）

[2] Wang Rihua，"Political Hegemony in Ancient China：A Review of Hegemony in the Stratagems of the Warring States"，Yan Xuetong，ed.，*Ancient Chinese Philosophy*，*Modern Chinese Power*，Princeton：Princeton University Press，2010.

[3] ［美］惠顿著，丁韪良等译：《万国公法》，第二卷第一章第六节。

例［15］: a great commonwealth of nations（civitate gentium maxima）instituted by nature herself，and of which all the nations of the world are members.

惟因诸国之同居于天下。[1]

例［16］: a new state as having come into the world.

（而本国力尽，不能恢复者，他国可认为自立之国。）天下亦于是增一新国也。[2]

例［17］: be open to all nations

（今人于海洋往来大道，以及近岸海峡，）咸知公诸天下，不当私诸一国矣。[3]

“天下”除了可以作为“国”的上义词，还作为抽象的道德审判机构无所不在，如下：

例［18］: The rights of human nature wantonly outraged by this cruel warfare，prosecuted for six years against a civilized and Christian people，to whose ancestors mankind are so largely indebted for the blessings of arts and of letters，were but tardily and imperfectly vindicated by this measure.

---

[1] ［美］惠顿著，丁韪良等译:《万国公法》，第一卷第一章第七节。

[2] ［美］吴尔玺著，丁韪良等译:《公法便览》，第一卷第一章第五节。

[3] 同上，第一卷第三章第二节。

况欧罗巴文教出于希腊，而犹听其遭六年之凶暴，则为天下人心所共愤，而救之不亦缓耶？[1]

例［19］：punishing in any case outside of the bounds of the state...universal war.

古之豪侠之士，提三尺剑周历天下，以惩暴扶弱为己任，然废乱世，此等事亦不可行。而谓邦国能行之乎？若然则天下必常为战国，而无片刻之安矣？[2]

例［20］：The principles and details of international morality，as distinguished from international law，are to be obtained not by applying to nations，the rules which ought to govern the conduct of individuals，but by ascertaining what are the rules of international conduct which，on the whole，best promote the general happiness of mankind.

然则为政者应如何方致天下之公好，必也究察。[3]

例［21］：The treaty negotiated by Franklin，between the United States and Prussian，in 1785，by which it was stipulated that，in case of war，neither power should commission privateers to depredate upon the commerce

[1] ［美］惠顿著，丁韪良等译:《万国公法》，第一卷第一章第九节。

[2] ［美］吴尔玺著，丁韪良等译:《公法便览》，总论第二节。

[3] ［美］惠顿著，丁韪良等译:《万国公法》，第一卷第一章第四节。

of the other, furnishes an example worthy of applause and imitation.

此议极美，足可为法于天下。[1]

例［22］: We have no right to redress our wrongs in a way expensive and violent, when other methods would be successful.

夫然后义战与焉苟，犹有术以处之，而劳民伤财以求伸于天下，则断乎不可。[2]

例［23］: the country harboring them may add thereby to the number of its worthless inhabitant.

不容罪犯脱逃自是公法。若国容纳逃犯，则是招聚无赖为天下逋逃薮，二也。[3]

例［24］: There is a class of persons, particularly, —political offenders, —whom the world often regards as unfortunate rather than guilty, who may make useful inhabitants of another land, having sinned not against the morality of the universe, but against the absurd laws, it may be, of an antiquated political system.

如不堪命而谋反之类之故遂罹于罪天下，每悯斯

[1] ［美］惠顿著，丁韪良等译：《万国公法》，第四卷第二章第十节。

[2] ［美］吴尔玺著，丁韪良等译：《公法便览》，第三卷第一章第二节。

[3] 同上，第一卷第二章第二十节。

人之不幸，而不以为罪。[1]

从中可以发现："国"在"天下"之下，如"天下万国"，"天下之有国，若国之有家"；"天下"超越国界；"掌权者"为"天下"持衡；遭遇不平，国家将"求伸于"天下；犯罪的人将被"天下"追捕逃亡；规则如果有效，则有益于天下。与此同时，"天下"规则的执行人是"为政者"。——惠顿的著作中已经对源自宗教的自然法传统做了弱化处理，转而强调国际法中各流派的现实主义观点，即领土、人民、主权是构成国家的三要素，国家平等而独立，无须认可任何权威。根据其观点，主权是近代国家观念的核心，它包括对外捍卫主权独立和领土完整，对内实现主权在民。但在中国人理想的世界大同的状态里，约束来自"天"（由此制定出尊卑等级），中国则位于天地之间的中心，"天下"系统及其与权威相关的观念与西方现代主权观念并不兼容。

4. 隐去观察者，突出客观权威

"明暗对照法"由严格棱边分开的既无中间状态也无过度的明部与暗部形成强烈对比，制造出光线的复杂变化，加强事物的动感和不稳定性。西方绘画的写实，在于赋予空间和时间上的限定感，所以具有瞬间性，追求真实胜过完美。传统的中式绘画虽然也会根据四季转换变化主题，但是不会有明显的"我/观察者"的角色。

英文原作之中，叙述者不仅存在，且以《序》、脚注等多

---

[1] [美]吴尔玺著，丁韪良等译：《公法便览》，第一卷第二章第二十一节。

种副文本的形式显身，赋予了《国际法原理》一书教材和参考书的功能。作者的观察视角是恒定的，具有时间和地点瞬间感，并突出个人观点，其衬托效果正如绘画的“阴影”。

考查译作的副文本，可以看到叙述当中，原作者惠顿（《万国公法》）和吴尔玺（《公法便览》）作为法学著作研究者和知名作者的身份均被模糊化处理，仅有丁韪良的“译者序”简略地对作者有所介绍。作者的个人观点被扁平化呈现，几乎所有的脚注信息都被删除。原文的推理、案例、自我否定过程或被略过或被删去，但书被隐去，论证逻辑极度简化。其产生的实际效果相当于采用全知视角叙述，隐去了观察者，也删减了与阅读者的互动，进而引导其循序渐进地习得国际法规则这一流程。[1]

19世纪中叶，国际法庭这一裁决机制尚未建立，而以“主权”为基石的国际法规则意味着国家之间关系平等，不能强用武力；国际法著作需要起到说服和规劝的作用，同时又要教育和培训相关从业人员。由此，受到多个历史事件和法律契约推动，代表不同国家和不同流派利益的法学家和法律工作者会以著作的形式呼吁其他国家和团体认可和适用统一的国际交往规则。“光影对照法”追寻“真实”的再现，相当于为上帝的旨意代言，采用一种积极的入世态度。国际法原作树立权威的方式同样注重真实，通过记录确实发生过的案例，分析原理，总结规则，继而推广；兼有教科书功能，着眼教育和普及推广，具有开放与互通的文本特征。译作之中，对

[1] 相关副文本分析详见杨焯《丁译〈万国公法〉研究》第五章。

国际法权威全面和立体的构建却被改造成了单一扁平化的规则，剥除个人的观察体会，展示出完美主义倾向，体现了一种疏离超脱的世界观，也映射出东方视域的在求“真”方面的自我限制和封闭。

三、求“真”还是求“美”

巴罗所记录的中国画和西方画交汇之时两种风格的差异与冲突，在于中国传统审美不承认光线和距离，否认光影对比也就是否认以光线为辅助的观察结果。如此典型的东方式描写和叙述往往具有以下倾向：否认事件发生和记录的瞬间性；否认观察者的存在；以心像权威也就是想象权威代表观察记录者的个体权威；呈现观察结果的时候，要求用白描的手段再现事物，删除个人权威造成的延沓效应，去除制造出立体感的“阴影”。总之，东方式的绘画传统被臻于极致的审“美”需求主导，力图展现出对自然世界的完美临摹，要求画师呈现完美的理想世界，也因此否认个人观察，否认偏差。

如此“完美”是想象出来的完美世界秩序，而不是观察者的眼睛所看到的“完美”，因为观察者的眼睛是不可信的。精美的临摹，其实是将“人”从其中抽离出去的临摹，是疏离主义思想的体现。[1] 在他们看来，只有典籍中的以人类共同想象

[1] 严复在翻译中也常运用格义和会通手段对赫胥黎原著中的西方概念进行调整。

力构筑天下大同，才是真正理想的世界。然而现代西方法律形成的基础是自治，是边界的清晰划分而不是混同。罗伯特·昂格尔在《现代社会中的法律》一书中把法治看作法律的自主，认为其包括四个方面：实质性的、制度性的、职业性的和方法性的。[1]这意味着法治需要有一定的独立性，与其他社会形态之间存在一定的界限，这样才能形成自主。但是译作中，法律制度的观察者不存在，时间概念不清晰；以抽象描述代替实体程序，在具体的实施过程中未能指定和明确主体责任，同时不区分国际法的主体（即国家），反而有将国家公共体泛化为“天下”的趋势，法律的边界没有完全建立。在国际法权威的重现过程中，神圣化和世俗化（一如突出的鼻子和阴影）造成的对比也就是立体感被平面化和简单化，真实的国际交往被完美的规则想象替代，反而模糊了现实，以致削弱了国际法在实际层面上的约束力和执行力。

中国为什么产生不了西洋绘画那样的光影素描和油画那样的色彩？不是中国古人看不见光，而是中国古人认识世界不靠光影这种媒介，把重心放在物体的临摹和神态的抓取上，其根源在于认识世界的方式有所不同，其对权威的认识也不同于西方。葛兆光认为：“直线进化的时间意识和进步意识主导了资产阶级的历史叙事。与此相反，贯穿中国古代思想界主流的是复古主义的政治理想。在近代的中西思想交汇中，以社会进步意识为主旨的公理世界观对以‘自然之理势’为依据的天理世

[1] ［美］R. M. 昂格尔著，吴玉章、周汉华译：《现代社会中的法律》，北京：译林出版社，2001年，第16页。

界观形成了冲击，中国知识界被迫面对现代性问题。”[1] 在《现代中国思想的兴起》一书中，汪晖将这种冲突概括为天理世界观与公理世界观的尖锐对立：“第一，公理世界观逆转了天理世界观的历史观，将未来而不是过去视为理想政治的道德显示的根源；第二，公理观以一种直线向前的时间概念取代了天理的时势或理势概念；时势和理势内在于物之变化本身，它们并没有将物之变化编织在时间的目的论的轨道上。”[2] 将法律看作一个自创生系统，看出理想社会规则，是中国传统观念中朴素的理想。在这种理想之中，求“美”的需求压制了求“真”的愿望。

当然，在西方，油画不是唯一的绘画种类，线描画也存在。

[1] 杨淑华、王峰：《清末政治小说的译介及翻译现代问题》，《外语教学》2019年第4期，第83—87页。屈宝坤曾指出：“和古希腊重视自然因果关系的探讨而鄙薄技术应用不同，中国古代科学技术在天人合一思想影响下，始终有着以人为中心，以应用为目的的特点，即所谓‘备物致用，立功成器，以为天下利’（《周易·系辞上》——笔者注）”（屈宝坤：《晚清社会对科学技术的几点认识的演变》，《自然科学史研究》1991年第3期，第211—222页）。1886年，士子瞿昂来在格致书院的考课中将西方科学方法论与中国格致之法比较，是“明确引进西方科学方法的第一例”（同上）。1873年，王韬在《瓮牖余谈》中最早向中国人介绍了培根的水平及学说（张江华：《最早在中国介绍培根生平及其学说的文献》，《中国科技史》1990年第4期，第93—94页），此后，培根的学说风行于有志西学的人士之中。在西方近代科学发展中，培根和笛卡尔的学说都起了重大作用，但是前者倡导的“以实验为基础的归纳法”明显在中国更受到士大夫的推崇。“然而，有实验，有观察，有推理，才是完整的近代科学方法论”（同上）。直到1901年蔡元培在《化学定性分析》序中指出，《大学》“格物致知”实为“科学之大法”，因其“有二：曰归纳法，曰演绎法”（蔡元培：《蔡元培论科学技术》，石家庄：河北科学技术出版社，1985年，第3页），由此才有了“对西方近代科学方法的第一次全面系统的阐述”（同上）。

[2] 汪晖：《现代中国思想的兴起》，北京：生活·读书·新知三联书店，2004年，第48页。

比如图依布纳(Gunther Teubner)的自创生系统说[1]，大致源出于黑格尔的“理念世界”，与朱熹“存天理”近似，属客观唯心主义。但是从本质上来说，即使法律是自创生系统，也必有其根源，如平等互利的根源，催生出欠债还钱和付利息的法律，贵族制的根源，则催生出奴隶买卖、初夜权之类的法律。这些根源都是极端物质的、现实的、具体的，而非彼岸的、理念的。对人类规则的相关活动进行观察描绘，再现其“光影”，就是承认法律的现实性，体现了现实主义和契约主义理念。

四、结语

借由郎世宁的作品和巴罗的叙述，我们窥见两个审美系统冲突的一隅。在影响力上，其最终的产品(画作和译作)打破了中国封闭的自我循环，推动了传统绘画和朴素国际法观念的革新，中国由此逐渐从传统走向了现代社会。借助《万国公法》和《公法便览》的原作和译作对比，我们又看到文本背后的世界观差异。作为人类的智力成果，绘画和翻译两种活动中所描绘的实物和事实折射出了“我”(画者或译者)对“它”(现实语境)的观察和解读，也反映了“自我”和“他者”的认识视域差异，“阴影”与“油泥”由此隐喻了国际法著作和译作中

[1] Gunther Teubner, “The Anonymous Matrix: Human Rights Violations by ‘Private’ Transnational Actors”, *Modern Law Review*, no. 69(2006), (69), pp. 327—346.

对国际法权威概念的塑造和再现。对时间和事实的追求也就是对“真”的追求，其过程之中人们各抒己见，孜孜以求，如同在科学精神照耀下投下观察者自身的影子。而东方式权威的重塑过程中，“真”被替换成了“美”，“阴影”被当成影响了画面清洁的“油泥”，绝对性的权威压倒了个体认知，复古主义传统取代了现实主义。

"Shade" or "Dirt"? Translation and Reconstruction of Legal Authorities through the International Law Works in the 19th Century's China

Abstract: Source of light is a tool for people to observe the world. In the same sense, it can metaphorically be compared to people's recognition of legal authorities in the international works, as the 18th—19th century China witnessed how the superior class lead by the emperor refused to accept application of proper lights and shades in the painting products, even taking the shade as "dirt" on the pictures. To compromise, the Italian painter Giuseppe Castiglione had to creative a way of painting. Similar to this, an American missionary W.A.P. Martin, with his team of official translators, rendered English international law works into Chinese in a less complicated and more acceptable way, and hence reconstructed international law authorities in the popular Chinese legal translation works such as *Wanguogongfa* (1864) and *Gongfabianlan* (1878). By looking into context of those legal texts and tapping into some small bilingual corpuses, this study hopes to reveal new findings on development and transplantation of international law at the crossroad of the 19th century China.

Keywords: *Travels in China* by John Barrow; W.A.P. Martin; international law; translation history studies

翻译实践探索

《韵光目》（Dhvanyālokalocana）的译与释（一）

——兼论梵语哲学类（śāstric）文献的翻译 *

傅翀 **

摘要： 本文包括了对两个文本的翻译与注释：一个是由欢增（Ānandavardhana，活跃于公元9世纪）所撰写的《韵光》（*Dhvanyāloka*）——而《韵光》本身也包含两部分：一是经文（kārikā），一是自注（vṛtti）——另一个则是由新护（Abhinavagupta，活跃于公元10世纪）为进一步阐释《韵光》的经文与注文所撰写的疏：《目》（Locana）。同时文中还讨论了对这一类哲学推论性质梵语文献的翻译策略。

关键词： 梵语诗学；翻译研究；文学理论

一、前言

本文是对《韵光目》的翻译与注释，但实际上，本文包括

---

* 本文为国家社科基金重大项目“印度古典梵语文艺学重要文献翻译与研究”中期成果之一。

** 傅翀，牛津大学皇后学院/亚洲与中东研究系博士候选人，研究方向为印度古代哲学与梵语语法理论。

了对两个文本的翻译与注释：一个是由欢增（Ānandavardhana，活跃于公元9世纪）所撰写的《韵光》（*Dhvanyāloka*）——而《韵光》本身也包含两部分：一是经文（kārikā），一是自注（vṛtti）——另一个则是由新护（Abhinavagupta，活跃于公元10世纪）为进一步阐释《韵光》的经文与注文所撰写的疏：《目》（Locana）。[1]《韵光》注文的部分的字数是经文的数十倍，而新护《目》的字数是《韵光》全文的数百倍，可以说，虽然《目》是对《韵光》的阐释，但是《目》本身在梵语诗学史上也享有独立的、崇高的地位。我在这里无力也无意对欢增与新护的诗学理论做出全面的介绍，除了篇幅所限之外，一个更重要的原因是，我认为新护在《目》中最引人入胜的部分，并非他对"韵论"或"味论"的阐释与捍卫，而是他对具体诗作的极深研几与贯微动密。对于欢增与新护所持的核心观点，学界已多有介绍与分析，[2]而新护在对诗歌之遣词造句的毫分缕析中所展示出的含有匹敌的机警与淹博，则非读其原文而不能有所体认。诚如 McCrea 所说，欢增与新护所缔造的"韵论"与

[1] 黄宝生先生在《梵语诗学论著汇编》（北京：昆仑出版社，2008年）中收录他所翻译的《韵光》，但未包括新护的《目》。本文希望在黄先生的基础上，继续推进汉语学界对梵语诗学的认知。

[2] 相关研究可参阅黄宝生：《印度古典诗学》，北京：北京大学出版社，1999年，第298—370页；P. V. Kane, *History of Sanskrit Poetics*, Delhi: Motilal Banarsidass Publishers, 2002, pp.161—208与236—243；Edwin Gerow, *A History of Indian Literature: Indian Poetics*, Weisbaden: Harrassowitz, 1977, pp.250—258与264—267；D. H. H. Ingalls, J. M. Masson, & M. V. Patwardhan, *The Dhvanyāloka of Ānandavardhana with the Locana of Abhinavagupta*, Cambridge, Massachusetts: Harvard University Press, 1990, pp.1—39；L. J. McCrea, *The Teleology of Poetics in Medieval Kashmir*. Cambridge, Massachusetts: Harvard University Press；Eli Franco & Isabelle Ratié eds., *Around Abhinavagupta. Aspects of the Intellectual History of Kashmir from the Ninth to the Eleventh Century*, Münster: LIT Verlag.

"味论"，并不是梵语诗学按照一种线性发展而来的结果，而更类似于科学史意义上的范式转移[1]——那么，即便诗学史会再次迎来了范式转移，从而将"韵论"与"味论"彻底取代，但新护对《韵光》中所征引的每一首诗之所以产生诗意的别开生面与鞭辟入里的分析，仍然将在诗自身的历史中始终闪耀。Ingalls 也同样动情地说："新护对欢增所援引的那些诗的分析，会带给敏锐的读者上百则洞见，以领会梵语诗歌之美。"[2] 钱锺书先生在读《拉奥孔》时也曾提醒我们：就文论来说，相比起"什么理论系统"，有许多"精辟见解"，虽然看上去是"鸡零狗碎的东西不成气候"，但"正因为零星琐屑的东西易被忽视和遗忘，就愈需要收拾和爱惜"。[3] 更何况，新护建构的"韵"与"味"的理论系统，即便对于反对这两个概念的人来说，也体现出了人类理性因在分析性与系统性上趋于极致而具有的美感。如果说，翻译过的文本，已经是嚼过的饭了，那么我再归纳总结一遍，就无异于是吞下去之后再催吐出来的饭。有鉴于此，我认为，相比起我在这里向大家描述新护，不如请大家直接阅读新护。

那么问题来了，催吐出来的饭固然无足取，但难道我们就应该因此而忍受嚼过的饭吗？鸠摩罗什认为不行，我同意鸠摩罗什的看法。因此，在解释了我为何重翻译而轻介绍之后，我

[1] L. J. McCrea, *The Teleology of Poetics in Medieval Kashmir.* Cambridge, Massachusetts: Harvard University Press, pp.1—11。

[2] D. H. H. Ingalls, J. M. Masson, & M. V. Patwardhan, *The Dhvanyāloka of Ānandavardhana with the Locana of Abhinavagupta*, Cambridge, Massachusetts: Harvard University Press, 1990, p.38。

[3] 钱锺书:《读〈拉奥孔〉》, 钱锺书:《七缀集》, 北京: 生活、读书、新知三联书店, 2002年, 第33页。

认为有必要再解释一下我的翻译策略。

首先，《韵光》的经文部分：虽然欢增是按照韵文的格律来写作的，但是所采用的格律绝大部分是最基础与常见的anuṣṭubh，同时，也缺乏任何修辞。因此，这些经文只能说是对其观点的韵文化（versified）表达，而称不上是真正的诗，所以，在翻译经文时，我采用的是散文的文体，以求顺畅地转译欢增的理论。此处还值得一提的是，对于原文中——无论是注还是疏中所引用的诗——我都尽量按照广义的诗的文体进行翻译。

其次，《韵光》注的部分：由于欢增会通过在经文原句基础上进行扩写的方式来解释经文，因此我在翻译经文时，会根据注文的扩写，尽量选择被放置于注文的扩写语境中仍然语意通顺的表达，以此来避免这样的情况：经文就其本身而言是通顺的，但在注文中，也即是说，当经文和注文一起黏合成一句新的句子时，就显得突兀而难以成文。我会采用这种翻译策略，并不仅仅是因为考虑到这种注释的体例，更多是因为考虑到欢增在撰写注文时所展示出的流畅与清晰的文笔。

最后，新护《目》疏的部分：这部分的翻译所遇到的第一个挑战与注文部分类似，即，新护也会将经文和注文再次嵌入自己解释性的句子中。换句话说，我会根据新护所编织的新的句子，再回过头去调整我对经文与注文的翻译。比如，虽然黄宝生先生将欢增与新护所讨论的核心概念“dhvani”翻译为“韵”，可谓神来之笔，但因为注和疏中，这一词会被用作动词或动名词的形式，因此“韵”就很难贴合地出现在这样的上下文中，这时，我就会将“dhvani”翻译为“暗示”。我的翻译目标有二：一是维持在经、注与疏的原文中本就同样的词以统一的翻译，以显示出概念的层层发展；二是让经、注、疏都如原文般是语义完整且语感自然的句子。而翻译《目》的第二个挑战，就来自保持译文的自然——这一挑战可以分为以下几个层面：

（1）高度学术化的表达。新护的写作是标准的所谓“哲学讨论式的”（śāstric）文体，其中就会出现大量的由抽象名词后缀所构成的理论化的表达。比如下面这句话：

> **ātma**śabdasya **tattva**śabdenārthaṃ vivṛṇvānaḥ sāratvam aparaśābdavailakṣaṇyakāritvaṃ ca darśayati /
>
> 译文：当作者用“本质”来解释“灵魂”时，他展示的是（暗示）无比的重要性，这种重要性使得暗示与其他同词字有关的特性都区别开了。

而这句话的字面翻译则应当是：当作者用“本质”来解释“灵魂”的意义时，他展示的是无比的重要性，而这种重要性具有一种致使性，它使得其他同词字有关的特性都可以被区别开。很显然，这并不符合汉语的哲学讨论式的文体的自然表达，因此，我就不得不进行句法层面的改写。

（2）凝练。新护在需要详细展开的时候会毫不吝啬笔墨，但在可以凝练的地方也会惜字如金，因此我在翻译的时候就不得不进行补充。比如在上面的例子里，我用括号补充了“暗示”，以让整句话的意义在中文的语境中显得更加通顺，而不会因为我刻意追求同样的洗练而造成理解的障碍。同时，新护也会大量使用代词。由于在原文中代词会与其所指代的词在性与数上保持一致，因此会有效避免歧义的出现，但在译文中，因为汉语词汇并没有性与数的相应变化，所以，如果我仍然机械地将代词翻译为“它”，那么就会产生严重的歧义，因为我们无法通过性与数来限定“它”所能指代的词。因此，我会在有可能出现歧义的时候，将原文中的代词替换为它本身所指代的内容，而对于这一替代，我选择不使用括号来进行专门的标记。我的考虑是：如果一个持梵语的学者在阅读新护《目》时，其阅读体验是顺畅的，那么我在译文中使用过多的括号，显然会破坏持汉语的学者对《目》的阅读体验。因此，我将括号的使用严格限定于补充句子中没有的词或解释性的词，而不适用于将代词还原为其所代的词。

（3）小品词。梵语一方面拥有大量的小品词，但另一方面，一些常见的小品词又往往一次多用，能同时涵盖很多不同的意义。比如，最常见的小品词“ca”，它可以表示“同时”“然后”“和”“于是”“还有”“因此”“但是”等等，而通常表达转折的“tu”，却也往往被用作“以及”的意思，而同样常见的“api”，则不仅可以表达“即使”“哪怕”“就算”，也可以表达“也”、“甚至”与“还”。换句话说，小品词所具有的含义，更主要是由上下文的语境决定的，而不是它们在词典中被列举的那些意思。虽然小品词的意义体现出了极度的流动性，但是它们的存在可以使得由其联结的前后句子所具有的逻辑关系更加明了，有鉴于此，我在翻译这些词的时候，也会根据上下文，灵活选择对应的含义。比如，表达“同样地”之义的“atha”，我会根据语境将它翻译为“换句话说”，以便更加符合汉语论述的自然表达。

（4）复合词。虽然新护的《目》是哲学论著性质的散文，但是他仍然会像诗人写诗一样构造极其复杂的复合词，而事实上，这是符合梵语诗学的——活跃于八九世纪的诗学家伐摩那（Vāmana），在其著作《诗庄严经》（*Kāvyālaṃkārasūtra*）中，将诗定义为“由散文及韵文组成”，更在其自注中认为散文，而非韵文，“才是诗人的试金石”。[1] 比如，在之后的译文中，我们会遇到这样一段话：

> svayam avyucchinnaparameśvaranamaskārasampatticaritārtho 'pi vyākhyātṛśrotṝṇām avighnenābhīṣṭavyākhyāśravaṇalakṣaṇaphalasampattaye samucitāśīḥprakaṭanadvāreṇa parameśvarasāṃmukhyaṃ karoti vṛttikāraḥ

这段话实际上只有九个词，其中还包括了一个小品词“api”，但显然我们没有必要同样也用漫长的复合词来对译原文中的长词。我的翻译策略就是将之拆散，用更加符合汉语论述习惯的句法进行重新表述。

（5）知识背景。由于新护以及他原本的目标读者都拥有类似的知识积累，所以他在称述那些对他们来说众所周知的理论时，通常会一笔带过，比如对波你尼（Pāṇini）语法规则的引用，就只会使用相应的关键词，而不会出现波你尼的名字。对于这样的情况，我会在脚注中予以解释。

以上就是我在翻译时——在传递文章句义时——为了也能传递出文章之味而做出的努力。对我来说，阅读新护是艰苦但愉悦的，希望我的译文不增添读者额外的艰苦，也不减损他

[1] kāvyaṃ gadyaṃ padyaṃ ca // VKal_1, 3.21 //gadyasya pūrvaṃ nirdeśo durlakṣyaviṣayatvena durbandhatvāt / yathāhuḥ —— gadyaṃ kavīnāṃ nikaṣaṃ vadanti iti //21//.

们应得的愉悦。为了方便查阅与检索，我将原文与译文对应排列，而在原文中注释引用经文，以及《目》疏引用经文与注文的地方，都以加粗的方式予以标记。即便是不掌握梵语的读者，我希望这样的并置也可以让他们体会到译文和原文之间的互文性。同时，考虑到经、注、疏的严格对应，我参考的英译本的分段方式，将相对独立的部分进行分段排列，并用加大、加粗的“经”“注”“目”作为分段标记。

我所依据的底本是“The Kashi Sanskri Series 第135卷”：《*The Dhvanyāloka of Śrī Ānandavardhanāchrya with the Lochana and Bālapriyā Commentaries*》(Benares City: Chowkhambā Sanskrit Series Office, 1940)。我的翻译参考了黄宝生的《韵光》汉译本、Ingalls，Masson 与 Patwardhan 的《*The Dhvanyāloka of Ānandavardhana with the Locana of Abhinavagupta*》英译本以及 Rāmasāraka 所写的《*Bālapriyā*》——这是对《目》疏的再注释。

目前这篇文章包括的是《韵光》及《目》的开篇献诗与《韵光》第一章第一节的经文与部分注文，以及对应的《目》疏。开篇献诗对于梵语哲学论著具有特殊的意义，[1] 比如，它需要显示出作者认为哪一位神对于这部书的完成将起到庇护的作用，同时，它还需点明这部论著的旨意。值得注意的是，新护在解释欢增的献诗之前，也题写了自己的献诗，在其中他开宗明义地提到了居于他的诗学理论核心的“诗人与知音”，这一点在之后译及他开创性地阐释“味论”时，将会

[1] 对论著前献诗的研究，可参考 Walter Slaje ed., *Śāstrārambha: Inquiries into the Preamble in Sanskrit*, Weisbaden: Harrassowitz, 2008。

详细探讨。另外，我们还可以发现新护将《韵光》称为《诗光》(*Kāvyālokaṃ*)。[1]而在《目》疏接下来对欢增献诗的解释中，新护引用其老师巴真度拉贾（Bhaṭṭendurāja）的理论，分析了欢增的诗中所蕴含的三层暗示义，分别是“本事暗示”(vastudhvani)、“修辞暗示”(alaṅkāradhvani)与“味暗示”(rasadhvani)，而这三层暗示义也是《目》疏在之后会着重论证的核心概念。而在正文开始后,《韵光》提到了历史上对“暗示是诗歌灵魂”持反对意见的三种流派。而在本文所及译的《目》中，新护详细地重构了这三种流派所持的反对意见与他们的论证过程。

二、译文

Dhvanyāloka// prathamoddyotaḥ //

《韵光》第一章

注

svecchākesariṇaḥ svacchasvacchāyāyāsitendavaḥ |

trāyantāṃ vo madhuripoḥ prapannārticchido nakhāḥ ||

摩图之敌自愿化身狮子，

那些爪甲皎洁胜过月光，

---

[1] 关于这部著作的书名，参看D. H. H. Ingalls, J. M. Masson, & M. V. Patwardhan, *The Dhvanyāloka of Ānandavardhana with the Locana of Abhinavagupta*, pp.12—13以及黄宝生:《梵语诗学论著汇编》, 第230页。

斩断虔诚信徒们的痛苦，
但愿它们保佑你们平安！

目

apūrvaṃ yad vastu prathayati vinā kāraṇakalāṃ jagad grāvaprakhyaṃ nijarasabharāt sārayati ca /
kramāt prakhyopākhyāprasarasubhagaṃ bhāsayati tat sarasvatyās tattvaṃ kavisahṛdayākhyaṃ vijayate //
愿辩才天女之理则无往而不利——
它让亘古未有的事物出现，无须遵循任何因果；
它让岩石般的世界荡漾，因其自身所含的情味；
它让这世界赋有恒姿，通过连绵的文心与丽辞。
——它被唤为：诗人与知音。

bhaṭṭendurājacaraṇābjakṛtādhivāsahṛdyaśruto ’bhinavaguptapadābhidho ’ham /
yatkiñcid apy anuraṇan sphuṭayāmi kāvyālokaṃ svalocananiyojanayā janasya //
在巴真度拉贾的莲花足边，我，新护，有所闻所记；
即便所学甚浅，我也将依我“目”向众人敷陈《诗光》。

svayam avyucchinnaparameśvaranamaskārasampatticaritārtho ’pi vyākhyātṛśrotṝṇām avighnenābhīṣṭavyākhyāśravaṇalakṣaṇaphalasampattaye samucitāśīḥprakaṭanadvāreṇa parameśvarasāṃmukhyaṃ karoti vṛttikāraḥ

注文的作者——虽然他自己的目的已通过不间断致敬至高之神而如愿——但他仍然用这首恰如其分的献诗赢得神的瞩目，因为他还希望实现一个目标，即，在传道者的解释中，以及进学者的听取中，都不再有障碍。

sveccheti / madhuripor nakhāḥ vo yuṣmān vyākhyātṛśrotṝṃs trāyantām, teṣām eva sambodhanayogyatvāt; sambodhanasāro hi yuṣmadarthaḥ, trāṇaṃ cābhīṣṭalābhaṃ prati sāhāyakācaraṇaṃ, tac ca tatpratidvandvivighnāpasāraṇādinā bhavatīti, iyad atra trāṇaṃ vivikṣitam,

"摩图之敌自愿化身狮子"等等，意为，愿摩图之敌的那些爪甲保佑你们——传道者与进学者，因为唯有他们是合适的称呼对象，而"你们"这一词的使用就意味着此处有直接称呼。"保佑"则是指帮助其实现目标，而帮助是通过诸如移除相悖的障碍等方式来成就的。这就是"保佑"一词在这个语境里所希望表达的意思。

nityodyoginaś ca bhagavato 'sammohādyavasāyayogitvenotsāhapratīter vīraraso dhvanyate, nakhānāṃ praharaṇatvena praharaṇena ca rakṣaṇe kartavye nakhānām avyatiriktatvena karaṇatvāt sātiśayaśaktitā kartṛtvena sūcitā, dhvanitaś ca parameśvarasya vyatiriktakaraṇāpekṣāvirahaḥ, **madhuripor** ityanena tasya sadaiva jagattrāsāpasāraṇodyama uktaḥ,

英勇之味（vīrarasa）则通过对力量的领悟而被暗示，而这领悟源自认识到永动之神所具有的清晰与坚定。而对"爪甲"

神力的暗示则通过将它们升为主格来实现——爪甲本来是工具格：它是武器，而保护需要凭借武器来达成。一同被暗示到的还有神无须借助额外的工具。“摩图之敌”一词指的是他一直都在致力于消除世界的恐惧。

kīdṛśasya madhuripoḥ? svecchayā kesariṇaḥ, na tu karmapāratantryeṇa, nāpyanyadīyecchayā, api tu viśiṣṭ adānavahananocitatathāvidhecchāparigrahaucityād eva svīkṛtasiṃharūpasyetyarthaḥ,

怎样的摩图之敌？出于自己的意愿化身为狮子，即非出于前世所造之业，也非出于他人的意愿。此外，这个词还有一层含义：他将自己变为狮子是恰当的，因为他的意愿是适宜于以这样的形式来实现的——就好比要捕杀某个特定的魔鬼。

kīdṛśā nakhāḥ? prapannānām ārti ye chindanti; nakhānāṃ hi chedakatvam ucitam; ārteḥ punaś chedyatvaṃ nakhān pratyasambhāvanīyam api tadīyānāṃ nakhānāṃ svecchānirmāṇaucityāt sambhāvyata eveti bhāvaḥ, atha vā trijagatkaṇṭako hiraṇyakaśipur viśvasyotkleśakara iti sa eva vastutaḥ prapannānāṃ bhagavadekaśaraṇānāṃ janānām ārtikāritvān mūrtaivārtis taṃ vināśayadbhir ārtir evocchinnā bhavatīti parameśvarasya tasyām apyavasthāyāṃ paramakāruṇikatvam uktaṃ,

怎样的爪甲？那些斩断虔诚信徒们的痛苦的爪甲。爪甲自然是能“斩”的，但是对于爪牙来说，要斩断痛苦却是不可能的——除非是神出于自己意愿所造的爪牙。抑或是，金床

（Hiraṇyakaśipu），身为三界之刺及众生之疾，他自己实际上就是具象的痛苦——因为他将痛苦带给了将神视为唯一避难所的虔诚信徒们，而这个痛苦通过毁灭他得以斩断。这意味着，即便在这样的情形之中，神依然保有无上的慈悲。

kiṃ ca te nakhāḥ svacchena svacchatāguṇena nairmalyena; svacchamṛduprabhṛtayo hi mukhyatayā bhāvavṛttaya eva; svacchāyayā ca vakrahṛdyarūpayā "kṛtyā" yāsitaḥ——khedita indur yaiḥ, atrārthaśaktimūlena dhvaninā bālacandratvaṃ dhvanyate, āyāsanena tatsannidhau candrasya vicchāyatvapratītir ahṛdyatvapratītiś ca dhvanyate, āyāsakāritvaṃ ca nakhānāṃ suprasiddham; naraharinakhānāṃ tacca lokottareṇa rūpeṇa pratipāditam, kiṃ ca tadīyāṃ svacchatāṃ kuṭilimānaṃ cāvalokya bālacandraḥ svātmani khedam anubhavati; tulye 'pi svacchakuṭilākārayoge 'mī prapannārtinivāraṇakuśalāḥ; na tvaham iti vyatirekālaṅkāro 'pi dhvanitaḥ, kiṃ cāhaṃ pūrvam eka evāsādhāraṇavaiśadyahṛdyākārayogāt samastaj anābhilaṣaṇīyatābhājanam abhavam, adya punar evaṃvidhā nakhā daśa bālacandrākārāḥ santāpārticchedakuśalāś ceti tān eva loko bālendubahumānena paśyati, na tu māṃ ityākalayan bālendur aviratam āyāsam anubhavatīvetyutp rekṣāpahnutidhvanir api, evaṃ vastvalaṅkārarasabhedena tridhā dhvanir atra śloke'smadgurubhir vyākyātaḥ /

除此之外，这些爪甲，因其“皎洁”（svacchena），也就是因为其以皎洁的性质为属性、因为其无垢性——这是由于

“皎洁”与“柔软”这样的词，就其初始意义来说，指称的是其存有的方式——同时，因其“自身的形状”（svacchāyayā），也就是因为其弯曲与可人的形式，胜过了月亮：其意为，月亮因爪甲的这些属性而倍感疼痛。在这里，“月亮恰为一轮新月”是被暗示出的，而这暗示是基于含义的力量。鉴于在爪牙之前月亮倍感疼痛，那么月亮的苍白与平平无奇也就经由暗示而被领会了，同时，众所周知，爪甲有导致疼痛的属性。而因为这一属性是由人狮之爪甲所具有的，因此这一导致疼痛的属性就以一种超自然的方式得以呈现。再者，当月亮注意到爪甲的皎洁与弯曲后，月亮体验到了一种内心深处的疼痛：“即便我在皎洁与弯曲的形状上与人狮的爪甲不相上下，但这些爪甲还善于清除虔诚信徒们的痛苦，而我却对此无能为力。”如此一来，被暗示的还有“对比”（vyatireka）这一修辞法。还有，“过去，只有我才是大家都渴望的对象，因为我有独一无二的洁白与可人，但如今，这十个爪甲都是新月的形状，而且还擅长移除疼痛与痛苦。人们只会带着景仰来看这些爪甲——这份景仰原本是针对新月的——但他们已不再这样看我了”。当新月这样想时，就好似它在经历无尽的疼痛，与此同时，这里也就出现了对“想象”（utprekṣā）与“否定”（apahnuti）这两种修辞法的暗示。至此——对事或剧情的暗示、对修辞法的暗示，以及对味的暗示——这三种暗示，都在这首诗中由我的老师揭示。

经 1.1

kāvyasyātmā dhvanir iti budhair yaḥ samāmnātapūrvas

tasyābhāvaṃ jagadur apare bhāktam āhus tam anye / kecid vācām sthitam aviṣaye tattvam ūcus tadīyaṃ tena brūmaḥ sahṛdayamanaḥprītaye tatsvarūpam // dhvk_1.1 //

按照智者们自古相承的说法："暗示是诗的灵魂。"而曾有些人说它不存在，还曾有另一些人说它是转示义（bhākta），还有一些人说它的本质超越语言的范围。因此，为了让知音们内心喜悦，我们讲述它的性质。

注

budhaiḥ kāvyatattvavidbhiḥ **kāvyasyātmā dhvanir** iti saṃjñitaḥ paramparayā **yaḥ samāmnātapūrvaḥ** samyak āsamantād mnātaḥ prakaṭitaḥ / **tasya** sahṛdaya janamanaḥprakāśamānasyāpy abhāvam anye jagaduḥ / tadabhāvavādināṃ cāmī vikalpāḥ sambhavanti /

"智者们"，指通晓诗之本质的人们，他们称"暗示是诗的灵魂"。"自古相承"（sam-ā-mnāta-pūrva），指在代代相传中被发扬光大，也就是指：被准确（samyak）而全面（samantāt）地研究（mnāta）。[1]"它"，也就是说，即便它在知音们的心中显而易见，仍然有其他人说它不存在。至于这些否认韵存在的人，他们持有以下几种臆测是可能的。[2]

[1] 新护在解释"samāmnāta"一词时，将其前缀"sam"解释为"samyak"，将"ā"解释为"samantāt"。

[2] 黄宝生先生译为："智者们通晓诗的真谛，认为诗的灵魂是韵。这种说法辗转相传，广为人知。尽管知音们了然于心，但有些人说它不存在。否定它存在的人们有这样一些疑惑。"

目（针对“经 1.1”）

atha prādhānyena abhidheyasvarūpam abhidadhadapradhānatayā prayojanaprayojanaṃ tatsambaddhaṃ prayojanaṃ ca sāmarthyāt prakaṭayann ādivākyam āha kāvyasyātmeti /

在这里，首要地，作者直截了当地陈述了主题（abhidheya）的性质；次要地，作者直截了当地陈述了关于这部著作之目的的目的（prayojana）。[1] 通过文义，我们可以推知，作者认为还存在着一个首先需要达成的目的，并且它与最终目的相联系。鉴于此，作者道出了第一定义：“……是诗的灵魂……”等等。

目（针对“注”）

kāvyātmaśabdasaṃnidhānād **budhaś**abdo ’tra kāvyātmāvabodhanimittaka ityabhiprāyeṇa vivṛṇoti kāvyatattvavidbhir iti /

由于紧邻“诗的灵魂”一词，“智者”这个词，在这个语境下，就指那些让人们得以理解诗的灵魂的人。基于这个想法，作者将“智者们”解释为“通晓诗之本质的人们”。

ātmaśabdasya **tattva**śabdenārthaṃ vivṛṇvānaḥ sāratvam aparaśābdavailakṣaṇyakāritvaṃ ca darśayati /

当作者用“本质”来解释“灵魂”时，他展示的是（暗示）

[1] 在印度传统的哲学类著作中，作者需要在开头点明本文的四个要点“anubandhacatuṣṭaya”：主题、目的、听众与关系。

无比的重要性，这种重要性使得韵与其他同词字有关的特性都区别开了。

itiśabdaḥ svarūpaparatvaṃ dhvaniśabdasyācaṣṭe, tadarthasya vivādāspadībhūtatayā niścayābhāvenārthavattvāyogāt /

而“iti”这个词，[1]指的是“暗示”这个词的发音本身。而至于语词与被语词称谓的事物并不等同这一点，仍然是争议不断，缺乏共识。

etadvivṛṇoti **saṃjñita** iti / vastutas tu na tatsaṃjñāmātreṇoktam, api tvastyeva dhvaniśabdavācyaṃ pratyuta samastasārabhūtam / na hyanyathā budhās tādṛśam āmaneyur ityabhiprāyeṇa vivṛṇoti **tasya sahṛdaye**tyādinā / evaṃ tu yuktataram—**iti**śabdo bhinnakramo vākyārthaparāmarśakaḥ, dhvanilakṣaṇo'rthaḥ kāvyasyātmeti yaḥ samāmnāta iti / śabdapadārthakatve hi dhvanisaṃjñito'rtha iti kā saṅgatiḥ? evaṃ hi dhvaniśabdaḥ kāvyasyātmetyuktaṃ bhaved, gavityayamāheti yathā / na ca vipratipattisthānam asad eva, pratyuta satyeva dharmiṇi dharmamātrakṛtā vipratipattir ityalam aprastutena bhūyasā sahṛdayajanodvejanena /

为了回应这一点，作者使用了“称”一词。事实上，“暗示”(dhvani)这个词并没有被认为仅仅是一个称呼，恰恰相反，其中是有一件本质性的事物存在的，而它被冠以“暗示”(dhvani)这个名称。不然的话，智者们也将不会去传承它。

[1] 在译文中被处理为双引号。

基于这个想法，作者继续解释"'它'，也就是说，即便它在知音们的心中显而易见"。然而，这儿有一个更妥善的解释。"iti"这个词（也就是译文中的双引号）所标记的直接引语的部分，并没有符合其常规的用法——它实际上所包括的直接引语应该扩展为一整句话："'一件事物，以暗示为其特征，是诗的灵魂。'这是被传承的内容。"如果将"暗示"（dhvani）仅仅当作是一个音，那么，这个观点又怎么会和"一件事物，被称为'暗示'"这个观点相谐和呢？这样一来，这句话就应该是："'暗示'的发音是诗的灵魂。"这就好比是说出这样一句话"他说：'牛。'"而且，不存在的事物也无法处于争议之中，与之相反，如果有一个实体（dharmin），那么争议就会围绕其属性（dharma）而起。行文至此，这些让知音费神但偏题的讨论已经足够了。

budhasyaikasya prāmādikam api tathābhidhānaṃ syāt, na tu bhūyasāṃ tad yuktam / tena budhair iti bahuvacanam / tad eva vyācaṣṭe—**paramparaye**ti / avicchinnena pravāheṇa tairetad uktaṃ vināpi viśiṣṭapustakeṣu viniveśanād ityabhiprāyaḥ / na ca budhā bhūyāṃso 'nādaraṇīyaṃ vastvādareṇopadiśeyuḥ; etat tvādareṇopadiṣṭam / tadāha — samyagāmnātapūrva[1] iti / pūrvagrahaṇenedam prathamatā nātra sambhāvyata ityāha, vyācaṣṭe ca—samyag ā samantād mnātaḥ prakaṭita ityanena /

如果一个论断只是由一个智者提出来，那它有可能就是

[1] 新护的引用将原文从"samāmnātapūrva"改为"samyagāmnātapūrva"。

错的，但如果是由多名智者提出来的，那错的可能性也就不大了。因此，作者在经文中使用了“智者们”，因为它是一个复数词。在注文中，作者就此解释为：“代代相传”，意思是，宣讲这一观点的智者们的谱系从未中断，即使他们并没有就此写任何专书。这是作者如此解释的意图。对于如此许多智者来说，他们不会带着敬意来教授一件他们认为不值得尊敬的学说。但是，他们确是带着敬意在教授这一个学说。因此，作者说“自古相承”，其中“自古”一词的使用，意在防止人们认为这个学说有可能是在此处才被首次提出来。因此，作者在注文中解释道：“被发扬光大，也就是指：被准确而全面地研究。”

tasyeti / yasyādhigamāya pratyuta yatanīyaṃ, kā tatrābhāvasambhāvanā / ataḥ kiṃ kurmaḥ, apāraṃ maurkhyam abhāvavādinām iti bhāvaḥ / na cāsmābhirabhāvavādināṃ vikalpāḥ śrutāḥ, kiṃ tu sambhāvya dūṣayiṣyante, ataḥ parokṣatvam / na ca bhaviṣyadvastu dūṣayituṃ yuktam, anutpannatvād eva / tad api buddhyāropitaṃ dūṣyata iti cet; buddhyāropitatvād eva bhaviṣyattvahāniḥ / ato bhūtakālonmeṣāt pārokṣyād viśiṣṭādyatanatvapratibhānābhāvāc ca liṭā prayogaḥ kṛtaḥ—jagadur iti / tadvyākhyānāyaiva sambhāvya dūṣaṇaṃ prakaṭayiṣyati / sambhāvanāpi neyam asambhavato yuktā, api tu sambhavata eva, anyathā sambhāvanānām aparyavasānaṃ syāt dūṣaṇānāṃ ca / ataḥ sambhāvanām abhidhāyiṣyamāṇāṃ samarthayituṃ pūrvaṃ **sambhavantī**tyāha / sambhāvyanta iti tūcyamānaṃ punaruktārtham eva syāt / na ca sambhavasyāpi sambhāvanā, api tu vartamānataiva sphuṭeti vartamānenaiva nirdeśaḥ /

对“它”的解释：它是那种需要付诸努力才能理解的事物，在这样的情况下，它怎么可能是不存在的？对此我们无计可施。这句话要点明的是：那些认为韵并不存在的人身上无边无际的愚蠢。而且，我们也并不是真的听闻了这些“不存在论”者的臆测，毋宁是说，在提出了我们认为可能存在过的臆测后，再予以反驳。所以，（作者使用的是动词的完成式，[1] 这正是因为他所描述的事件）不是他亲历的。[2] 同时，作者也明智地没有（使用将来式的动词以）去否认未来的事物，因为未来的事物确确实实还没有到来。如果有人认为作者反驳的是未来的事物，但是是基于理性而被构想出来的，那么我们的回应是：这件事物的未来性已经消失了，原因也很简单，因为它已经被构想出来了。由于这些臆测都被认为是发生在过去，因为作者并没有亲见；同时，也因为这些臆测并没有被专门指认为发生在现在，因此，作者在这里使用了完成式。为了解释清楚，作者就要先假设有一些存在过的臆测，然后再反驳它们。不过，即便是假设，也不能是毫无根据的，而要是言之成理的。否则，会出现无穷无尽的假设与对假设的反驳。为了显出正在被讨论的假设在理论上是成立的，作者在一开始就说：“是可能的。”如果作者在这里使用的表达是“被假设的”，那么就会导致重言式的出现。[3] 就可能性来说，这里的假设不仅仅是成立的，而且显然是在当下成立的：作者因此就使用了现在式来陈述这个可能性（“是可能的”）。

---

[1] 在译文中我用“曾……说……”来表达完成式。

[2] 参见波你尼语法3.2.115条：parokṣe liṭ。意为：完成式适用于讲述者描述其没有亲见的事物。

[3] 这句话的意思是：本来的表达为“假设是可能的”，而重言式指“假设是被假设的”。

nanu cāsambhavadvastumūlayā sambhāvanayā yat sambhāvitaṃ tad dūṣayitum aśakyam ityāśaṅkyāha—vikalpā iti /

na tu vastu sambhavati tādṛk yata iyaṃ sambhāvanā, api tu vikalpā eva / te ca tattvāvabodhavandhyatayā sphureyur api, ata eva'ācakṣīran'ityādayo'tra sambhāvanāviṣayā liṅprayogā atītaparamārthe paryavasyanti / yathā

yadi nāmāsya kāyasya yad antas tadbahirbhavet /
daṇḍam ādāya loko'yaṃ śunaḥ kākāṃśca vārayet //

也许会有这样的反对意见：若一个观点的提出是基于一个假设，而这个假设又是基于一个不可能的事物，那么你不可能反驳这个观点。有鉴于此，作者使用了“臆想”一词。并非是因为可能有如此的事物，而有这般基于它的假设——有的实际上只是臆想。如果人们对（诗的）本质一无所知，大概就会有这些臆想出现，因此，在之后的注文里作者会使用“大概当时会认为”（ācakṣīran）这样呈祈愿一虚拟语气的动词，既表达了这些动词所称述的是假设，同时表明这些行为发生在过去。就像这首诗一样：

要是五脏六腑当时俱翻于外，
需有棍棒方可驱赶狗与乌鸦。

ityatra / yadyevaṃ kāyasya dṛṣṭatā syāt tadaivam avalokyeteti bhūtaprāṇataiva / yadi na syāt tataḥ kiṃ syād ityatrāpi, kiṃ vṛttaṃ yadi pūrvavan na bhavanasya sambhāvanetyayam evārtha ityalam aprakṛtena bahunā /

这首诗的意思是：如果身体当时变成了这样，那么诗中所描述的情形大概就会出现——而这件事只会发生在过去。如果这首诗这样表述："要是当时没有这样，那么怎样的情形大概会出现？"其意为：如果没有关于之前某一情形的假说，那么当时会有什么后果发生？在这两种表达里，祈愿一虚拟语气所表达的含义是一致的。离题已久，不宜再叙。

tatra samayāpekṣaṇena śabdo 'rthapratipādaka iti kṛtvā vācyavyatiriktaṃ nāsti vyaṅgyam,

接下来（要介绍的就是几种否认韵存在的臆想，首先是）："通过惯例，词语传递意义。"这样一来，他们认为并不存在一种超越于被指称的意义之上的暗示义。

sadapi vā tadabhidhā vṛttyākṣiptaṃ śabdāvagatārthabalākṛṣṭatvād bhāktam,

（第二种是：）或者，即便有超越于被指称的意义之上的含义，那也是转示义，而它的产生系于语言进行直接指称的功能，因为人们对转示义的领会受制于对词语的理解。

tadanākṣiptam api vā na vaktuṃ śakyaṃ kumārīṣviva bhartṛsukham atadvitsu iti traya evaite pradhānavipratipattiprakārāḥ /

（第三种是：）即便暗示义的产生不同于转示义的产生，但暗示义却无法为语言所描述，就像丈夫带来的幸福，是无法通过语言向未婚的少女来描述的。以上就是三种主要的反对意见。

tatrābhāvavikalpasya trayaḥ prakārāḥ—śabdarthaguṇālaṅkārāṇām eva śabdārthaśobhākāritvāl lokaśāstrātiriktasundaraśabdārthamayasya kāvyasya na śobhāhetuḥ kaścid anyo 'sti yo 'smābhir na gaṇita ityekaḥ prakāraḥ,

在上文所述及的第一种否认暗示义存在的臆想中，还可以再分出三类。第一类认为："由于词语与意义之美的诞生是源自它们的性质（guṇa）与对它们的修饰（alaṅkāra），而由美丽的词语与意义构成的诗歌——美过日常用语与理论著作——有关它美丽的原因，我们的理论没有任何遗漏。"

yo vā na gaṇitaḥ sa śobhākāryeva na bhavatīti dvitīyaḥ, atha śobhākārī bhavati tarhyasmadukta eva guṇe vālaṅkāre vāntarbhavati, nāmāntarakaraṇe tu kiyad idaṃ pāṇḍityam / athāpyukteṣu guṇeṣvalaṅkāreṣu vā nāntarbhāvaḥ, tathāpi kiñcid viśeṣaleśam āśritya nāmāntarakaraṇam upamāvicchittiprakārāṇām asaṃkhyatvāt / tathāpi guṇālaṅkāravyatiriktatvābhāva eva / tāvanmātreṇa ca kiṃ kṛtam? anyasyāpi vaicitryasya śakyotprekṣatvāt / cirantanair hi bharatamuniprabhṛtibhir yamakopame eva śabdārthālaṅkāratveneṣṭe, tatprapañcadikpradarśanaṃ tvanyair alaṅkārakāraiḥ kṛtam / tadyathā —'karmaṇy-aṇ'ityatra kumbhakārādyudāharaṇaṃ śrutvā svayaṃ nagarakārādiśabdā utprekṣyante, tāvatā ka ātmani bahumānaḥ / evaṃprakṛte'pīti tṛtīyaḥ prakāraḥ / evam ekas tridhā vikalpaḥ, anyau ca dvāviti pañca vikalpā iti tātparyārthaḥ /

第二类认为："凡是没有在我们的诗学理论中拥有一席之

地的概念，都不会为诗带来美。”第三类则认为：“就算暗示义为诗带来了美，我们也只会认为，它要么属于性质的范畴，要么属于修辞的范畴——给它安一个新的名字，于学术进步何益？即便暗示义没有被我们已经阐释过的各种性质与修辞所囊括，这个新名词的出现，也只是由于诸概念之间可以区分出极其细微差别——因为各种各样的明喻（upamā）的种类是数不胜数的。因此，暗示义与性质和修辞的本质区别实际上是不存在的。就算你这样做了，又有什么意义呢？因为人们总是能够想象出其他各种各样给诗带来的美的原因。往圣们，比如婆罗多，仅仅承认同音反复（yamaka）与明喻（upamā）是分别对应词语与意义的修辞法，而后世诗学家所做的，就是展示这两种修辞法在不同方向上的发展。这就好比，在听到‘制作罐子的人’（kumbhakāra）这个例子后，此人基于这个例子所解释的波你尼语法第3.2.1条：‘karmaṇyaṇ’[1]，又自己想出了诸如‘创造城市的人’（nagarakāra）这样的词，这其中有什么值得骄傲的呢？对于此处所讨论的主题来说，情况是一样的。”如此一来，第一种臆想下分出的三类反对意见，与上文所提及的第二与第三种的臆想一道，组成了五种臆想。以上就是这段文字的要旨。

注

tatra kecid ācakṣīran śabdārthaśarīran tāvat kāvyam / tatra

[1] 这条规则意为：如果一个动词与它的目标组成复合词，那么在动词词干后应该加上词缀aṇ。

ca śabdagatāś cārutvahetavo ’nuprāsādayaḥ prasiddhā eva / arthagatāś copamādayaḥ / varṇasaṅghaṭanādharmāś ca ye mādhuryādayas te’pi pratīyante / tadanatiriktavṛttayo vṛttayo’pi yāḥ kaiścid upanāgarikādyāḥ prakāśitāḥ, tā api gatāḥ śravaṇagocaram / rītayaś ca vaidarbhīprabhṛtayaḥ / tadvyatiriktaḥ ko ’yam dhvanir nāmeti /

在这里，有的人大概会宣称，所谓诗，不外乎就是词与义的具身。众所周知，在让诗获得美的各种方式中，属于词的有诸如“头韵”等等，而属于义的则有诸如“明喻”等等。同样为人所知的还有诸如“甜蜜”等等，其属性来自发音与组合。我们有所耳闻的概念还包括三种“出现”（vṛtti）[1]，其作用实际上与它们[2]并无二致，有一些学者用“upanāgarikā”（柔声）等术语来描述它们。另外，还有“风格”（rīti）这一概念，比如“毗达哩毗风格”（Vaidarbhī）等等。[3]既然不同于以上所列举的各种概念，那么这个被称为“暗示”的究竟是什么？

目

tān eva krameṇāha—**śabdārthaśarīraṃ tāvad** ityādinā / **tāvad** grahaṇena kasyāpyatra na vipratipattir iti darśayati / tatra śabdārthau na tāvad dhvaniḥ, yataḥ saṃjñāmātreṇa hi ko guṇaḥ? atha śabdārthayoś cārutvaṃ sa dhvaniḥ / tathāpi dvividhaṃ

[1] vṛtti来自动词词根√vṛt，意为“出现”、“运行”与“起……功能”。正如下文所说，这个概念的提出是用于头韵的出现，因此我在翻译它时保留了它得名的原因。

[2] “它们”指“性质及修辞”。

[3] 代表诗学家为檀丁（Daṇḍin），参考黄宝生：《梵语诗学论著汇编》，第151—228页。

cārutvam—svarūpamātraniṣṭhaṃ saṃghaṭanāśritaṃ ca / tatra śabdānāṃ svarūpamātrakṛtaṃ cārutvaṃ śabdālaṅkārebhyaḥ, saṃghaṭanāśritaṃ tu śabdaguṇebhyaḥ / evam arthānāṃ cārutvaṃ svarūpamātraniṣṭam upamādibhyaḥ / saṃghaṭanāparyavasitaṃ tvarthaguṇebhya iti na guṇālaṅkāravyatirikto dhvaniḥ kaścit /

作者开始逐个列举这些观点。“不外乎就是词与义的具身”：通过“不外乎”一词，作者传达的意思是：就这一点来说，没有人会持异议。在这里，我们不能说：暗示不外乎就是词与义，因此，如果仅仅是把词与义改称为“暗示”，这（对我们理解诗）有何益处呢？抑或是，暗示是词与义中所蕴含的让诗得以变美的特质。姑且先承认这一点，那么我们可以将让这种美分为两类：一类植根于自身，一类依赖于组合。也就是说，如果美的缔造是由于词自身，那么，这种美来自对词的修饰；如果美的缔造源自组合，那么，这种美来自对词的组合。同样地，如果义之美源于义自身，那么义之美来自明喻等等；如果美取决于组合，那么美源于义之性质。因此，并不存在什么与性质和修辞相异的韵（暗示）。

saṃghaṭanādharmā iti / śabdārthayor iti śeṣaḥ / yad guṇālaṅkāravyatiriktaṃ tac cārutvakāri na bhavati, nityānityādoṣā asādhuduḥśravādaya iva / cārutvahetuś ca dhvaniḥ, tan na tadvyatirikta iti vyatirekī hetuḥ /

“其属性来自组合”：这句话的完整意思，还需要补充为“其属性来自对词与义的组合”。凡是不同于性质与修辞的，就不是让诗获得美的原因：比如，诸如语病这样的绝对意义上的错误，以及诸如恶声一类的相对意义上的错误。如果你认为暗示是美的原因，那么它就不会有别于性质及修辞。以上就是对“暗示并不存在”的一种否定性推论（vyatirekin）。

nanu **vṛttayo rītayaś** ca yathā guṇālaṅkāravyatiriktāś cārutvahetavaś ca tathā dhvanir api tadvyatiriktaś ca cārutvahetuś ca bhaviṣyatītyasiddho vyatireka ityanenābhiprāyeṇāha—**tadanatiriktavṛttaya** iti / naiva vṛttirītīnāṃ tadvyatiriktatvaṃ siddham / tathā hyanuprāsānām eva dīptamasṛṇamadhyamavarṇanīyopay ogitayā paruṣatvalalitatvamadhyamatvasvarūpavivecanāy a vargatrayasampādanārthaṃ tistro ’nuprāsajātayo vṛttaya ityuktāḥ, vartante ’nuprāsabhedā āsviti / yadāha-

sarūpavyañjananyāsaṃ tisṛṣvetāsu vṛttiṣu /

pṛthakpṛthaganuprāsam uśanti kavayaḥ sadā // iti //

pṛtakpṛthag iti / paruṣānuprāsā nāgarikā / masṛmānuprāsā upanāgarikā, lalitā / nāgarikayā vidagdhayā upamiteti kṛtvā / madhyamam akomalaparuṣam ityarthaḥ / ata eva v aidagdhyavihīnasvabhāvāsukumārāparuṣagrāmyavanitā sādṛśyād iyaṃ vṛttir grāmyeti / tatra tṛtīyaḥ komalānuprāsa iti | vṛttayo ’nuprāsajātaya eva / na ceha vaiśeṣikavad vṛttir vivakṣitā, yena jātau jātimato vartamānatvaṃ na syāt, tadanugraha eva hi tatra vartamānatvam / yathāha kaścit —

lokottare hi gāmbhīrye vartante pṛthivībhujaḥ / iti /

至于“暗示论者”所说的：正如“出现”与“风格”——虽然不同于性质与修辞，但无损于它们也是美的原因——暗示也一样，它是美的原因，且不同于性质与修辞。反对暗示存在的人回应道：认为它们之间存在区别，（却又同为美的原因，）是不成立的。于是，这些人说道："其作用实际上与它们（即性质及修辞）并无二致。"也就是说，"出现与风格有别于性质与修辞"这一命题，并不成立。所谓"出现"，一共有三种，即三种头韵的不同共性（jāti）。之所以分为三种，是因为根据头韵自身的特质可分为峻急的、优雅的与居中的这三种，而之所以分为这三种，是因为它们适用于表达炙热的、平顺的与居于二者之间的这三种情形。"出现"的得名，是由于这三种头韵在上述三种共性中出现。有学者曾说道："头韵指同一类辅音按照三种行来放置——诗人们始终认为，不同的辅音对应不同的头韵。""不同的辅音对应不同的头韵"指：峻急的头韵被称为"**nāgarikā**"（城里的女人）；平顺的头韵则被称为"**upanāgarikā**"（城郊的女人），而其深思熟虑的程度堪比城里的女人；"居中的"则是指既不峻急、也不平顺的——因为类似于一个既不温柔也不峻急的、天性就不爱思考的村妇，这种行被称为"**grāmyā**"（村里的女人）。此处第三种出现也被称为"柔和头韵"。因此，"出现"就是指头韵的共性。在这里，"出现"这个概念并不能用胜论派的理论来解释，因为在胜论派的论述中，拥有共性的具体事物，并不基于这个共性而出现。换句话说，（拥有共性的具体事物，）确实是在其共性中出现的。就像有人说的："国王出现于超凡的深邃之中。"

tasmād vṛttayo 'nuprāsādibhyo '**natiriktavṛttayo** nābhyadhikavyāpārāḥ / ata eva vyāpārabhedābhāvān na pṛthag anumeya svarūpā apīti **vṛtti**śabdasya vyāpāravācino'bhiprāyaḥ

/ **anatirikta**tvād eva vṛttivyavahāro bhāmahādibhir na kṛtaḥ / udbhaṭādibhiḥ prayukte'pi tasmin nārthaḥ kaścid adhiko hṛdayapatham avatīrṇa ityabhiprāyeṇāha — **gatāḥ avaṇagocaram** iti /

"其作用实际上与性质及修辞并无二致"，因此，"出现"其作用（vṛtti）[1]实际上与头韵不无二致——并没有额外的功能。因为这两者之间并不存在功能上的差异，所以就这两者的本质而言，我们不应区别对待。在"其作用并无二致"（anatiriktavṛtti）这个表达中，vṛtti一词指的就是"功能"，而正因为"没有区别"，所以婆摩诃（Bhāmaha）等诗学家并没有使用"vṛtti"这个词。虽然优婆吒（Udbhaṭa）等人确实使用了这个词，但是也并没有朝我们心中传递任何额外的意义。正是基于这样的考虑，作者写道："我们有所耳闻。"

rītayaś ceti / **tadanatiriktavṛttayo 'pi gatāḥ śravaṇagocaram**iti sambandhaḥ / **tac**chabdenātra **mādhuryādayo** guṇāḥ, teṣāṃ ca samucitavṛttyarpaṇe yad anyonyamelanakṣamatvena pānaka iva guḍamaricādirasānāṃ saṅghātarūpatāgamanaṃ dīptalalitamadhyamavarṇanīyaviṣayaṃ gauḍīyavaidarbhapāñcāladeśahevākaprācuryadṛśā tad eva trividhaṃ rītir ityuktam / jātir jātimato nānyā, samudāyaś ca samudāyino nānya iti vṛttirītayo na guṇālaṅkāravyatiriktā iti sthita evāsau vyatirekī hetuḥ /

"还有'风格'（rīti）这一概念"：这句话应该与"其作

[1] vṛtti有"出现"与"作用"两个意思。

用实际上与它们并无二致”，以及“我们有所耳闻”连读在一起。在这里，“它们”一词指包括“‘甜蜜’等等”在内的各种性质（guṇa）。在确定何种性质与出现相匹配时，起决定性作用的是互相之间整合为一体的能力——就像一杯由甜味与辣味混合而成的饮料——其形式体现为一种组合，这就是所谓风格：风格分为三类，其对象分别由炙热的、优雅的与居于二者之间的来描述，正如大家所见，最热切追求它们的分别是乔荼（Gauḍa）、毗达婆（Vaidarbha）与般遮罗（Pāñcāla）这三个地区。共性与拥有共性的个别事物之间并无区别，整体与部分之间亦无区别：出现与风格也就无异于性质与修辞。而上文所提到的否定性推论（vyatirekin）也就得以成立了。

tadāha–**tadvyatiriktaḥ ko ’yaṃ dhvaniriti** / naiṣa cārutvasthānaṃ śabdārtharūpatvābhāvāt / nāpi cārutvahetuḥ, guṇālaṅkāravyatiriktatvād iti / tenākhaṇḍabuddhisamāsvādyam api kāvyam apoddhārabuddhyā yadi vibhajyate, tathāpyatra dhvaniśabdavācyo na kaścid atirikto ’rtho labhyata iti **nāma**śabdenāha /

因此，作者写道：“既然不同于以上所列举的各种概念，那么这个被称为‘暗示’的究竟是什么？”它不是美的基础，因为它既没有以词的形式存在，也没有以义的形式存在。它同样也不是美的原因，因为它既非性质，也非修辞。因此——即便诗应该通过一种整体的方式来欣赏——哪怕我们用抽象的方式来分析诗，我们也找不到任何一个特别的概念，可以用“暗示”这个词来指称。作者的上述意图是通过“被称为”一词来传达的。

An Annotated Translation of Dhvanyālokalocana（Ⅰ）: With a Reflection on the Rendering of the Sanskrit *śāstric* literature

Abstract: This article includes two annotated translations of Ānandavardhana's *Dhvanyāloka* and Abhinavagupta's *Locana*. The *Dhvanyāloka* consists of two parts: the root text (*kārikā*) and auto-commentary (*vṛtti*). And the *Locana* functions as the further commentary to both the *kārikā* and *vṛtti*. A technical reflection on the rendering of the Sanskrit *śāstric* texts into Chinese is also presented in this article.

Keywords: sanskrit poetics; translation studies; literary theories

忠实、通顺与“公共性的语言”

——与约翰·内森的《忠实与通顺可兼得焉？》共鸣

王理行*

摘要：本文由阅读约翰·内森的《忠实与通顺可兼得焉？》一文而起，论及内森英译《明与暗》与作者汉译《专使》碰到的相似困难与思考，由文学翻译中的通顺又论及翻译中普遍采用的“公共性的语言”，进而论及作者一贯倡导的文学翻译的全面忠实观。

关键词：《忠实与通顺可兼得焉？》；“公共性的语言”；文学翻译的全面忠实观

英译《明与暗》与汉译《专使》碰到相似的困难

读了美国的日本文学文化学者、翻译家约翰·内森的《忠实与通顺可兼得焉？》[1]一文，我深感与身为译者的此文作者约翰·内森先生产生了共鸣。

---

* 王理行，南京大学中文系博士，现为浙江越秀外国语学院教授。

[1] 约翰·内森：《忠实与通顺可兼得焉？》，《复旦谈译录》第二辑，上海：上海三联书店，第326—331页。

此文读了个开头，我便觉得，约翰·内森在英译夏目漱石的《明与暗》时碰到的困难，很可能与我在汉译亨利·詹姆斯的《专使》时碰到的情形相似。果然，再往下读，便看到内森说："为了创造出语言的微妙之处，时常陷入挣扎之中。必须提及的是，在我试图'拯救'我的翻译时，我不得不求助于亨利·詹姆斯（Henry James），从他的遣词造句中收获颇多，他的语言让我想起《明与暗》描述的那个时代。"

《忠实与通顺可兼得焉？》的译者郑晔曾经是不久前停刊的《东方翻译》的编辑，责编过我在该刊发表的好几篇谈翻译的文章，其中包括我翻译《专使》的译后记《一部小说断断续续翻译了二十四年》[1]。郑晔在此文的译者按中说："夏目漱石的这部作品语言晦涩难懂，甚至连日本本土的研究者都难以回答内森教授在翻译过程中提出的许多问题。为了再现原作的语言特色，译者似乎应该采取忠实于原文的翻译原则，但这样英语读者就将面临极大的阅读挑战，并且也违背了出版商和评论家对译作读起来应该流畅透明的要求。那么，面对语言如此独特的文本，译者在忠实与通顺之间会做出何种考虑？"我在翻译《专使》的过程中深有体会：如果把晦涩难懂的原作，翻译成流畅透明的译作，那样的译作只不过让读者读起来容易些罢了，可以说稀释了原作，其行文风格必定与原文相距甚远，无法让译文读者体会到原作的风格。

约翰·内森指出："夏目的《明与暗》语言艰深，以至于对原语读者来说，在理解上也是一种挑战……那些日本人称之为'心理描写'的叙述性篇章段落，尤为如此。夏目赋予语

[1] 王理行：《一部小说断断续续翻译了二十四年——亨利·詹姆斯的〈专使〉译后记》，《东方翻译》2018年第3期，第40—43页。

言以特殊的含义，带着强烈的个人色彩。他的句法并非不确定至折磨人的程度：句子聚合成篇章，但从未指出其中的意思。”他在翻译夏目漱石的《明与暗》时萦绕于心的问题有：

“为了英语读者的利益，我是否应该尽力驯化他的语言，翻译得浅显易懂一些？抑或，我必须用抵抗式的翻译方法，使译文如同日语原文般难以理解？后者体现了我对译者任务的基本看法：为英语读者提供与日语源语读者对等的阅读体验。然而，这种翻译方法太难了。即便假设我拥有达到这种对等的能力，仍需要勇气敢于挑战读者期待的‘流畅’的翻译。”

“这种期待的向心力不容低估——至少可以解释多数文学翻译看起来都比较平淡的部分原因——我并不想假装我从未屈服过。”

约翰·内森强调：“我把自己注意到的夏目日语原文里的种种难点，都颇费心思地保留在英译中。”

我在《专使》的译后记里，也曾提到《专使》以艰深难解著称：“这部小说即使对母语是英语的文学读者来说也有较高阅读与理解上的难度。有位美国某大学的文学教授在得知我在翻译此书时，马上瞪大眼睛张大嘴巴看着我，惊讶地‘啊’了一声，随即向我竖起大拇指。”内森提到，那些“心理描写”尤其难以理解；我在译后记中也曾指出：“其中贯穿着大量的人物心理活动，其明显的语言特征是接连不断的长句，一个句子中为了传达作者想表达的各种信息会不断地塞入各种成分，句子结构常常错综复杂，太多的句子看上去似乎每个单词都认识但就是不易吃准具体含意。这些是这部小说难译的主要原因。”

因此，约翰·内森英译《明与暗》，与我汉译《专使》，确实是碰到了相似的困难。

通顺与“公共性的语言”

由此我又一次想到，通顺作为翻译中的一般性要求，是自然而然的，但也不能一概而论，应视原作的具体情况而定。在翻译中，绝大部分原作总体上是通顺的，翻译自然要通顺；不过，也有一些原作，包括许多原作的某些部分或语句，语言风格独特，甚至晦涩难懂，这样的原作，就不宜翻译成通顺或流畅透明的语言，而应充分体会把握原作的语言风格和特色，并使之尽可能体现在译文当中。越是文学价值高的文学作品，其语言往往也越独具个性。因此，译文的读者，包括出版者、评论家在内，不宜一概要求所有译文都要通顺流畅、透明易懂，完全符合自己的阅读习惯，因为有的时候，自己不大习惯的语言，恰恰蕴含着独特的个性、作者刻意追求的风格和较高的审美价值。而不顾一切地过分强调通顺流畅透明的译文语言，其结果很可能是诗人欧阳江河所批评的翻译中的“公共性的语言”。

欧阳江河身为当代中国屈指可数的最杰出诗人，对2020年诺贝尔文学奖得主路易丝·格吕克及其诗歌的现有中译有着独到而深刻的见解。他在接受凤凰网采访时说：“格丽克的诗是很有个性的，有一种个人的语言特质，这种特质和她的经历、文化背景以及诗歌主题、诗歌风格都有一种非常契合的关系。但这样一种个人的独特性，在翻译成中文诗歌的时候，基本上使用了一种公共语言，这种语言削弱了格丽克的个性，她自己非常明显的、独特的一些东西被中和掉了、牺牲掉了，更多的符合中国人现在的翻译趣味和习惯，让她变得跟其他被翻译的当代诗人具有了一种共性。这种东西并不是格丽克本人原有的，而是在翻译中加给她的，翻译者并没有有意识地要强加给她，但是自然而然地用了一种公共性的语言来翻译她，这种语言过于纯熟、过于轻易、过于流畅。这种东西是有很大问题的，它没有重量，它的流畅是中文翻译语言自己的一种习惯，这种习惯又跟中国当代诗人写作带来的一种习惯性的、流行性的、公共性的东西有一个合谋关系，这就让我们认识格丽克的时候，很难把她跟其他诗人截然分开。所以我们能否通过翻译真正读到原样意义上的格丽克我是非常怀疑的。”[1] 欧阳江河的这段话，明确地指出了中外文学翻译实践中的一个普遍现象，即用“公共性的语言”翻译富有个性的原作，其结果，就是让个性鲜明的作者通过翻译进入另一语言的读者中便泯然于“众人”矣。

欧阳江河提到的“格丽克”这一译名，来自柳向阳的中译本《月光的合金》《直到世界反映了灵魂最深层的需要》。[2]“格丽克”是这位诺贝尔文学奖得主的姓，因为是女性，柳向阳用了“丽”字便把她的姓氏也译得女性化，颇为不妥，因为自从进入父系社会后，世界各国的姓氏都是男性化的。因为姓名的主人是女性，便把其男性化的姓氏译得充满女性气息，这种姓

[1] 《欧阳江河：格丽克只是杰出诗人，诺奖错过了真正伟大的美国诗人》，https://www.sohu.com/a/423340113_120178443。

[2] ［美］露易丝·格丽克著，柳向阳、范静晔译：《月光的合金》，《直到世界反映了灵魂最深层的需要》，上海：上海人民出版社，2016年。

氏翻译中女冠男戴的现象，在我国长期以来都并不鲜见。关于这位诺贝尔文学奖得主的姓名译名问题，我曾有专文论述[1]，在此不再赘述。

作为一个非外语、非翻译专业的中国诗人，欧阳江河对诗歌翻译的看法符合文学与翻译的基本特性与要求。他不仅指出了一个人们熟视无睹又十分重要的问题，还明确提出了自己的立场鲜明的观点。这是许多专业的文学与翻译研究者都未曾意识到更未曾提及的。他提到的用“公共的语言”来翻译原作明显个性化的独特的文学语言，是中国乃至世界各国的文学翻译界长期以来一直存在的普遍现象，但翻译界和文学创作界的多数人一直不认为这是个问题，而绝大部分的读者也已习惯并喜爱用“公共性的语言”翻译的译文。

文学翻译的全面忠实观

欧阳江河所不满的用“公共性的语言”翻译的普遍性现象，用约翰·内森的“至少可以解释多数文学翻译看起来都比较平淡的部分原因”来接，毫无违和感。就文学作品的语言而言，个性越鲜明，文学价值就越高。在文学翻译中，不能把原作个性化的语言风格尽可能再现于译作里，便难言成功的翻译。

自严复提出译事三难“信达雅”起，“信达雅”就一直是

[1] 王理行:《关于2020年诺贝尔文学奖得主的姓名与授奖词的翻译》，见《外国语言与文化》2020年第4期，第146—154页;《〈格丽克or格吕克，这是个问题〉续篇》，见“外国语言与文化杂志”微信公众号。

中国翻译界占主导地位的翻译目标和标准，尽管一些学者也提出过不同的翻译标准，但似乎大同小异，实质上万变不离其宗，“信达雅”之宗，都是对“信达雅”的具体阐释和一定程度上的修正。而在翻译实践中，大部分译者大致上把“信达雅”具体化为：首先理解透原文的意思，然后尽其所能用最优美的汉语把它表达出来。而所谓的“最优美的汉语”，在译文中常常表现为多用成语、四字结构、耳熟能详的华丽辞藻、简洁的语句甚至陈词滥调等等，这大概差不多就属于欧阳江河所不满的“公共性的语言”了。这样的译作，长期以来被中国读者广泛接受，它所忠实的是原作的意思、原作的内容。

另有一些译者认为，文学作品的意思、文学作品的内容，是文学作品最重要的组成部分之一，且常常就是最重要的组成部分，但不是文学作品的全部。所以，译作若仅仅忠实于原作的意思，那么，翻译的任务并未全面完成。若从内容和形式两大方面来看，在文学翻译中，原作的意思，即原作“说了什么”，固然需要忠实地再现于译作，但与此同时，原作的形式因素，即原作的意思是怎么说出来的，同样必须得到忠实地再现。有时，尤其是在许多纯文学作品中，“怎么说”是作家创作个性最明显最直接的展现，是作家区别于他人的标志，比“说了什么”更重要。因此，在文学翻译中，必须尽可能从内容和形式两大方面去忠实地再现原作，既要在译作中忠实地再现原作“说了什么”，又要在译作中忠实地再现原作是“怎么说”的。持这种翻译观的译者，在中国翻译界已越来越多了。

文学作品是由包括从内容到形式、从内涵到外延在内的方方面面的因素组成的一个有机的整体，其中包括题材、思想、意义、意境、风格、创作技巧、遣词造句手法、段落篇章结构、阅读效果、审美效果等。译者应把原作中包括上述因素在内的各种因素，原作中存在的一切因素，都尽可能从宏观上和微观上去全面地把握，并尽其所能在译作中全面忠实地加以再现。在此意义上，“忠实”就是文学翻译的唯一目标和标准。

在文学翻译中，把原作有机整体中从内容到形式、从内涵到外延在内的一切因素，包括题材、思想、意义、意境、风格、创作技巧、遣词造句手法、段落篇章结构、阅读效果、审美效果等在内的各种因素，都尽可能从宏观上和微观上去全面地加以把握，并尽可能在译作中全面忠实地加以再现，这就是我一直在倡导的文学翻译的全面忠实观。

从主观和客观两方面来说，把组成一部文学作品的包括从内容到形式、从内涵到外延在内的一切因素加以全面理解和把握，并在译作中全面忠实地加以再现，是文学翻译中的一种理想，是一种应该不断追求、有可能不断接近、但永远无法完全实现的理想。

就文学翻译的全面忠实观而言，强调忠实，便已包括通顺与否的问题，译文是否要通顺，要依原文读上去是否通顺来定；而用“公共的语言”来翻译原作明显个性化的独特的文学语言，就是对原作语言风格的不忠实。

内森所追求的“为英语读者提供与日语源语读者对等的阅读体验”，也即我的文学翻译的全面忠实观所包含的阅读效果上的忠实。

从本文一开始就在谈的约翰·内森的这篇简短却引人深思的文章《忠实与通顺可兼得焉？》来看，我这个中国译者对文学翻译的论述，包括我的文章《一部小说断断续续翻译了二十四年——亨利·詹姆斯的〈专使〉译后记》，美国译者约翰·内森如果看了，可能也会感到有所共鸣。

Faithfulness, Smoothness, and "Public Language"

Abstract: This paper originates in John Nathan's "A Note by the Translator" in *Light and Dark.* Nathan's English translation of *Light and Dark* by Natsume Soseki and the author's Chinese translation of *The Ambassadors* by Henry James encountered similar difficulties and reflections. This paper discusses smoothness in literary translation and the "public language" commonly used in literary translation, and then introduces the concept of comprehensive faithfulness in literary translation which the author has been consistently advocating.

Keywords: John Nathan's "A Note by the Translator" in *Light and Dark*; "Public Language"; the concept of comprehensive faithfulness in literary translation

研究生论坛

诗人张枣译诗的脉络化考察

曹琪琳 *

摘要：“诗人之死”使诗人张枣迅速经典化，而其经典化业已引起群体性的诗歌探讨。众学者研究命题不一而足，以张枣切入，再度思考诗歌主题下关于语言与现实、传统与现代、东方与西方等交织命题。本文意欲以文学史的宏观视角切入，对张枣译诗做脉络化的考察，梳理其诗人译诗的语境逻辑。张枣译作大多刊于《今天》，然众学者在探讨其译诗实践时均疏于考察《今天》对其译诗的影响，不可谓不遗憾。是故本文特以张枣刊于《今天》的译文和译序入手，探讨《今天》的办刊处境、诗学主张和组织结构如何影响张枣的译诗动机、译诗选材、译诗策略，以求厘清其译诗行为之外的场域影响。此外，本文更期望藉张枣诗人、诗评家和译者的三重身份考察其诗歌实践，以其对中国新诗发展的认知描摹其诗人译诗的历史因承，探究其异于传统之处。

关键词：张枣；《今天》杂志；诗人译诗

* 曹琪琳，澳门大学英文系博士生，主要从事翻译研究、文化研究和跨文化研究。

引言：作为译者的诗人张枣

诗人之死引起人间的及时哀悼。先锋诗人张枣于2010年3月8日病逝德国，一时之间祭文、追思、评论、研究纷至。死亡促使张枣迅速经典化，与之同时，其迅速经典化也催生了群体性的诗歌探讨，引起了关于语言与现实、传统与现代、东方与西方等诗学命题的再度反思。此点能为相关的研究所证实，如下文所示，各学者极尽分析，研究命题不一而足，自有其侧重和价值。作为思考之一，本文欲以文学史的宏观视角切入，梳理张枣诗人译诗的语境逻辑，对其译诗实践做脉络化的考察。

何为“脉络化”（Contextualization）考察？单德兴认为译者的角色之一便是“脉络化者”，即“译者透过翻译把原作引入另一个语言与文化的脉络”。[1]不言自明，“脉络化”的概念乃是假借翻译行为的语境化来厘清原作与目标语域语言文化的历时因承与共时联系，不失为翻译研究文化转向下的有益思考和尝试。晚近西方译学的文化转向发轫于20世纪七八十年代，霍姆斯（James S. Holmes）的《翻译学的名与实》（*The Name and Nature of Translation Studies*）提出“描述翻译学”（Descriptive Translation Studies）概念，开启翻译研究的新范式；佐哈尔（Even Zohar）的多元系统（Polysystem）理论将翻译置于多元系统的互动之中，启发翻译研究社会文化层面的探讨；巴斯奈特（Susan Bassnett）、勒菲弗尔（André Lefevere）、韦努蒂（Lawrence Venuti）、赫曼斯（Theo Hermans）等继而将翻译研究置身于“两种文学（和文化）传

---

[1] 单德兴:《翻译与脉络》,北京:清华大学出版社,2007年,第17页。

统的语境之下”，[1] 深发各自秉持的论点。“操纵”“重写”等视角在经济、政治、性别、宗教等因素的交织考量下更趋全面地审视翻译行为，尤其关注译者的能动角色、译文对译语系统的形塑、译文在译入文化脉络的功能等等。[2] 翻译研究与文化研究水乳交融，“脉络化”的考察与“翻译研究的文化转向”及“文化研究的翻译转向”不谋而合，其对译入语“语言与文化脉络”的强调更是契合本文以宏观视角对张枣译诗历时与共时的考察。

张枣的翻译实践始于其学生时代，据颜炼军考证，80年代庞德（Ezra Pound）颇受张枣关注，因而他翻译了庞德十首以上的作品。[3] 彼时张枣涉猎的外国诗人还包括艾略特（T. S. Eliot）、叶芝（William Yeats）、里尔克（Rainer Rilke）等。据其友人回忆，有些诗歌当时尚无译本，张枣便“拿着英文原著一句一句翻译给我听”。[4] 张枣深谙数语，如此视译诗歌不无可能，但因年去甚远且未留心保存，彼时张枣所译诗作均已佚失。颜炼军按时间先后将张枣的翻译实践大致分为三个阶段[5]：

---

[1] 谢天振：《翻译研究“文化转向”之后——翻译研究文化转向的比较文学意义》，《中国比较文学》2006年第3期，第2页。

[2] Susan Bassnett & André Lefevere eds., *Translation, History, and Culture*, London: Pinter Publishers, 1990, pp.1—13.

[3] 颜炼军：《评〈镜中〉》，《扬子江诗刊》2014第6期，第34页。

[4] 傅维：《你独自蹀躞，没有一个肩头可以并行》，《今天——张枣纪念专辑》（2010年夏季号），2010年，第82页。

[5] 颜炼军的分类并未囊括张枣的全部作品（颜炼军：《编后记》，张枣：《张枣译诗》，北京：人民文学出版社，2015年，第224—225页）。据钟鸣回忆，张枣旅德期间还外译了其友人的诗作，并在1995年由荷尔德林基金资助出版了“四川五君子”诗选《中国杂技：硬椅子》（钟鸣：《诗人的着魔与谶》，《今天——张枣纪念专辑》[2010年夏季号]，2010年，第112页）。此集也属张枣的译诗，应予以考虑，但笔者手中尚无此集，且不通德语，只能作罢。虽如此，本文旨在脉络化张枣的译作，以探究张枣中译外诗歌在《今天》场域和中国新诗发展视角下的特征，对文本不做过分深究，而该集为德译中作品，故将其搁置一旁，无关乎本文宏旨。

20世纪80年代翻译庞德的诗作；20世纪90年代为海外《今天》[1]翻译的各语种诗歌；新世纪以来翻译史蒂文斯（Wallace Stevens）的诗歌以及两部绘本。张枣的翻译以译诗为大多，故其译诗实践也可按此划分。

目今所存张枣的译诗包括《今天》杂志上的诗歌译介及其翻译史蒂文斯诗歌的译作，学界对其译诗的研究大都基于此些译作展开，本文也不例外。迟舒婷（2013）、汤富华（2016）、王岫庐（2017）以及王东东（2018）以各自立场讨论了张枣的译诗，但均以单个被译诗人的译作为研究对象；[2]且因史蒂文斯的译作在张枣译诗中所占比例最大，学者们倾向于以之为研究个案，深发各自的论点。不同于各学者见微知著的研究方法，本文更强调以宏观视角脉络化考察张枣的译诗实践；见微知著自然有其内在的逻辑支撑，可为本文提供有益的启发，但也难免见木不见林。相较于各学者对张枣翻译史蒂文斯的偏爱，本文认为其《今天》阶段的译诗实践更为重要，更具价值，

[1] 本文所涉《今天》，若无特殊说明，皆指海外复刊之后的《今天》，需要特别厘清之处会做标注，譬如，《今天》（1978—1980）。

[2] 迟舒婷以史蒂文斯的译作入手，思考张枣诗歌创作和翻译的互文表征，进而探讨了跨语际实践对现代汉诗发展的可能性（迟舒婷:《跨语际实践与翻译中的诗人张枣》[硕士学位论文]，复旦大学，2013年）；汤富华的立论大致遵循目今学界关于翻译对中国新诗发展施加影响之论断的路径，认为翻译“遮蔽”了改写，但催生了所谓“诗性的发生”（汤富华:《翻译的遮蔽——谈先锋诗人张枣的诗学“面具”》，《中国翻译》2016年第6期，第69—75页）；王岫庐以“离散”为关键词贯通译者张枣和被译者希尼（Seamus Heaney）的诗学联系，以之为例反观离散译者文化身份在翻译中的作用（王岫庐:《离散诗学视角下的翻译与重构——以张枣对谢默斯·希尼诗歌的翻译为例》，《翻译界》2017第1期，第97—110页）；王东东以“译写”之名冠之张枣对史蒂文斯诗歌的“再创造”，在美学意义上讨论中西现代诗歌的关系问题（王东东:《中西现代诗歌关系新论——以张枣对史蒂文斯的译写为中心》，《扬子江评论》2018年第1期，第106—112页）。暂且按下结论不表，仅以上述罗列的研究主题视之，目今学界对张枣译诗的研究皆囿于局部，缺乏全面的考量，故给本文留有空间。

且更有整体考量张枣译诗实践的可能性，即其对史蒂文斯的翻译也可纳入《今天》时期的译学讨论。陈东东曾言及张枣译作之少，浪费了其多语言的才分，便“策动”张枣又翻译了一些史蒂文斯的诗歌。[1] 是故时间上虽有延后，被译诗人乃至诗歌选材仍具有内在一致的连贯性；对史蒂文斯的关注既始于《今天》译诗时期，则应将其纳入《今天》译诗时期的考量中。若脱离《今天》的办刊背景，容易造成文本语境与社会历史语境的割裂，也将削弱整体考量张枣译诗实践的可能性。

本文为张枣译诗的“脉络”据理力争，首先将以《今天》的办刊背景、诗学理念深化对张枣译诗动机、译诗特色的解读。《今天》的欧洲流亡岁月恰逢张枣旅德留学，[2] 从张枣与友人的书信往来中可知，张枣参与了《今天》海外复刊的筹划。复刊之后，张枣任《今天》的诗歌编辑，且陆续发表诗作、诗论和译作，《今天》对张枣译诗活动的影响可见一斑。《今天》杂志在现代文学史，尤其诗歌史上的地位无须赘言，而其彼时在海外复刊的处境又增添了解读其文学实践的复杂性。流亡心态如何影响其办刊理念，如何构成其运作模式？而其办刊理念、运作模式又如何影响身兼诗人、译者与编辑的张枣的译诗实践？尤须关注的是，张枣的诗论大量存在于其译诗的副文本

---

[1] 陈东东：《亲爱的张枣》，《今天——张枣纪念专辑》（2010年夏季号），2010年，第71页。

[2] 陈昶按照地理环境的变化将复刊后的《今天》大致划为三个阶段：1990—1992年的欧洲时期；1993—2006年的美国时期；2007—2013年的香港时期。（陈昶：《寻找民间：〈今天〉知识分子研究［1978—2012］》［博士学位论文］，武汉大学，2013年）海外语境中，地理环境的变化直接影响着办刊的“文化语境”“群体聚散”等，是为划分的依据之一。且此划分与主编北岛的海外迁徙相一致，杂志的编辑观念和风格与其“精神历程”、“编辑观念的变化”及“文学活动”紧密相连。张枣旅德期间恰逢《今天》的欧洲时期，且据笔者梳理，张枣所刊《今天》的译诗和诗作以此阶段占比最大。

中，即张枣在《今天》所刊译作，每每都附以诗人的概述作为引导，可助本文再现张枣对原作诗人的看法，透析其翻译的动机与策略。

此外，本文更期望藉张枣对中国新诗发展的认知定位其诗歌翻译，透视其创作和翻译的互文阐发，厘清其对新诗诗人译诗传统的继承和创新。张枣深谙中国新诗的发展，业已对新诗的诗歌语言和诗学主旨做出自我的反思。其对中国新诗发展的论述颇多，且皆倾向于一种整体性的展开，[1] 将中国新诗“这一特殊的历史时期视为一个有机整体”，将所有的诗人“均统一于一个共同的时代精神”。[2] 此一整体性的展开能够得出不同寻常的结论，譬如张枣不认同一般新诗史上将胡适作为开创者的论断，而是凭借《野草》追认鲁迅为新诗之父。如此结论自有其诗学逻辑，也折射出张枣对中国新诗发展的独特看法。诗人论诗当然代表了其对诗歌的认知，而其认知又势必影响其创作思维、翻译理念，启发性意义不言自明。此外，张枣对语言这一诗歌载体具有天然的敏感性。此一点固然可从其诗作和译作中窥得一斑，而其论述，譬如《朝着语言风景的危险旅行》[3] 等，更是直接地展现了其对诗歌语言的看法，也论及了白话作为新诗载体的一系列命题，值得本文深究。总之，张枣作为诗人和诗评家已敏锐地触及中国新诗诗歌语言、现代

[1] 张枣对中国白话新诗的发展有宏观的把握，此点可从其诗论中见得，包括《朝着语言风景的危险旅行》《论中国新诗中的现代主义》，以及其博士论文《对诗学现代性的追寻：1919年以来的中国新诗》等等。

[2] 张枣著，刘金华译：《论中国新诗中的现代主义》，《扬子江评论》2018年第1期，第88页。

[3] 首刊于《今天》1995年第4期。

性追求等诸多命题，且形成了自身的诗学主张。其诗学主张既来自对中国新诗的发展，则无论继承或反叛，继承多少、反叛多少都逃脱不了历史的宏观构建；此一种历史的建构介入了其诗歌创作，也势必影响其诗歌翻译，同时佐证了“脉络化”考察的合理性。

“脉络化”是本文的重点和中心，无论是以《今天》入手语境化张枣的译诗实践，还是以其诗论审视其在中国新诗诗人译诗传统中的位置，本文都力求以宏观的视角展开。如上文所述，翻译研究的晚近发展提醒本文关注张枣本人的译者身份及其诗学主张，即张枣如何凭借自身的文化资本、诗学认知来达成与《今天》的互动。与此同时，翻译研究有助于解释译介何以能够承担推陈出新、沟通中外的角色，把翻译研究放置在宏观的文学史视野之下考察，更有助于解释文学样式变革的原因和过程；[1]是故，剖析张枣诗论、诗艺和译诗的交织状态有助于理解其翻译观念、诗学主张甚至创作转变，也有助于透视20世纪90年代中国新诗发展与历史因承、文学场域的纵横联系。

一、张枣译诗的载体解读

张枣在《今天》上的译诗最早见于1991年第二期，翻译了保罗·策兰（Paul Celan，1920—1970）的诗八首。随后是

[1] André Lefevere, *Translation, Rewriting and the Manipulation of Literary Fame*, London: Routledge, 1992, p.39.

1991年第三四期合辑，刊登了谢默斯·希尼（Seamus Heaney，1939—2013）的译诗六首。1992年第一期刊登了乔治·特拉科尔（George Trakl，1887—1914）译诗七首。同年第四期刊马克·斯特兰德（Mark Strand，1934—2014）译诗五首。1996年第一期刊勒内·夏尔（Rene Char，1907—1988）译作十三首，同年第三期刊译作史蒂文斯的《我叔叔的单片眼镜》。

以语言种类观之，张枣的译诗选材呈现出多语种的特点，此点虽得益于张枣的多语言才能，更是立足于新时期《今天》注目国际文学的举动。复刊后《今天》国际视野的确立颇经过一番曲折。其复刊之初确立了纯文学的办刊思路和立场，决意不刊载任何带有政治内容的作品："……复刊的《今天》将不改初衷：反对文化专制、提倡文艺创作自由，主张中国文学的多元发展。我们不可能回避社会和政治现实的河流，但我们确认文学是另一条河流，以至个人可以因此被流放到现实以外……"[1] 虽其有意远离政治，但其有意远离政治的目的性本身便揭示了其仍受文学与政治二元对抗思维限制的事实。由于未能妥善处理文学独立追求和流亡心态，《今天》招致了一些读者的不满。复刊一年之后，《今天》及时反省并做出切合时宜的调整："由于舞台的转换，许多中国作家已经处于国际文学的涡流之中；而多种文化的撞击与交错构成了20世纪文学的背景之一；在此背景下，'第三世界'文学的兴起正在改变国际文学的格局；我们应从某种封闭的流亡心态中解脱出来，对国际上文学的重大变化做出回应，并关注港台等地区华

[1] 转引自陈昶:《寻找民间:〈今天〉知识分子研究(1978—2012)》，第67页。

语文学的发展”。[1]新的调整以国际文学的宏观视角切入，一改先前对政治的回应和对流亡的关注，内容和发展方向则更加紧扣文学本身。其中，最为瞩目的调整乃是确立了多文化交融的国际文学观。在此诗学观念的考察下，张枣的多语际译诗实践可有更加清晰的呈现：策兰、特拉科尔的诗歌为德语；希尼、斯特兰德及史蒂文斯的诗作为英语；夏尔的为法语。除多语种的语言事实之外，张枣在其译序中也隐隐透露出文学推介者的痕迹，譬如其在希尼译诗的序言当中便视爱尔兰诗歌为整体而进行推介。序言甫一开头便称希尼有“希望成为叶芝之后爱尔兰诗歌中最佳的诗人”[2]；继而着眼于爱尔兰近几十年来由宗教冲突和对英殖民政策反抗而与日俱增的暴力行动，称其“成了生活的日常场景和细节”[3]，是故日益成为诗人笔下的素材；张枣在序言最后更是添上引导阅读的一笔：“除希尼外，近年来在爱尔兰诗歌中涌现的一批人物如 Seamus Deane，Tom Paulin，John Montague，Derek Maho，也十分令人注目”[4]，推介之心溢于言表。

上文以语言种类划分张枣译诗的做法虽能在某种程度上阐明其对国际文学观念的因承，但却也忽视了张枣对世界文学更为精细的关注。乍看之下，张枣所涉文学包括德语文学、英语文学和法语文学，但实际上，他更注意主流文学之外的边缘文

[1] 转引自陈昶：《寻找民间：〈今天〉知识分子研究（1978—2012）》，第69页。

[2] 张枣：《张枣译诗》，北京：人民文学出版社，2015年，无页码。本文所摘张枣对所译诗人的评论都引自2015年人民文学出版社出版的《张枣译诗》，此些评论刊于诗集首几页，但均无页码，特此说明。

[3] 张枣：《张枣译诗》，无页码。

[4] 同上。

学，譬如策兰所裹挟的犹太文学、希尼所代表的爱尔兰文学、特拉克尔的奥地利文学以及史蒂文斯诗作中隐隐牵连的中国道家美学。如此选材回应了上文所提及的国际文学视野，但更是出于诗人自身关于写作资源和写作姿态更深层次的焦虑。李欧梵在《今天》复刊号所刊的《〈今天〉的意义》一文中言道："……当年我们写作的人所面临的问题（困境、危机、焦虑）仍然没变，也许更加突出了。这就是，在这20世纪末的世界上，你作为一个中国诗人、中国知识分子，如何生活，如何思考，如何写作？上面讲到的三个文化传统如何开发？除此之外，是不是还有更多的文化资源可以汲取：东方、拉美、东欧、非洲、中东？除了'个人意象'，是否还有更多的通汇点、立足点可供选择？《今天》在今天有没有能积蓄创造新的'边缘写作方式'？我没有办法回答这些问题，但这确实是《今天》在今天必须面对的问题，所以有它的一种紧迫性。"[1]

作为新时期《今天》的一分子，李氏的言说固然也适用于张枣，如何理解《今天》所面临的这一紧迫性故成为解读张枣译诗的关键。本文寄希望脉络化张枣的译诗实践，则有必要对《今天》的来龙去脉做一梳理。《今天》（1978—1980）1978年于北京创刊，是"1949年以来第一份非官方的全国性文学刊物"[2]，1980年底被查封。自创刊始，它便使"来自六十年代末到七十年代的地下写作，从地下潜流终于浮出地表"，并"继而在八十年代发动了一场以先锋文学为动力的广泛的新文学运

[1] 转引自陈昶《寻找民间：〈今天〉知识分子研究（1978—2012）》，第67页。

[2] 北岛：《〈今天〉的寓言》，《今天》（2015年春季号），2015年，无页码。

动”。[1]《今天》(1978—1980)一直标榜其纯文学的办刊主张，然该主张也使其面临诸多问题。李陀曾言：“《今天》当时处在政治的漩涡中，一直有个问题：到底多深的表达自己对政治、对社会的理解？因为它本身是一个文学杂志。”[2] 主编北岛在反思自己早年诗歌时也曾言及彼时其诗歌中对政治的抗争：“在某种意义上，它是官方话语的一种回声。”[3] 对官方的“回声”从当时《今天》(1978—1980)的译介当中也可见得[4],《今天》(1978—1980)在有限的期数内尤其关注海因里希·伯尔(Heinrich Böll)，其创刊号翻译了伯尔的名篇《谈废墟文学》，译后记介绍了其生平、著述及文学地位；第二期又介绍了伯尔所属的“西德‘四七社’”。《谈废墟文学》一文的政治意义在70年代末的语境中不言自明，而《今天》(1978—1980)创刊号首篇便名为《在废墟上》更是加剧了政治意味的互文回应。由此可见，问题的症结在于《今天》(1978—1980)所代表的知识分子团体在20世纪70年代末公共场域中的位置，或者更确切地说，是其在文学和政治之间的位置。历史业已对这一时期《今天》(1978—1980)的写作困境给出回应，其因“反文学政治化”而政治化的诉求导致其早早夭折。但显而易见的

[1] 北岛:《〈今天〉的寓言》,《今天》(2015年春季号), 2015年, 无页码。

[2] 转引自陈昶《寻找民间:〈今天〉知识分子研究(1978—2012)》, 第61页。.

[3] 北岛、翟頔:《游历, 中文是我惟一的行李》, 北岛:《失败之书》, 汕头: 汕头大学出版社, 2004年, 第291页。

[4] 其译介作品包括, 第一期方芳译格雷厄姆·格林的《纯真》, 钟长鸣译卫尚·亚历山大诗三首, 以及吴歌川所写的介绍性文章《西班牙诗人为尚·亚历山大》, 程建立译亨利希·标尔(海因里希·伯尔)的《谈废墟文学》(附有译后记); 第二期歌还译叶甫根尼·叶甫图申科的《鸡神》, 支波编译的《俄国象征主义诗歌和亚·布洛克》和程建立编译的《西德“四·七社”简介》; 第九期冰洋译小库尔特·冯尼格特的《步入永恒》。

是，彼时《今天》（1978—1980）对政治的介入很大程度上来源于其偏安一隅的地理限制，其所处的时代不可避免造成政治和文学的冲突。新时期的《今天》最初延续了对政治的思考，也继承了对文学精神的求索，但“舞台的转变”放逐了政治对文学的在场影响，文学的介入性也因此打破（于上文引用的复刊发刊词及办刊调整中可见得）。但与此同时，此地的走出成为彼地的进入，《今天》因此置身于更大的国际文学洪流之中。没有政治的假想敌，写作又该如何开展？翻译又该如何进行？

李氏的问题本身已提供了部分答案；作为回应，张枣对国际文学的瞩目和对边缘文学的关注业已解答了部分问题，但远未足够。这一紧迫性，这一关于写作，或者对张枣来说，关于诗歌的困境、危机和焦虑更直接反映在张枣译诗的选材之上。对比可知，张枣在《今天》复刊后选译的诗歌在文本价值上全然不同于《今天》（1978—1980）对政治的“回声”，他所选择的诗歌在题材呈现出一种普世的困顿。策兰是用德语写作的犹太诗人，虽然精通英法俄等文，但坚持以德语写作；策兰曾言“只有用母语一个人才能写出自己的真理。用外语诗人是在撒谎”[1]，但也承认“他（自己）是犹太人而他的诗歌语言是德文”[2]。身份与母语的矛盾本身便成为其诗学的隐喻：其作品倚赖“那些不平常的语法语义现象”，成为“绝对的暗喻”的集合，而其来自“犹太教神秘主义的对话方式”更使语言晦涩难懂。[3] 策兰最终以自杀结束了自己的生命，张枣所选

[1] 转引自北岛：《时间的玫瑰》，北京：中国文史出版社，2005年，第144页。

[2] 同上，第151页。

[3] 张枣：《张枣译诗》，无页码。

的诗歌来自策兰的后期作品，更见其对生活困境的指涉。此外，所译希尼的诗歌大多描述诗人的个人经历，张枣曾言及爱尔兰地区与日俱增的暴力已成为“生活的日常场景和细节”[1]，对家园的建构成为希尼的诗歌原乡；特拉科尔诗七首，皆是描写死亡、梦寐、黑暗之作；斯特兰德的五首，大多也以死亡、虚无等现代主义困境为主题；史蒂文斯《我叔叔的单片眼镜》则讲述了一个中年男子对爱欲、死亡和诗歌的看法。于此可见，张枣译诗的行为业已将《今天》新时期面临的紧迫感与普世的困顿相嫁接。

诗人张枣当然不满足于对普世困顿的描摹，他在译序中更是毫不吝啬地关注所译诗人的诗歌语言。此点自然来自所译诗歌及诗人对语言的关注，已成为其译诗最明显的表征，但也隐隐透露出张枣独具的匠心：诗歌的困境固然与生活的困境相勾连，而语言向度的回归潜藏着解答此种普世困顿的可能。纵观张枣所涉译诗和诗人，策兰对诗歌语言的探索是不言自明的，其对后现代主义诗歌有开创之功，北岛称之为“用语言玩命”[2]；而希尼在生活的困境之中，乃是将“大部分精力都集中在对语言本体、对作为个人自身的处境和出入的思考”[3]，张枣激赏其写作的纯粹性和对文本的坚守，认为这是“一个作家克服外在暴力的唯一方式”[4]；夏尔的诗作“充满现代性玄想和希腊古典气质，用超现实的想象描写瞬间的哲思和感悟”[5]，

[1] 张枣:《张枣译诗》，无页码。

[2] 北岛:《时间的玫瑰》，第160页。

[3] 张枣:《张枣译诗》，无页码。

[4] 同上。

[5] 同上。

张枣言及“夏尔从不放弃言说的难度”[1]，所选诗作“即有一种语言受到压迫、想逃离的色彩”[2]。现代诗人强调：“诗并不表意，诗存在”[3]，“语言不再是诗人的工具，相反诗人倒是语言延续其存在的手段”[4]。普世的困顿与写作的危机加深了对文学的内源性思考，对诗歌存在的追求使得语言作为单一载体而更显重要。张枣在《今天》首刊的“朝向语言风景的危险旅行”中提出的“元诗”理论或许能够更好地解释其举动。他强调：“当代中国诗歌写作的关键特征是对语言本体的沉浸……诗歌变成了一种‘元诗歌’（metapoetry），或者说‘诗歌的形而上学’，即诗是关于诗本身的，诗的过程可以读作是显露写作者姿态，他的写作焦虑和他的方法论反思与辩解的过程。”[5] 此时诗和诗人、诗和译者打破了简单的从属关系，“诗的过程”不再是外向的传达，而变成了内向的语言探索，语言至此成为其探索诗歌的唯一工具和终极目标。我们无法判断是诗人张枣对诗歌的敏锐观察和天才实践影响了其翻译的选材和对普世困顿的回应，还是此种普世的困顿影响了张枣的诗歌实践，但可以肯定的是《今天》已成为张枣反思诗歌的载体，而翻译成为其解答写作困境的途径。

上文言及了张枣译诗主题对紧迫性的回应和探索，而其表

[1] 张枣：《张枣译诗》，无页码。

[2] 迟舒婷：《跨语际实践与翻译中的诗人张枣》，第11页。

[3] ［德］弗里德里希著，李双志译：《现代诗歌的结构：19世纪中期至20世纪中期的抒情诗》，南京：译林出版社，2010年，第170页。

[4] ［美］布罗茨基著，刘文飞、唐烈英译：《诺贝尔奖受奖演说》，布罗茨基：《文明的孩子：布罗茨基论诗和诗人》，北京：中央编译出版社，1999年，第43页。

[5] 张枣：《张枣随笔集》，上海：东方出版中心，2018年，第67—68页。

现在文本策略上就是采用了大量的副文本。上文业已证明《今天》的诗学主张和其所处的时代节点对张枣译诗影响颇深，而张枣译诗的选择也很好地说明了《今天》的纯文学特征。纯文学特征使得《今天》"真正放逐于市场与意识形态之外"，但纯文学并不意味着清汤寡水的文本呈现，事实上，由于地理的分隔和办刊理念的革新，海外《今天》在读者引导上更加积极。[1] 编者按、编后语、译序、启示等大量副文本透露出《今天》的编辑理念，希望通过副文本与读者就文本的呈现沟通对话。在《今天》强调副文本的风格影响下，张枣的译诗均附有译序。其内容上文早有引述，除却对困顿主题的强调和对语言的推崇，其余多是诗人生平的介绍，诗人的风格评述等等。张枣译诗的副文本虽未直接阐明直接的翻译立场和方法，但是业已透露出其诗人兼译者的价值取向和审美标准，为脉络化考察其译诗活动提供了佐证。

《今天》与张枣译诗实践的互动不单单表现在诗学影响和文本策略上，《今天》的同人刊物属性促成了张枣的译诗。张枣曾坚定表示"我非常不愿意翻译；我翻译那些作品的一个原因，是我的朋友需要我做这个事情"，"我经常压抑自己翻译的愿望，我偶有的翻译都是勉为其难"。[2]《今天》杂志是"一本没有固定编辑部办公室、编辑部成员散居全球各地的杂志"，"在《今天》后面那么一个团队，一个由诗人、

[1] 据陈昶考证，海外《今天》中出现的编者按和编后语达到60篇以上，其余副文本则更为繁复。对《今天》译介的副文本做统一梳理并非本文的重点，但可以肯定的是，张枣所译的诗人均附有其撰写的译序。（陈昶：《寻找民间：〈今天〉知识分子研究［1978—2012］》，第63页）

[2] 张枣：《张枣随笔集》，第263页。

作家、编辑和编务组成的群体，不仅没有私下任何好处，大家反而把自己的精力、心血与生命全部投了进去……没有他们《今天》是不可能办下去的”。[1] 姑妄言之，诗歌编辑这个职位以及杂志的义务性特征或多或少促成了张枣的译诗实践。

二、张枣译诗的历史纵深

《今天》的载体分析考察了张枣译诗的横切面，其历史纵深则隐藏在中国新诗发展的脉络之中。张枣的诗歌实践最可见一种汉风品质，但对张枣诗歌古典气质的讨论不能逃脱其诗歌仍为现代诗的事实。与其侧重其诗歌的古典意蕴，不如认为其诗歌是古典与现代结合的典范，这是下文展开的一个前提。就张枣的创作而言，在其早期的作品，譬如《镜中》《何人斯》等作品中随处可见中国古诗的传统意象。“只要想起一生中后悔的事，梅花便落满了南山”是典型的古典意境现代书写；“悬满干鱼的木梁下，我们曾经一同结网，你钟爱过跟水波说话的我”中现代意义的阐释勾连“木梁”“结网”的古拙气质。柏桦认为张枣在传统中创造了新诗学，且“代表了一代更年轻的知识分子诗人的现代中国品质或我后来所说的汉风品质：一个诗人不仅应理解他本国过去文学的过去性，而且还应该懂得

[1] 欧阳江河语，转引自北岛：《〈今天〉的寓言》，《今天》（2015年春季号），2015年，无页码。

那过去文学的现在性”。[1] 张枣的诗歌论述也常关联古典汉语传统和外语资源：“古典汉语的诗意在现代汉语中的修复，必须跟外语勾连，必须跟一种所谓的洋气勾连一起”[2]；“我特别想让我的诗歌能容纳许多语言的长处。因为从开始写作起，我就梦想发明一种自己的汉语，一个语言的梦想，一个新的帝国汉语”。[3] 此一点在张枣译诗中也多有体现，不妨看张枣译介策兰的这首诗歌，另有译本与之对比：

例 (1)：**棉线太阳**

普照灰黑的荒原。
一棵树——
高贵的思想
弹奏光之清调：敢有
歌吟动地哀，在那
人类的彼岸。[4]

线的太阳群

线的太阳群
高悬在灰黑的荒野之上。
树一样
高的思想
弹奏出光的旋律：它依旧是

[1] 柏桦：《张枣》，《今天——张枣纪念专辑》（2010年夏季号），2010年，第36页。
[2] 张枣、颜炼军：《“甜”——与诗人张枣一席谈》，张枣：《张枣随笔集》，第261页。
[3] 同上，第254页。
[4] 张枣：《张枣译诗》，第4页。

在人类之外被吟唱的
歌。[1]

张枣相较于王家新／芮虎，其译诗的古典气质显而易见，尤其是“弹奏光之清调：敢有／歌吟动地哀，在那／人类的彼岸”三行。“光之清调”较于“光的旋律”，用“之”字代“的”，古意盎然；“清调”一词更是把“思想”如“树”一般悬于“荒原”的辽阔荒凉展现出来，“思想”和“太阳光”的轻盈似乎透过“清调”悠悠传来，充满古意。“敢有／歌吟动地哀”这句明显地受到了张枣诗性的渲染，原作的意思由王家新／芮虎传递得十分忠实，而张枣此处的处理方式直接套用了鲁迅《无题》中的颈联“敢有歌吟动地哀”。鲁迅此句的意思化用至此虽对象不同，但诗趣盎然；该句还可追溯至李商隐《瑶池》的“黄竹歌声动地哀”。总之这句译诗完全是作为诗人张枣的发挥，但内容气韵皆古典，构思也别致。此二译本虽风格迥异，意非决出优劣，只是对比之中更可见张枣译诗的汉风品质。下面一例，该特征更为明显：

例（2）：That's what misery is,
Nothing to have at heart
It is to have or nothing.

It's a thing to have,
A lion，an ox in his breast,

[1] ［德］策兰著，王家新、芮虎译:《保罗·策兰诗文选》，石家庄：河北教育出版社，2002年，第141页。

To feel it breathing there. [1]

内心空荡荡者
谓之悲凉。
心不装满者，何其悲凉。

胸怀一只狮子，或牛，
感到它的喘息，
要多于空荡荡。[2]

所展示该诗的前两节译作，张枣用“者”“谓之”“何其”等词语简洁隽永地译出原作的哲思；且其“空荡荡”的反复吟哦，既对应原作中“nothing”“a thing”的多次出现，也勾引出汉语回环婉转的古典美感。除这两例之外，张枣译作中的古典元素比比皆是：“之”字的使用频率极高，如“雪地之旁”“心之警卫”等，此外还有古典的词藻，譬如“草木萋萋”“乱其目力”“齐眉”“颉颃”等等。

可有一清醒的认知，张枣译诗的古典气质在中国新诗诗人译诗的传统中独具一格。早先中国新诗便低看文言，而尽力显示出异质的洋气。中国新诗的革新可以追溯到“新学诗”和“新派诗”。所谓“新学诗”，朱自清断言“近代第一期意识到中国诗该有新的出路（的）人要算是梁任公夏穗卿几位先生”，而其“新的出路”是指“在中国固有的诗歌体式中采用新的

[1] Wallace Stevens, “Poetry Is a Destructive Force,” Wallace Stevens, et al., eds., *Collected Poetry & Prose*, New York: Random House, 1971, p.192.

[2] 张枣:《张枣译诗》, 第99页。

概念和术语”[1]，最明显的表征即为以音译外语入诗。“新派诗”则取名于黄宪“废君一月官书力，读我连篇新派诗”，据李怡考证，其主张基于两个重要的背景：一是“世变群龙见首时”（言及列强纷争的国际格局），二是“文章巨蟹横行日”（言及外文拼音文字的盛行）。[2] 由此可见，早期诗歌革新的想法便对外文颇为侧重，外文成为其区别旧诗，追求诗歌之新最明显的表征。而胡适尚且不满足于此些用旧体诗书写新理想的所谓“新诗”，故从翻译中汲取灵感，自译《关不住了》开始白话新诗的征程，试图完全冲出“旧体五七言的藩篱”“打破上千年来古典诗歌已经形成的凝固的不可稍微超越的范式”；[3] 而与之同时的新文化运动更是“大规模地扫荡中国文学传统的叛逆运动，除了以‘革命’二字加以形容，别无他词”，[4] 于古典诗歌传统打击更大，古典诗歌更见式微。至此，无论诗歌创作还是译诗，不仅不可见古诗的格律范式，且少有对古典诗歌遣词造句的因承，譬如有似郭沫若者，“时而 symphony，时而 pioneer，时而 gasoline”“今日看来，十分幼稚”。[5] 白话新诗运动假借新文化运动的东风大行其道，而翻译此时不外乎成为“‘取法’与‘观摩’”的工具。[6] 虽然早期诗人译诗不免生涩，

[1] 朱自清:《论中国诗的出路》，朱自清:《朱自清讲文学》，南昌：百花洲文艺出版社，2016年，第195页。

[2] 李怡:《多种书写语言的交融与冲突——再审中国新诗的诞生》，《文艺研究》2018年第9期，第57页。

[3] 转引自廖七一:《庞德与胡适：诗歌翻译的文化思考》，《外国语》2003年第6期，第56页。

[4] 同上，第57页。

[5] 余光中:《余光中谈翻译》，北京：中国对外翻译出版公司，2002年，第85页。

[6] 廖七一:《庞德与胡适：诗歌翻译的文化思考》，《外国语》2003年第6期，第59页。

但不可否认，翻译乃是为了“对一种新的诗歌语言起到‘接生’作用”。[1]只是如今新诗已年届百龄，新文化运动业已成为中国现代新诗最根本的前提，诗人译诗虽早已不似当年对西文的趋之若鹜，而古典向度的回归也未得到长足的关注。是故何以张枣在其诗人译诗的实践中既能以横的眼光攫取西方的现代，又能够以纵的因承汲取古典诗歌的养料？

关键在于张枣能清晰认知中国新诗的发展脉络，且对其所涉政治影响、现代性追求、语言载体的交织命题业已形成自我的主张。张枣凭借《镜中》于诗坛声名鹊起已值朦胧诗的末期。朦胧诗发轫于“文革”，经历过漫长的蛰伏期，诗歌的种子业已发酵。政治的放开给予诗人抒发异议的机会，诗歌在废墟之上重建，回归那些使其成为诗歌的主题。朦胧诗对中国新诗的贡献无须赘言，它使得稍后几年出现的后朦胧诗能“在语言的层面上展开各种形式的实验”。[2]但历史的吊诡之处在于后朦胧诗并不承认这一年轻的历史遗产，反而选择挑战它。在张枣看来：“挑战者错误地选择了挑战的对象，也就是说，他们选择挑战的对象其实是其自身，因为早期朦胧诗并不是风格的权威，而只是风格的可能，这是一个大有可为的可能，它源于白话文学运动另一桩一直未了的心事——对‘现代性’的追求。”[3]张枣的论断触及了中国新诗发展最宏伟的命题，其政治影响介入、诗歌现代性追求和语言革新的交织缠绕直可追溯至中国新诗的源头。

---

[1] 王家新:《翻译与中国新诗的语言问题》,《文艺研究》2011第10期，第24页。

[2] 宋琳:《主导的循环——〈空白练习曲〉序》，张枣、宋琳编:《空白练习曲:〈今天〉十年诗选》，香港：牛津大学出版社，2002年，第xvii页。

[3] 张枣:《张枣随笔集》，第65页。

新诗自其诞生之初，便不纯粹。“现代中国文学感时忧国的精神”（Obsession with China）[1] 似乎是不可逃脱的魔咒，诗言志，故欲成为诗人救亡图存的工具，而非以追求真正意义上的现代开始。在感时忧国宏伟主题之下，症结在于诗歌现代化对政治的介入，也即政治现代化对诗歌的介入，应该止步何处，而语言作为诗歌载体在此中又扮演怎样的角色。张枣对胡适和一些早期的新诗发难者，左翼诗人和后来强调向民歌学习的人颇有微词，而其论点也是基于对语言、政治和诗歌的探讨。张枣肯定了胡适等人在文学史上具有“某种揭示性的意义”[2]，但其对政治的过度倚俟使得其放弃对白话的功能开发，因此消弭了作为诗歌语言的白话和作为口语的白话的边界，将“现代的诗歌语言精简成为文字改革的工具”，因此也“漏掉了他那个时代真正的脉搏”，不能够“容纳某种‘当代性’或‘现代性’”[3]，所以张枣并不认为胡适是新诗的开创者，相反，张枣凭借《野草》，认为鲁迅乃是新诗之父。张枣认为诗学现代性的最突出特征之一是对“写”的存在主义的、元语言的、高度反思性的关注，“是显露写作者姿态、他的写作焦虑和他的方法论反思与辩解的过程”[4]。鲁迅的《野草》而非胡适的《尝试集》显露了这一特征：“鲁迅将自己压倒一切的绝望与写作的窘境联系起来，更进一步说，他是将生命危机等同于语言

[1] 夏志清语。对中国新诗的发展也颇可用。（Hsia Chih-tsing, *A History of Modern Chinese Fiction*, New Haven: Yale University Press, 1971, pp.533—534.）

[2] 张枣：《张枣随笔集》，第66页。

[3] 同上，第65—66页。

[4] 同上，第68页。.

危机。”[1]

显而易见，张枣对胡适和鲁迅的不同评判依据不在语言新旧，因此也无关乎中国新诗史上与语言革新缠绕的政治影响。诗人的自觉性已使张枣从鲁迅那里触摸到现代诗歌的根本，故而评判诗歌现代性的标准更趋纯粹，只在于对诗人写作姿态和写作过程的考察。于中国新诗的发展语境而言，当评判现代性的标准走出对语言载体的苛求和政治语境的回应，语言以及政治影响所带来的焦虑同时被解放，而仅成为“写诗”这一动作的资源而已。这一点在张枣对白话作为新的诗歌载体的评介中可见一斑，他认为白话的优势在于“既能从过去的文言经典和白话文本中摄取养分，又可转化当下的日常口语，更可通过翻译来扩张命名的生成潜力”[2]。是故，政治的影响何尝不也只是其所译诗歌中普世的困境之一，而文言和白话从来都不对立，它们同是写诗的资源。

事实上，在胡适雷厉风行的诗歌革命之后，中国新诗的发展并未停止对现代性的追求，而“‘旧风格’——唐风宋韵——的魅力从新月派、象征派、现代派一路绵延发展，从未衰歇”[3]。张枣在其“中国新诗的现代主义”之中考察了新诗的发展，以年代流变考察了中国现代主义的发展，论及中国新诗从第一代的拓荒诗人、第二代象征诗人格律诗人，到第三代现代主义诗人，再到40年代写诗的诗人是“走向现代主义的

[1] 张枣著，刘金华译:《论中国新诗中的现代主义》,《扬子江评论》2018年第1期，第91页。

[2] 张枣:《张枣随笔集》，第66页。

[3] 李怡:《多种书写语言的交融与冲突——再审中国新诗的诞生》,《文艺研究》2018年第9期，第58页。

自然演进”。他将第二代格律诗人也纳入新诗现代主义的考量，此外，他认为“浪漫的新月派诗人统统是具有过渡性质的‘浪漫——象征主义者’；卞之琳诗中的象征变成了‘传统主义’的；几乎完全从道教传统和禅宗处吸取灵感的废名，倒成了‘彻底的现代派’”；而在有着“师法里尔克”标签的冯至身上，张枣则发现了“儒学”的现代表现形式。[1] 张枣的论述颇具颠覆性，来源于其对新诗现代主义的把握，本文不做论述，但其诗学认知无疑佐证了上文的论述，即政治影响之外，张枣一直将古典资源视为新诗重要的灵感来源。

政治对诗歌的影响还在继续，历史循环的车轮回转至朦胧诗。朦胧诗滥觞于政治中心北京，而后朦胧诗则发端于民间的南方。在上文的论述下，可见后朦胧诗人张枣所做的“挑战”来自对政治和诗歌的清醒认知，自有其诗学的道理。80年代末，随着大批诗人移居海外，“流散”则成为此代诗人在新时期里不可忽视的标签，承接上文，新《今天》也在此背景下展开。在时代的承接上，由于短暂的政治变动带来的权力真空使得先锋性得以探讨，而其后政治的回归带来了文学流散。张枣认为新时期出现的文学流散现象“虽然有外在的政治原因，但究其根本，美学内部自行调节的意愿才是真正的内驱力：先锋，就是流散，是对话语权力的环扣磁场的游离”。[2] 张枣留存的译诗大多是其在海外期间所做，地理的分隔、政治影响的解放使其能够“去追踪对话，虚无，陌生，开阔和孤独，并使之内

[1] 刘金华:《张枣眼中的中国新诗——〈论中国新诗中的现代主义〉译后记》,《扬子江评论》2018年第1期，第99页。

[2] 转引自亚思明:《张枣的“元诗”理论及其诗学实践》,《当代作家评论》2015第5期，第57页。

化成文学质量”，而流散背后“发明一种自己的汉语”，建立起“一个新的汉语帝国”的“秘密的目的”，[1] 也使其诗歌实践在政治与流散、民族和世界、历史和现代的多维关系能得到进一步的思考。

三、结语

本文旨在脉络化考察诗人张枣的译诗实践。《今天》杂志既为张枣刊登译诗最主要的载体，则尤有考察的必要。海外《今天》杂志的流亡属性使其走出政治的影响，却又步入世界文学更广大的焦虑之中，因而写作更具有一种紧迫性，张枣作为《今天》杂志的诗歌编辑、供稿人，也深受这一焦虑和紧迫性的影响。翻译乃是不同文学沟通和互相影响的媒介，而在《今天》彼时处境的考量下，张枣译诗放眼多语文学，题材呈现出一种普世的困顿则无疑来源于其假借翻译缓解写作焦虑的目的性。

译者张枣同时是诗人兼诗评家，为求更加清晰地展现其诗学主张对其译诗的影响，本文特梳理其对白话新诗发展的认知及论述。中国新诗的发展自初便与“现代中国文学感时忧国的精神”相勾连，但诗歌的现代性不能简单地从政治的现代化中取得。现代新诗不等同于白话新诗，白话新诗也绝非单纯的政治呈现。在张枣那里，政治的影响只是写作焦虑的一种，回应政治影响的胡适因而不是现代诗之父，取材政治影响而将之付

[1] 张枣:《张枣随笔集》，第254页。

诸语言建构的鲁迅凭借散文诗《野草》成为新诗的源头。新诗之“新”故不单纯在语言新旧，也不在诗歌形式，而在于有没有展露现代意义上的写作姿态。至此，政治的影响、语言的新旧、诗歌的形式都解放出来成为写作或者翻译的资源，是故在其诗学认知的影响下，其诗作、译作虽均为现代白话诗，但自有一股古典韵味。

Contextualizing Zhang Zao's Poetry Translation

Abstract: The death of Zhang Zao contributed to the canonization of his poetic works, which ensued an intense discussion in literary studies. Building on and departing from the existing research, this paper is intended to contextualize the role of Zhang's translated poetry in the history of modern Chinese poetry. Of note is that related studies barely provide an up-close, in-depth scrutinization of *Today*, a journal in which most of Zhang's translations were published. Therefore, this paper relies extensively on relevant texts and paratexts, and examines how *Today* influenced Zhang's translation practices. Moreover, this paper touches upon Zhang's multi-identities as a poet, critic, and translator. In doing so, the interplay between Zhang's poetic thinking and translation practice can hopefully be revealed.

Keywords: Zhang Zao; *Today*; poetry translation

征稿启事

《复旦谈译录》依托“复旦大学文学翻译研究中心”，登载与翻译研究相关的学术成果，鼓励打破学科界限；既欢迎资深学者和翻译家，也欢迎高校青年教师和研究生投稿，**以稿件质量为唯一用稿标准**。

本刊投稿邮箱为 fudantranslation@fudan.edu.cn（如有意在“中国翻译史研究”专栏发表论文，请在邮件正文中说明，并同时发送至 translationhistory@cuhk.edu.hk）。来稿请在邮件标题中注明“作者姓名＋所属机构”，并以附件形式发送论文，同时注明作者姓名、所属机构、职称、学位、研究方向、联系方式等。

来稿须未在任何刊物或网络媒体发表。中文稿件1—2万字为宜，**英文稿件0.6—1.2万词**为宜（质量高者不受此限）。**初审稿不对体例做统一要求，但至少应包含标题、作者、摘要、关键词、正文、注释等**。作者应严格遵守学术规范，所有直接、间接引文均须详细注明出处。

来稿收到后，编辑部将在**两周内**通知作者是否送交匿名外审。外审周期为**两个月**，无论是否通过都将向来稿者反馈结果。

本刊不收取版面费。来稿一经刊用即付薄酬，并奉赠当期样刊两册；同时视作授权本刊在来稿正式出版后于网络平台（包括但不限于中国知网、微信公众号等）发布电子版。

Call for Papers

Founded at Fudan University on December 6th 2013, **Fudan Center for Literary Translation and Studies** is an integral part of Fudan's long established endeavor to encourage translation and translation studies. In 2017, the Center inaugurated ***Translogopoiea*: *A Fudan Journal of Translation Studies***, with a mission to bring translation scholars, translators and researchers in other relevant fields together to illuminate new paths for a vibrant discipline that needs to be further defined and explored in an age of (anti) globalization.

Translogopoiea welcomes submissions from both established and emerging scholars and translators. It publishes articles on translation theory, translation history, translation in interdisciplinary perspectives and case studies of translation in intercultural communication. All the submissions should better be in either **Chinese (10,000—20,000 characters) or English (6,000—12,000 words)** . If you wish to submit an article in another language, contact the editors before the submission. The receipt of your article depends on the availability of the reviewer and the translator.

All the submissions are first internally reviewed by the editors. The submitters are notified within **2 weeks** upon their submission of their articles'eligibility for blind review. If an article is sent for blind review, an anonymous reviewer's feedback and the editors'decision will be emailed to the author in another **2 months**.

A submission should include an anonymous article in Word or pdf and an abstract headed with the title of the essay, the author's name, institutional affiliation and contact information. All the submissions and enquiries should be sent to fudantranslation@fudan.edu.cn.

图书在版编目（CIP）数据

复旦谈译录．05 ／ 陶磊主编；戴从容副主编．
—上海：上海三联书店，2023.6
ISBN 978－7－5426－8097－6
Ⅰ．①复… Ⅱ．①陶…②戴… Ⅲ．①翻译—研究 Ⅳ．①H059

中国国家版本馆CIP数据核字（2023）第067874号

复旦谈译录（05）
主　　编／陶　磊
副 主 编／戴从容

责任编辑／王　建　樊　钰
特约编辑／李志卿
装帧设计／微言视觉｜沈君凤
监　　制／姚　军
责任校对／夏　青

出版发行／上海三联书店
（200030）中国上海市徐汇区漕溪北路331号中金国际广场A座6楼
邮购电话／021－22895540
印　　刷／天津久佳雅创印刷有限公司

版　　次／2023年6月第1版
印　　次／2023年6月第1次印刷
开　　本／889×1194　1/32
字　　数／264千字
印　　张／10.25
书　　号／ISBN 978－7－5426－8097－6 ／ H·128
定　　价／88.00 元